《中国乡村大讲堂》系列丛书

乡村振兴大家谈

——《中国乡村大讲堂》政策对话

孙其信　李小云　主编

中国农业大学出版社
·北京·

内容简介

中国农业大学国家乡村振兴研究院自 2022 年起发起《中国乡村大讲堂》政策对话系列活动，本书包含 9 个对话访谈内容，集合了 28 位专家学者、政策实践者对以县域为载体的城镇化、农村闲置资源盘活利用、乡村经营性人才、乡村发展利益联结、乡村文化振兴、农民参与，以及村集体经济发展等当前“三农”发展核心议题的讨论和交流。这些在讨论和交流中碰撞形成的思想对“三农”工作是十分有价值的，国家乡村振兴研究院将这些对话进行了整理，并结集出版，期望这些闪亮的思想火花更好地传播、更好地服务乡村振兴。

图书在版编目(CIP)数据

乡村振兴大家谈：《中国乡村大讲堂》政策对话/孙其信，李小云主编. --北京：中国农业大学出版社，2024.9. --ISBN 978-7-5655-3252-8

Ⅰ. F320.3

中国国家版本馆 CIP 数据核字第 2024WP3264 号

书　　名　乡村振兴大家谈——《中国乡村大讲堂》政策对话
Xiangcun Zhenxing Dajia Tan——《Zhongguo Xiangcun Dajiangtang》Zhengce Duihua
作　　者　孙其信　李小云　主编

策划编辑　何美文　　**责任编辑**　何美文
封面设计　李尘工作室
出版发行　中国农业大学出版社
社　　址　北京市海淀区圆明园西路 2 号　　**邮政编码**　100193
电　　话　发行部 010-62733489，1190　　读者服务部 010-62732336
编辑部 010-62732617，2618　　出 版 部 010-62733440
网　　址　http://www.caupress.cn　　**E-mail**　cbsszs@cau.edu.cn
经　　销　新华书店
印　　刷　河北虎彩印刷有限公司
版　　次　2024 年 10 月第 1 版　　2024 年 10 月第 1 次印刷
规　　格　170 mm×240 mm　　16 开本　　12.75 印张　　193 千字
定　　价　45.00 元

编写委员会

主　　编：孙其信　李小云

副 主 编：林万龙　左　停

编　　委：杜金昆　唐丽霞　董　强　赵天阳

张　云　尤泽西

前言

党的二十大报告擘画了未来一段时期全面建设社会主义现代化国家的总体战略部署，指出要以中国式现代化全面推进中华民族伟大复兴，强调要坚持教育优先发展、科技自立自强、人才引领驱动，加快建设教育强国、科技强国、人才强国，并首次在党的文件中正式确定提出“农业强国”战略。习近平总书记强调，“建设农业强国，当前要抓好乡村振兴。”党的十九大报告提出实施乡村振兴战略，随着《国家乡村振兴战略规划（2018—2022 年）》《中华人民共和国乡村振兴促进法》《乡村建设实施行动方案》等一系列政策法律文件出台，乡村振兴战略已经成为中国未来农业农村现代化和建设农业强国的重要指引。党的二十大提出要加快建设农业强国，扎实推动乡村产业、人才、文化、生态、组织振兴；习近平总书记在 2022 年中央农村工作会议上指出，“全面推进乡村振兴是新时代建设农业强国的重要任务”。

2023 年 5 月 1 日，习近平总书记给我校科技小院同学们回信，希望同学们“厚植爱农情怀，练就兴农本领，在乡村振兴的大舞台上建功立业”。中国农业大学作为我国农林院校的排头兵，一直秉持“解民生之多艰，育天下之英才”校训，全力服务农业农村现代化，建设农业强国，促进高质量发展，教育提升农民、科技赋能农业、人才服务乡村。2019 年，学校成立国家乡村振兴研究院，重点围绕乡村振兴开展战略研究、实践探索、思想交流、知识传播，从体制机制层面扎实推进乡村振兴战略的实施工作。国家乡村振兴研究院以云南省为重点区域，先后在昆明、昭通、临沧、曲靖、怒江和西双版纳等州市支持建设 35 个乡村振兴示范村，在城乡融合背景下通过盘活乡村闲置资源、拓展农业农村功能、培育乡村经营性人才、丰富乡村发展业态等路径建设宜居宜业和美乡村，探索乡村振兴新路径新模式。李小云教授团队提出的“一个中心、四个主体、四个机制”，即“以农民为中心，农民作为决策主体、建设主体、经营主体、受益主体，建设农民组织机制、以工代赈建设机制、农民经营机制和农民受益的利益联结机制”的乡村建设路径破解了政府主导乡村建设模式中常见的“政府干，农民看”的困境，也破解了资本下乡模式下的农民被排斥的弊端。昆明都市型驱动乡村振兴、昭通市脱贫致富示范区先导工程、临沧小农户驱动乡村振兴、怒江农文旅融合乡村振兴示范等已经成为一张张乡村振兴的名片。

政策引领实践，实践可以修正政策。国家乡村振兴研究院作为一个智库平台，发起了《中国乡村大讲堂》系列活动，旨在邀请不同领域关心关注“三农”问题的专家来解读乡村振兴的政策、探讨乡村振兴的前沿思想、交流乡村振兴的学术研究和实践经验。《中国乡村大讲堂》包括高端讲堂、政策对话、实践交流等不同的系列。政策对话系列将研究院在开展乡村振兴实践中遇到的困惑，以及和当前相关政策之间的张力形成一个一个讨论的议题，邀请相关的几位专家进行解读，从而搭建起实践者与政策制定者、研究者之间的桥梁，让实践者更好地理解政策初衷和意愿，让政策制定者更好地理解实践的复杂性和多样性，让政策研究者的视角更加全面。2022 年，《中国乡村大讲堂》政策对话系列一共举行了 9 期，邀请了 28 位专家学者、政策实践者对以县域为载体的城镇化、农村闲置资源盘活利用、乡村经营性人才、乡村发展利益联结、乡村文化振兴、农民参与，以及村集体经济发展等当前“三农”发展核心议题进行了深入的讨论和交流，在讨论和交流中碰撞形成的思想对于“三农”工作是十分有价值的。因此，国家乡村振兴研究院将这些对话进行了整理，并结集出版，让这些闪亮的思想火花更好地传播、更好地服务乡村振兴。

这本书是在对话的基础上整理形成的，为了更加原汁原味地保留不同专家、学者和实践者的思想和风格，并未在文字上做过多的修正，保持了口语化的风格，一些地方的表述可能不够严谨，一些表达方式也不能做到十分规范，还请广大读者理解。

孙其信

中国农业大学校长

国家乡村振兴研究院院长

2023 年 7 月

目录

一、县域城镇化与乡村振兴：中国区域发展新的发力点

主持人

李小云：中国农业大学国家乡村振兴研究院常务副院长、资深文科讲席教授

对话嘉宾

温铁军：中国人民大学原二级教授

李　铁：独立经济学家、中国城市和小城镇改革发展中心原主任

魏后凯：中国社会科学院农村发展研究所所长、研究员

刘守英：中国人民大学经济学院党委书记、院长、教授

时　间

2022年5月9日(周一)19:00—20:30

对话简要：

近期，中共中央办公厅、国务院办公厅印发了《关于推进以县城为重要载体的城镇化建设的意见》(以下简称《意见》)。这一政策旨在通过县城建设促进新型城镇化发展，构建新型工农城乡关系。为了更好地理解在乡村振兴背景下县域城镇化建设的政策部署，中国农业大学国家乡村振兴研究院组织了一次政策对话，邀请知名专家对这一政策文件进行解读。参加此次政策对话的有中国人民大学原二级教授温铁军，独立经济学家、中国城市和小城镇改

革发展中心原主任李铁，中国社会科学院农村发展研究所所长、研究员魏后凯，中国人民大学经济学院党委书记、院长、教授刘守英。

中国农业大学国家乡村振兴研究院常务副院长、资深文科讲席教授李小云主持了此次对话。李小云教授首先对该政策进行了引导性发言。他指出该政策是在当前比较特殊的国际国内环境下对如何进一步推进工业化和城市化作出的重要的政策性决策。同时，这一政策是推进工业化和城市化的重大转折，是进一步促进城乡融合发展战略的具体抓手，也为乡村振兴提供了一个推进器。他提到依托县城为载体的城镇化相比于大城市的城镇化，在当前更有助于减少依靠乡村为生的人口规模。

温铁军表示，党的十九届五中全会上提出要把产业留在县域。他认为，只有把产业留在县域，才能让农民分享产业留在县域的收入，才可以使农民得到长期财产性收入的机会，才有可能为共同富裕的大目标做出必要的政策安排。在他看来，县域城镇化是产业留在县域的地域载体，城镇化和产业留在县域二者是并行不悖的。温铁军谈到城乡融合正在借助县域产业化和县域城镇化逐步推进。地方政府正在将国家鼓励的大众创业、万众创新延伸到乡村，推动进入乡村的市民与农民联合创业。借助国家大量的公共基本建设投资，大部分乡村实现了基础设施的“五通”①，促进乡村的城镇化。在这样的条件下，乡村中的中小企业创业创新可以与乡村城镇化结合形成乡村的就地城镇化。

李铁认为，早在2000年，中共中央、国务院有关文件②就曾强调要放开县(包括县级市)以下小城镇落户限制。目前的进展是，在人口流出地的中西部地区县城甚至地级城市，基本不存在落户限制。而在人口流入地区，落户则很困难。农业转移人口在就业地面临落不了户、生活成本高、房价高、子女教育压力巨大等问题，迫使他们在对未来定居的长期选择中，把回到家乡县城买房作为重要选项。谈及未来县城的发展路径，李铁最担心的是各级政府又设置了一系列的标准。县城真正紧缺的是和经济发展水平、人口收入水平相

① 农村“五通”工程是指农村道路畅通；通自来水；通可靠电、通天然气等清洁能源；通网络宽带；通快递物流。

② 特指中共中央办公厅、国务院办公厅2000年6月13日下发的《关于促进小城镇健康发展的若干意见》(中发〔2000〕11号)，该文件是促进我国小城镇健康发展的纲领性文件。

对应的基础设施建设和公共服务能力的提高。对于县域产业的发展，他认为关键在于以什么样的方式提供适合产业发展的营商环境。

魏后凯认为，最近《意见》的出台反映了我国城镇化战略的转型，从过去的高速城镇化转向高质量的城镇化，从过去更多注重异地城镇化转向关注就地就近城镇化，从过去更多重视地级以上的城市发展转向以县城为重要载体的城镇化。他认为以县城为重要载体的城镇化将面临产业、基础设施和公共服务、人才问题三大挑战。对于城镇化进程中如何推进乡村振兴，魏后凯认为，乡村振兴要靠外力推动，但最终应该走内生型乡村振兴之路。外部社会资本需要跟村集体、农民、合作社形成利益共同体。乡村振兴要靠产业多元化，逐步减少乡村从事农业的人口。乡村振兴需要建立起多元化投入机制，把社会资本撬动起来，单纯靠财政资金是杯水车薪。最后要把农村现有的资源激活，打通资源变资本、变财富的渠道。

刘守英认为，以县城为载体的城镇化建设要避免过去单向城市化的思维，同时也要避免将城乡转型的路径拉回到县城。需要重新认识城乡转型的基本规律，促进以县域为载体的城镇化，实现城乡融合。从国际经验及中国目前的阶段来看，中国实际上已经从快速城市化阶段进入城乡融合的阶段。县城是城乡融合的一个载体，承担了连接乡村和城市的功能。城乡融合涉及城乡关系调整、要素的流动及公共服务的重新配置等问题。他也提到传统县域的城乡融合如何破题值得思考，特别是传统县域如何能够培育出来一个支撑性的产业体系，从而推进农业的产业革命。

对话全文：

李小云(主持人)：首先感谢各位，铁军、李铁、后凯、守英，最近中共中央办公厅、国务院办公厅印发了《关于推进以县城为重要载体的城镇化建设的意见》，我觉得这个《意见》是在当前比较特殊的国际国内大环境下，就如何进一步推进工业化、城市化推出的比较重大的政策性决策。

同时，我觉得在这样一个特殊时期，它是推进工业化和城市化重大转折和进一步推进城乡融合发展战略的具体抓手。在地方工作的同志，这么多年来对大城市建设是比较清楚的，而县域的县委书记、县长确实有一些不知道城市化、乡村振兴怎么抓，因为两头实际上都不在他们那，城市化是大城市的推进战略，所以县域怎么搞？这个《意见》也给了非常明确的战略和政策的指南。

同时，我也觉得这样一个《意见》，从政策角度为我们如何推进乡村振兴提供了推进器。我最近写了一篇文章讲乡村振兴不能老在乡村里找方案，我讲新型城镇化，同时也讲正在出现的逆城市化趋向（还没有成为一个主要的潮流和趋势），再加上农业现代化。我把这三者看成推进现代化的最大公约数，实际上看到这个《意见》以后，我感觉是这三个问题：什么是新型城镇化？什么是乡村振兴？什么是农业现代化？这些问题实际都在一起了。

今天《中国乡村大讲堂》特别邀请国内在这方面应该说是最权威，也是最有发言权的四位专家，一起来讨论一下，主要的焦点为：

第一，为什么现在提出来以县城为载体来推动城镇化？

第二，在推进这种新型战略的过程中，面临哪些挑战？

第一轮对话希望每一位专家根据你们的研究，能够就这两个问题展开简要的讨论，然后我们再进入第二轮对话。

李铁：新型城镇化战略早就提出来了，只不过这次文件是关于县城城镇化的，最近有很多记者采访问到这件事，提出最多的问题是为什么提出城镇化。取消城镇落户限制，在2000年就已经提出过，到现在22年过去了。其实在中西部地区、人口流出地区（落实这个政策）不是问题，但是在人口流入地区，包括大城市、长三角这些中心城市群里头一点儿都没有落实，不仅没有落实，而且落户很难（近几年逐步放松），所以提出县城城镇化实际上也是在最近这些年，在总结城市化进程经验中，根据现实做出的合理的调整。

重点在哪里呢？

第一，人口流入地区只能保证就业获得收入，但是不能保证落户，这里头涉及两类群体利益，即户籍人口和外来人口的利益关系。所以到目前为止，不仅仅是大城市，300万、500万（户籍人口）的乡镇也不会办理落户，而在中西部地区县城早就放开了，基本不存在落户限制问题。

第二，现在农民在就业所在地面临的最主要问题是落不了户，生活成本也很高，房价高买不起房子，没有户口孩子的教育是个问题。如何进行长期选择，这是非常现实的问题。

事实上形势已经发生了变化。我们对农民工在城里买房情况做了长期调查，10 年前农民工在城里买房比例只占 1%，最近两年上升到 25%。他们主要在哪里买房呢？在县城买房。河南一个县长找我聊过，他说现在全县有 50%以上的人进入县城，这是比较普遍的现象，人大多不在村里住。为什么要进县城呢？第一要解决子女教育问题，第二要解决老人的养老问题，而村里的条件很差。

过去研究农村问题的时候，农民工回家比谁家房子盖得好，谁就比较牛，现在房子都闲置了，留守儿童、留守老人的问题很多。现在农民娶妻的一个条件就是在县城要有房，这次提出新型城镇化政策，我感觉是尊重现实的，在县城解决留守子女定居的问题，这是一个非常现实的政策选择，这已经是一个大的趋势。现在不能去想象北京、上海、深圳要解决那么多人的落户，做不到，这是现实问题。所以我认为提出新型城镇化是我们国家城镇化战略性选择非常微妙的变化。

中国有千余个县，如果每个县城解决 10 万人口或者 20 万人口，就是几亿人进入县城。

李小云(主持人)：下面请铁军教授来谈谈。

温铁军：第一，最近一个时期确实在这个问题上有些讨论，我也参加了一些讨论，我在帮助一些省、市，建议它们把县域经济作为乡村振兴的重要领域。因为我们看到其实这些年，在很多地方城市化发展并不能带动周边的县域经济发展，中央提出了一个很重要的政策思想，就是要把产业留在县域，才能让农民分享产业留在县域的收入，才有农民得到长期财产性收入的机会，才有可能为共同富裕的大目标做出必要的政策安排。所以，产业留在县域就有一个县域产业在何处落地的问题。就目前情况看，县域城镇化应该是产业留在县域的地域载体，应该说城镇化和产业留在县域二者是并行不悖的，这是第一个观点。

第二，其实也和五中全会(党的第十九届中央委员会第五次全体会议)很重要的提法有关，就是城乡融合。尽管 2017 年中央文件在推出乡村振兴的同时，就已经提出鼓励市民下乡与农民联合创业，但是那个时候并没有明确的政策。大概 2018 年前后，有一些地方出台了省一级的“三乡工程”[①]，市一级的“市民下乡二十条”[②]，开始鼓励已经进入乡村的市民跟农民联合创业。那个时候跟什么(政策)有关？跟中小企业推动实体经济大众创业、万众创新有关。最近这些年，尤其是从 2005 年启动新农村建设作为国家战略以来，大量的公共基本建设投资，投向了乡村“五通”。

我们已经在乡村实现了“五通”进村，甚至到户。这些年到自然村继续做“五通”的基本建设投资，实际上等于把过去只在沿海开发区才能够实现的“五通”现在下达到乡村地区，客观上使得乡村中小企业的创业创新可以和乡村城镇化结合。这其中包括乡村的就地城镇化，比如李小云在云南(支持建设)的村我也去看过，村建设的前提建设其实是基本建设到村。大家可以很方便地从任何地方到看好的山清水秀的地方形成创业创新的条件，这就带来城乡融合(作为一个国家战略和产业)留在县域及与县域城镇化直接结合的接口。我认为基于以上两点，现在提出县域城镇化这样一个政策思路是有道理的。

第三，其实刚才李铁也讲到，这些年有一个很重要的政策，教育资源和医疗资源向县以上集中，除了少数地区，大多数县已经完成城市化，参照城镇标准完成了。因此，县一级中产阶级，教师、医生、公务员等在县级城镇的生活已经和在城市的中产阶级生活没有太大差别，当然就会出现是否以县级城镇为首选地，相关政策意见还有很多讨论，不用太多的引述。我只是觉得在讲县域产业化和县域城镇化这两化结合的时候，其实未必一定要像过去那样把目标放在县级城镇，而应鼓励就地城镇化。比如有些已经工商业化，外来投资相当多的地方，外地人在这打工半年、居住半年以上就可以算当地人口了。只有城乡双向互动融合，才能推动县域产业化和县域城镇化，未必非得强调只有县级城镇推进城镇化才是城镇化。

---

① “三乡工程”是中国共产党湖北省第十一次代表大会部署，以“市民下乡、能人回乡、企业兴乡”为抓手，扎实推动乡村振兴战略实施，努力实现“产业兴旺、生态宜居、乡风文明、治理有效、生活富裕”的目标。

② 武汉市出台《关于开展“市民下乡、村民进城”活动加快新农村建设的支持措施(暂行)》，鼓励充分利用农村空闲农房，以租赁、合作方式创业创意、休闲养老养生，增加农村集体经济组织和农民财产性收入。其中包含二十条具体支持政策，被称为“黄金二十条”。

李小云(主持人):谢谢铁军。后凯,您最近在推动县域经济的事,请您也讲讲自己的看法。

魏后凯:我谈几个观点。

第一,这一次中共中央办公厅、国务院办公厅的文件,我觉得反映了我国城镇化战略的转型,这个转型我想主要是从过去高速城镇化转向高质量的城镇化,从过去更多注重异地城镇化,转向关注就地就近城镇化,从过去更多重视地级以上城市的发展,转向以县城为重要载体的城镇化,对县城引起了高度重视。这里面反映了国家城镇化战略的转型,这是第一点。

第二,文件出台以后,我想可能有三个方面的背景需要引起重视。其一,过去很多年以来,我们实行市领导县或市管县的政策,结果就是本来希望市能够带动县域经济的发展,但是很多地方并没有达到这个目的,有的反而形成市掐县的局面,没有得到很好的发展。当前县域的城镇化仍是薄弱环节,重点肯定是县城。其二,县城数量比较多,发展的前景比较大。当然这里面狭义来看,就是1 429个县的县城,现在有的文章把县级市也涵盖进来了,就达到了 1 817 个,这是 2020 年的数据。不管怎么算,县城的数量比较多,发展潜力大,现在县城的平均规模是 10.6 万人。其三,县城承担了连接城乡的重要功能,也是县域政治、经济、文化、交通等方面的中心,起到很重要的作用。根据我们的研究,县城跟建制市相比,比如自来水、垃圾污水的处理等,差距在逐步缩小,而且基础比较好,所以推进以县城为重要载体的城镇化,具有较好的基础,县城也是未来吸纳新增城镇人口的重要载体。

第三,2014 年我写了一篇文章,阐述我国城镇化出现了两极化倾向,少数超大、特大城市出现规模膨胀,有的出现“城市病”,而一部分中小城市和小城镇则开始衰落,说明城镇化格局不是很合理。要优化城镇化规模和格局,我想恰好可以打破这种两极化的倾向,推动大、中、小城市跟小城镇的协调发展。现在农村人口愿意到县城集聚,到县城买房、上学、就医,向县城集聚的趋势非常明显。2020 年我们做了一个中国乡村振兴综合调查,去到 10 个省区的 300 多个村庄调查,结果发现在农村劳动力外出就业地的选择中,33.6%的人愿意到县城和县级市,第二位才是地级市。愿意到县城是排在首位的,因此,我们要重视这些方面的背景。

第四，简要谈一下以县城为重要载体的城镇化面临哪些挑战。我认为主要面临三个大的挑战：产业、基础设施和公共服务以及人才问题。为什么部分中小城市和小城镇开始衰落？就是因为没有产业支撑、没有就业岗位，基础设施、公共服务跟超大、特大城市相比差距太大，产业支撑、基础设施和公共服务、人才的问题恰恰是我们的一个短板，也是一个薄弱环节。

第五，我点一下题，过去城镇化从规模来看呈现两极化倾向，现在强调以县城为重要载体的时候，也不能把所有的资源都过度集中在县城，还要统筹考虑县域其他的建制镇，既要发挥县城的中心作用，同时也要处理好县城与其他一般建制镇之间的关系，防止在县域内出现新的两极化，这个也是问题。

李小云(主持人)：后凯的这些观点非常有意思。守英，请你也谈谈。

刘守英：这个文件出来以后实际上有很多人跑来问我，很重要的一点是把原来城市化战略改变，是要重新在县城搞一套吗？中国在现在的情况下，如果每个县再来投一套，到底有多大的前景呢？我的基本看法是，现在要避免两极化。一个是要避免原来单向城市化的思维，另一个是要避免把整个中国城乡转型的路径拉回到县城。

第一，整个城乡转型的基本规律，第一个是中国可能也绕不开的一件事，就是已经制定都市圈发展战略，不以人的意志为转移。第二个是重新认识城乡转型的基本规律，过去把城市和乡村的发展，完全当成两极。城市出现问题就回到乡村，乡村搞不动就依托城市，现在城市出了问题，乡村也出了问题。我同意以县域为载体的城乡融合，理由是现在要重新认识城乡转型的阶段。过去几千年传统以县域为单位，就是我们讲的郡县制，郡县安天下就安，那个时候就是传统乡村社会的政治、经济、社会和治理基本的形态。

第二，现在城市化以大城市为发展的思路，小城市发展得并不好，如果在这么一个框架下讨论以县域为载体是不可能的。整个城乡转型，就目前的形势来看，没有很好的共识，容易陷入两极中间夹一个以县域为载体的境地。从国际经验来看，当整个城市化率达到70%的时候，要进入城乡融合，这是讲的郊区化，城市更新，然后各种生产要素在城乡之间重新配置，这个比较是阶段性的特征。

中国目前实际上已经进入城乡融合的阶段，在城乡融合阶段，就是城市化率、要素的流动和现在整个城乡之间关系的调整，包括铁军刚讲的，已经到了这么一个阶段。现在讨论中国的县城在城乡融合形态下的作用，县域最重要的作用就是避免过去极端城市化和极端回到乡村这两种极端思路，需要一个在城乡融合形态下的载体，县城实际上就可以作为城乡融合的载体。

另外，可能在城乡融合形态下县城的功能也会发生很大变化，成为乡村到城市的连接点，或者一个载体，是城乡融合的载体。现在讨论县域作为载体，需要有新思维。这次提到以县域为载体，要防止极端化的倾向，我就讲这么多。

李小云（主持人）：刚刚大家各抒己见，讲得都有一定道理。我也提一个问题，就从刚才铁军讲的人口角度看，村庄的很多人在城里居住、上学，有的没有买房还要租房，这种流动模式中暴露出一个问题，这些人虽然住在城市里，但实际上没有享受城市基本公共服务。如果未来以县城为载体开展建设活动，推动城镇化就面临一个严峻的问题——巨大的社会服务成本，这样的成本须要由地方政府来承担。具体来讲，需要由县政府、地级市市政府来承担。

客观情况是，在大多数县域地区，实际上农业占的份额是很高的，农业甚至和农业加工相关的企业，不创造税收，农民可能比较富裕。像云南很多地方，农民还是很富裕的，乡村里面户均收入 10 万元、20 万元很普遍，但是地方财政没有钱，推进以县城为载体的城镇化就会遇到阻碍。

第二个问题就是刚才铁军也讲到的县域的产业问题，现在已经形成这个格局，如果让县域的经济发展起来，它和大城市都市圈的经济怎么联系？它和国际大循环怎么联系？现在的大城市，像北京、上海、广州、深圳等，主要是靠外，重心不可能转移到县域经济里来。所以县域经济如何形成新的增长点，如何形成新的吸纳就业的经济产业体系，对于以县城为抓手政策的落实就非常关键。针对这些问题我想再问一下李铁，推动新的城镇化，核心的挑战在哪里？

李铁：第一，如果我们稍微注意就会发现，从 20 世纪末到现在关于城镇化的提法很多，虽然城镇化的提法很多且存在非常大的争议，但是并不等于任何其中一个提法可以覆盖其他的提法。比如小城镇、城市群、都市圈、县城城镇化概念的提出，这些是相对平行的战略，而不是用一个战略去覆盖另一个战略，这一点要特别清楚。

第二，我们看县城的城镇化，实际上是根据现实人口的流动状况和农民意愿选择，以及国家特殊的体制条件进行调整。你那边进不去总得给你出路，同时农民也有需求，这一点也是不矛盾的。不是说坐在屋子里空想，而是根据实践的经验和成果讨论这个问题。

第三，我刚才针对铁军讲的，又在思考乡村振兴和城镇化是什么样的关系。我曾经和相关领导同志讨论过这个问题，农民（群体）只有（数量）减少了才能富裕，所以城镇化这个道路没有回头路。现在农业转移人口 2.9 亿人，实际上常住人口才不到 6 亿人，但是固定人口 8.5 亿人，8.5 亿户籍人口在农村占资源，在城里占资源，导致资源浪费是怎样一种情况。

李小云（主持人）：请各位再谈一下现在这样一个策略究竟在哪些方面，在多大程度上有利于乡村振兴战略的实施。

温铁军：怎么推行所谓推导出来的设想，还不如直接看看现在城镇面临什么实际问题。我想大家都是做调查研究的，我也一直在各地做调研，现在我把自己了解到的情况简单归纳一下。其实城市中的房地产泡沫化和资金投向所形成的问题在一起是个很大的陷阱，已经有很多企业陷进去了，比如最近的海航案①、恒大案②，已经值得我们高度警觉了。它们所谓结构性的投资，很大一部分是因为误入陷阱。县以下的镇不用说，在县本级形成的商品房，有些地方超过本县全体人口的住宅需要，这在很大程度上变成较为严重的泡沫。

把这些问题综合起来看，房地产在县这一级客观上造成县这一级的债务根本不可能靠自己本级的收入解决，刚才几位提到能不能靠农业收入维持人

---

① 海航集团有限公司破产案件是目前亚洲地区债务规模最大、债权人数量最多、债权人类型最多元、重整企业数量最多、法律关系最复杂、程序联动最复杂的破产重整案件，也是我国为数不多的由省级法院直接审理的重整案件。

② 恒大地产集团有限公司在 2019—2020 年财务造假达 5 640 亿元，虚增利润 920 亿元，如此巨额虚增利润使恒大房产假账成为全球最大财务造假案。

口达到什么样的水平，这些想象出来的情况不如在现实中碰一碰，看看县一级或者县本级城镇化实际问题是什么。

魏后凯：减少农业人口是乡村振兴、是农业农村现代化的一个重要前提。我认为农民不减少，要解决“三农”问题是不可能的。减少农民要靠什么？靠城镇化。城镇化是不可阻挡的趋势，当然城镇化要成为推动乡村振兴的动力，要有利于促进农民的增收，要能够推进县域内的城乡基础设施跟公共服务一体化，但是城镇化可能也会给乡村带来一些负面的影响。

我认为有三个趋势可能是城镇化过程中需要引起高度关注的：第一个是村庄的空心化，第二个是农村人口老龄化，第三个是村庄的减小。村庄的空心化这个是国内外都存在的现象，还有农村人口老龄化，可以从人口普查数据中清楚地看出来。按照第七次全国人口普查数据，2020 年全国乡村 65 岁及以上人口比重是 17.7%，比城市高了 6.9 个百分点；60 岁及以上的老年人口的比重为 23.8%，比城市高了 8.3 个百分点。大家想一想，一般认为 65 岁及以上人口超过 14%就是深度老龄社会，农村 65 岁及以上人口达到 17.7%，这个就是深度老龄化的表现。

我们算了一下，2007—2020 年，全国行政村平均每年减少约 6 000 个，自然村 1991—2020 年平均每年减少 4.7 万个，随着城镇化的推进，未来村庄还会减少。到 2035 年、2050 年不可能还有那么多村庄，村庄未来一定要按照常住人口来配置公共资源，优化基础设施、公共服务，为村庄布局进行规划引导。去年我们组织召开了“中美农业圆桌论坛——智库对话会”，美方专家介绍美国早期也存在村庄减少问题，后来通过漫长的调整才逐步稳定下来。

第一，乡村振兴要靠外力推动，但最终应该走内生型乡村振兴之路，现在乡村振兴需要外力推动，要鼓励资本下乡。应该跟农村村集体、农民、合作社形成共同体，不能说只有老板赚钱，农民不赚钱，一定要形成利益共同体。

第二，乡村振兴要靠产业多元化，我最近在研究这个问题，欧洲、美国也是这样的，工业化以后早期乡村（业态）主要是农业，但是到了现在农村产业越来越多元化。过去一些教材都说什么是农村，农村就是从事农业活动和农民居住的地方，但是随着农村经济社会的发展，乡村产业日趋多元化，农村从事农业的人口越来越少。有一年我到德国看了一个村庄，那里专门从事农业活动的没几个家庭。

第三，建立多元化投入机制，要依靠财政资金的投入，把社会资本撬动起来，单纯靠财政资金只是杯水车薪。

第四，要把农村现在仍在“晒太阳”的各种资源激活，打通资源变资本、变财富的渠道。现在农村资源有很多仍处在闲置的状态，所以怎么通过深化改革全面激活农村的资源，打通资源变资本、变财富的渠道，我觉得这一点也很重要。

李小云(主持人)：今天四位专家对这个问题的阐述非常系统。首先，大家都比较认同，以县城为载体的新型城镇化，是工业化和城镇化战略的组成部分，它并不是对过去的否定，更多是补充，或者是完善，是对城市化战略和通过城镇化推动城市化战略的完善。其次，这样的战略更加贴近乡村振兴，有利于城乡融合战略的实施。大家对四位专家提出了一些问题，第一个问题是提给李铁的，请问县城是否也能作为经济内循环的连接点？

李铁：第一，因为全国有 1 400 多个县城，每个县城的发展状况不一样，因此，发展路径也不可能一样。

第二，正好是我刚才也想说的一件事，我们也不能完全否定房地产，因为有客观需求，不论是在家里盖房子还是买房，农民总得要居住，在就业地买房很难买得起，因此我们不能否定房地产仍然是拉动中国经济的动力之一。如今结构调整遏制房地产发展的势头，不等于未来房地产不会作为经济增长条件的重要手段之一。

第三，县城现在重点要解决的不是高标准化，这么多年实践经验，就是把县城大城市化、样本化、高标准化。这样导致了大量资源闲置和浪费，而真正紧缺的是公共服务，是和经济发展水平、人口收入水平相匹配的公共服务的提高，是适度提高，不一定要达到北京都市圈的水平。现在提出小城镇、提出特色小镇，我最怕又设置一系列的标准，基础设施要怎么样达标，路要多宽、树要种多少，这不是我们的目标。而是要给县城提供更好的、适合进城农民的公共服务，比如基本的医疗和公共教育服务，通过互联网提升公共服务的水平，这是重要的。至于产业我特别想说一句，我们不要假定会有什么产业，我们要想人口聚集市场会自动形成新的产业，最重要的产业的流向是选择成本较低的地方。如果未来各个方面基础设施都进一步完善的话，产业向中西部县城转移，这种可能性还是有的。

中西部县城和一些镇能接受多少产业，这是未知数。但只要有人口聚集，就一定会产生需求；只要有需求，就一定会促进产业的发展。我就简单回答一下这个问题。

李小云（主持人）：第二个问题，铁军你能不能回答一下，现在推进的县域城镇化有没有现成的模式？比如国外、国内哪个地方搞得更好一点？

温铁军：其实如果真想把城镇化变成一种模式，确实不太好。首先，我们得知道所谓县域本身只是一个抽象概念，各个不同的地理气候条件下所形成的类别本来就是千差万别的，找到大家需要的模板，似乎这种提问的思路比较陈旧了。与其去找一个固定的模式，不如因地制宜，看看各个方面有些什么样的发展条件，追求自己不同的发展方式。

我想借这个问题提醒几句，希望大家注意。中央确定城镇化的发展方式，并且说中国要加快城市化，中国的城市化靠城镇化来实现，这个是在2005年党的十六届五中全会讨论“十一五”规划的时候提出的，当时就提出要发展县域经济。县域经济有两个支柱，一个是中小企业的发展，一个是城镇化的发展。从2005年确立这个发展战略，到2020年“十四五”发展规划再度强调县域产业、强调县域城镇化的时候，我倒是觉得不妨回顾一下，15年过去弹指一挥间，县域产业化和县域城镇化到底有哪些经验，最后把问题转向现实。不是什么样的理性推导都能讨论清楚，不多说了，把时间留给其他老师。

李小云（主持人）：谢谢。守英，有一个问题大家希望你回答一下，那就是如何看待返乡创业潮对县域经济的影响？

刘守英：现在有多少人返乡，我觉得这是要认真思考的问题。从数据来看，农民现在回流的比例数量确实有所增加，省内就业也在增加，我觉得这并没有改变城乡关系基本的规律，这取决于农民到哪去了。有一些回流的农民在县里面落下来，就刚才讲的买房、孩子教育、养老，这部分农民的回流并不是回到村子，因此不能简单说农民回流了就是返乡了，这是一个误区。

出去的这些人，如果都返村了，那么将是巨大的退步，如果这么多人回到乡村会产生什么样的后果？

我是觉得返乡最重要的是乡村产业的回报。如果乡村的产业没有实现回报，那么返乡就是一个伪问题，而且是不可持续的。现在确实有回去修路、做一些工程的，我们在地方也看到这个空间、那个空间，这个创业基地、那个创业基地。这背后很大一块是靠补贴，如果没有这些补贴，最关键的是要靠返乡创业产生的产业回报，这个是规律。如果产业回报出不来，不能保证回到乡村以后的人在乡村工作的报酬跟在城市是差不多的话，这个不可持续，只能作为讲故事。

现在确实需要一些人到乡村去。现在统一实行系统性改造，不单是一个人走，也不是乡村的合并。而是需要人、地、村、业的重构，这一轮的乡村振兴如何让乡村这个系统重新打通，比如人真正好好走出去。另外，有一些人也能到乡村做一些实事，比如像小云、铁军老师的团队。不是原来的人群在那里继续从事原来的农业。

第一，要换人。这个换人跟我们讲的返乡创业不一样。

第二，是地的重构，整个中国必须破小农的格局，如果不破的话，土地作为载体，不能实现要素的重新组合，还在原来的格局是破不了。

第三，村庄不主张大范围归并，乡村应适度聚集，比如两三个小村聚集会比较舒适；比如老人在村里有居住的地方，有休闲娱乐的地方。另外，城里回来的人在乡村有待的地方，不用跑到县城去。

乡村我觉得是一个系统的重构，人、地、业、村系统的重构，这个重构之后，至于谈返乡、谈诗和远方也好，整个乡村的状况就有根本的好转。搞农村工作的人千万不要浪漫主义，我们搞了几十年都是为农民找路，农民报酬低、农民辛劳、农民看不到希望，担忧了几十年，现在觉得农民是最幸福的，那是胡扯。我觉得这是个良知的问题。

李小云（主持人）：谢谢。最后一个问题请后凯回答一下：县域经济发展涉及的资源不是最优的资源，你认为应如何解决未来发展资源不平衡的问题？

魏后凯：这是一个复杂的问题，很理论化的。

我简单说一下吧。应该说现在各种资源、要素，确实是相对比较高端，主要集中在城镇体系里面那些高等级的大城市，尤其是一些基础研究和创新资源更是如此。

往下要素档次要低一点，比如说从创新来看，基础的、原创的研究一般都集中在北京、上海等一些大城市，再往下走既有基础研究又有应用研究，到县城这一层级更多的是一些应用研究，或者说很大一块是技术的推广。但现在随着网络的发展，有很多基础研究也在往县域里面走。按照过去的理论，县域就比大城市慢半拍，现在我觉得在很多方面不完全是这样的。

根据我们对国外的研究，比如大公司总部和研发机构，在美国 20 世纪五六十年代的时候，主要集中在纽约、芝加哥等大城市，后来总部和研发机构越来越向周边中小城市，甚至向农村、小城镇扩散。我说的意思是随着技术的不断进步，尤其是网络化、信息化的推进，虽然我们在县城，也可以通过网络等手段，实现跨越式发展，甚至可以搞一些基础性的研究。

最近我觉得有一个案例值得研究，但是它有特殊的因素，比如贵州大数据产业的发展，当然与它招商引资到几个国有大企业进去有关系。不管怎么样，在这个地区大数据产业能够很快发展起来，形成一个产业链，我觉得很重要的就是超越过去按部就班的做法，在一些重要领域打破等级、实现跨越。

从人才的角度来看，我个人觉得随着人才培养越来越多，这些人才不可能都集中在大城市，未来会有越来越多的各类人才到地级市、县城、镇村等。当然往这方面来推进，仍需要一个过程。

李小云(主持人)：非常非常感谢四位专家，也感谢线上的各位朋友。今天我们对于城市化、人口变化、城镇化、乡村振兴等各种问题，其实都做了非常好的讨论。听众中有很多是学生，估计大家都上了很有启发性的一课。虽然此次讨论时间不是很长，但讨论得非常充分。我再次代表中国农业大学国家乡村振兴研究院向各位表示衷心的感谢，今天的政策对话就到此为止，谢谢大家！

二、县委书记谈县域为载体的城镇化与乡村振兴

主持人

唐丽霞：中国农业大学国家乡村振兴研究院副秘书长、人文与发展学院教授

对话嘉宾

毕绍刚：云南省昆明市安宁市委书记

张先宝：云南省昆明市禄劝彝族苗族自治县县委书记

李　松：云南省昆明市晋宁区委副书记

李小云：中国农业大学国家乡村振兴研究院常务副院长、资深文科讲席教授

时　间

2022 年 5 月 21 日(周六)19:30—21:00

对话简要：

由中国农业大学国家乡村振兴研究院主办的“《中国乡村大讲堂》政策对话——县域为载体的城镇化与乡村振兴：听听县委书记如何说”在近日举办。参加此次政策对话的嘉宾有中共安宁市委书记毕绍刚，禄劝彝族苗族自治县县委书记张先宝，晋宁区委副书记李松，国家乡村振兴研究院常务副院长、资深文科讲席教授李小云。中国农业大学国家乡村振兴研究院副秘书长唐丽霞教授主持此次对话。唐丽霞教授依次请各位书记介绍各自所在县区发展

情况与特点，并围绕“各区县在推进以县域为载体的城镇化过程中采取的特色措施”“推进中面临的困难”“三位书记对县域城镇化的政策期待”三大问题展开讨论。

在讨论各区县在推进以县域为载体的城镇化过程中采取了哪些特色措施这个问题时，安宁市委书记毕绍刚详细介绍了安宁在城镇化中的具体措施，即坚持规划引领，找准定位；将产业发展作为城镇化核心动力，保证就业岗位；坚持基础先行，持续投入建设；坚持以人为核心的城镇化，保证搬迁群众生活；促进公共服务均等化，加快城镇化进程。禄劝县委书记张先宝基于本县情况首先是提出“一核两翼”的发展规划；其次是推进基础设施建设；最后是推动公共服务均等化。晋宁区委副书记李松深入介绍晋宁区在推进县域城镇化中的特色措施，即首先是大力培育发展优势花卉产业，打造全国特色优势产业集群；其次是推动公共服务建设；最后是提升生态环境保护发展质量，走绿色发展之路。

在谈到各区县在推进以县域为载体的城镇化过程中面临何种困难时，禄劝县委书记张先宝指出，当前禄劝县面临五大关键挑战：一是巩固脱贫成果压力较大，推进乡村振兴任务较重；二是县域产业发展比较滞后，县城落后吸引力不够；三是县域经济发展质量不高，群众持续增收的后劲不足；四是公共服务供给不足，群众进城生活不方便；五是基础设施总体比较滞后。安宁市委书记毕绍刚分享交流了安宁在发展中面临的挑战。第一，安宁存在发展不平衡的问题。第二，安宁市在承接昆明市产业和人口转移上受限。第三，大量人口进城后在农民市民化上面临两方面问题：一是怎么在县城获得收入，二是如何融入城市的文化和生活习惯、如何提升其文明程度。第四，县域开发空间问题。晋宁区委副书记李松提到目前晋宁区面对的挑战主要来自两方面：第一个挑战是村庄的空心化比较严重；第二个挑战是晋宁区产业支撑比较薄弱。

当询问三位书记对县域城镇化有何政策期待时，张先宝书记建议国家政策可从五个方面着力：一是加大脱贫县区的财政投入，持续加大转移支付力度；二是进一步强化先进发达地区与落后县区的产业帮扶协作；三是探索建立城乡一体统一的经营性建设用地的市场；四是进一步统筹新老居民公共服务，推动公共服务资源均衡配置；五是进一步衔接乡村振兴战略，从制度层面探索采用逆城市化的方式推动乡村振兴，同时保持脱贫攻坚金融扶持政策的延续性。毕绍刚书记则基于安宁市发展难题提到了三个层面的政策建议：一是建议国家在大基建方面持续发力，形成政策合力；二是加快建设安宁与昆明的轨道线推动同城一体化发展；三是建议国家在农村集体经营性建设用地的界定和入市交易上给予一些具体指导。李松副书记主要提到希望针对云南省和昆明市的定位，提供一些项目和资金以支撑产业发展，同时以产业发展吸引更多的人返乡并留下来，以有效应对乡村空心化的问题。

李小云教授对三个县区的城镇化现状、路径和面临挑战进行了系统评论。李小云教授认为，三个区县的发展阶段和特点基本代表云南省乡村振兴、城乡融合发展的三种类型，同时也反映着中国处于不同发展程度的县区的特色和需求，三类区县所需推出的发展规划、政策支持各有差异。安宁市是都市型地区，但是从现代化指标上来看，城乡收入不平等问题有待解决，因此，目标应该放在城乡融合与城乡一体化。晋宁区是都市辐射型地区，农业产业比较发达，所以可以依靠城市的动能，将农村作为原材料的供应地。禄劝县尚处于发展瓶颈阶段，相对来讲有待进入快速转型期。一方面要不断呼吁中央财政予以支持；另一方面要实现发展能力的转型，由过去依赖扶持型转化为自我发展型。简言之，三个区县的模式就是中国几千个县的模式。乡村振兴与县域为载体的城镇化在发展需求方面需要创新的空间和政策。通过以县域为主体的新型城镇化，国家必将不断有新的政策支持，以应对现实中共性的财政支持、土地调配等问题。

对话全文：

唐丽霞（主持人）：几位书记、在线观众们，大家好，今天非常高兴在周末晚上开始中国农业大学国家乡村振兴研究院《中国乡村大讲堂》政策对话活动。在活动正式开始之前，我简单介绍一下《中国乡村大讲堂》，这是中国农业大学国家乡村振兴研究院发起的高端对话平台，包括高端讲堂、政策对话、实践交流等不同系列。政策对话系列主要围绕乡村振兴最新政策，与政府官员、专家学者、实践者共同多维解读最新政策，促进对国家政策中相关议题的学术讨论。此前，我们已经开展关于推进以县城为重要载体的城镇化建设意见的讨论，引起了社会的广泛关注。自党的十八大以来，我们国家提出新型城镇化，建立新型融合的城乡关系，力图破解二元结构，在这一背景下，如何看待县域经济的发展，今天晚上我们将聚焦讨论。中国农业大学和昆明市有非常良好的合作，2019 年签订了都市驱动型乡村振兴创新实验区建设的战略合作协议，已经开展 3 年的时间，形成了良好的信任关系和互动关系。今天，我们邀请到了昆明市的三位书记，请他们从书记的角度谈谈在推进县域为载体的新型城镇化亲历实践过程中所观察到的县域为载体的新型城镇化与乡村振兴之间的关系。

第一位是来自云南省昆明市安宁市的毕绍刚书记。安宁是云南省唯一经济百强县，也是云南省县域经济十强县的榜首，最重要的是安宁有“西南会客厅”的说法，有天下第一汤的温泉，有西哈努克亲王的别墅，有航天员返回地球后暂住疗养的温泉小镇，非常出名。安宁市还是食用玫瑰的主产区，鲜花饼的绝大部分馅料是来自安宁市的八街和县街，这里是农业主要生产区域。第二位张先宝书记来自禄劝彝族苗族自治县。禄劝县是云南省乡村振兴重点示范县，少数民族人口占比较多，占据 1/3，素有“三水一江地，彝歌苗舞乡”的美誉。禄劝县是昆明市饮用水的水源地，其生态功能、脱贫攻坚和乡村振兴有效衔接的功能以及高原特色农业发展比较重要。第三位李松副书记来自昆明市晋宁区。众所周知，昆明最著名的标志是滇池，晋宁在滇池的南岸，有 53 公里(千米)的湖岸线，8 条入湖河道。晋宁在昆明乃至全国的一张名片是玫瑰花，鲜花产业领域有一句名言：“全国十枝玫瑰有七枝产自云南，云南十枝玫瑰有七枝产自晋宁。”这是十分贴切的说法，晋宁有 6 万亩[①]玫瑰花生产，全国市场上销售的高品质玫瑰大部分产自晋宁。当前晋宁正在开展滇池保护方面的工作，环滇池美丽乡村建设是未来乡村振兴的重要工作。这里距离昆明市主城区非常近，县域为载体的新型城镇化为晋宁提供了重要机会。欢迎大家。

今天与三位书记对话的是我们乡村大讲堂的创始人、主要嘉宾，以及有时候的主持人——李小云教授。李小云教授是昆明市乡村振兴的总顾问和总技术指导，是中国农业大学和昆明市都市驱动型乡村振兴创新实验区(共建项目)的总设计师。今天晚上由李教授来与县委书记讨论，希望这种碰撞

① 1 亩约为 666.7 平方米。

可以产生激烈的火花，感谢书记们和李教授的支持。首先请三位书记分别介绍一下各自所在的县区，毕书记先进行介绍。

毕绍刚：小云教授好，唐老师好，非常高兴在周末的时间向全国的朋友介绍安宁的情况。安宁是昆明市下辖县级市，面积 1 301 平方公里，人口 48.6 万人。我们用四个短语介绍安宁：第一个短语是滇西门户，安宁在昆明西边，距离昆明市 28 公里，距离长水机场 44 公里，距离高铁站 50 公里，是昆明通往云南 8 个州市的必经之地，区位优势十分明显；第二个短语是温泉之乡，这里有丰富的地热水资源，温泉小镇特色旅游产业发展较好，局部区域森林覆盖率达到 80%以上；第三个短语是产业重镇，安宁是工业城市，去年 GDP 612 亿元，一般预算收入 54 亿元，产业发展方面形成第一产业 3.6%、第二产业 60%、第三产业 36.4%的结构；第四个短语是宜居之城，全市森林覆盖率 52.4%，局部地区达 80%以上，空气优良率常年保持在 99%以上，年平均气温 14.9℃，建成区绿化面积 43.2%。安宁经过多年发展获得了许多城市名片，是全国文明城市、国家园林城市、国家卫生城市，荣获“云南省生态文明市”、云南省首批“美丽县城”荣誉称号。在城镇化方面，安宁市城镇化率为 83.4%，增长较快。欢迎各位朋友来安宁。

唐丽霞（主持人）：谢谢毕书记对安宁的介绍。刚刚我们提到，安宁是云南省唯一经济百强县，所以它的产业结构占比和整个昆明市反映出来的情况是不太一样的，安宁市第二产业的占比非常高，其他县区相对来讲占比较弱。我第一次去安宁的时候就感觉这个城市很干净，后来才知道安宁市是第一批国家卫生城市和文明城市，整个城市是一个园林城市，市内两处湖景是市民休闲、锻炼、娱乐的好地方。谢谢毕书记，下面请云南省昆明市禄劝县的张先宝书记进行介绍。

张先宝：小云教授好，唐老师好。今天非常荣幸有这样的机会跟小云教授一起就县域为载体的城镇化与乡村振兴之间的关系来进行研讨学习。我简要介绍一下禄劝县。第一，禄劝位于滇中北部，是由滇入川的北大门，县城到昆明 72 公里，是典型的民族地区，有 24 个民族，是全国民族团结示范县。

第二，禄劝县是革命老区，红军长征两次经过禄劝，中央红军二、六军团在这里待过12天，红色基因浓厚。第三，地域面积大，禄劝县有4 233平方公里，面积占昆明的1/5，人口排昆明的第二，有48万多人，城镇化率偏低，只有41%左右。第四，禄劝县是资源大县，轿子雪山是北半球纬度最低的季节性雪山，大国重器乌东德水电站也在这里，乌东德水电站是全国第四、世界第七大水电站。禄劝县是重要饮用水源地，昆明市70%的饮用水从禄劝县供应。这里山地面积大，生物多样性显著。禄劝县是历史、红色、民族文化集中的地区，群众热情好客，有着浓郁的民族风情，所以我也借这个机会诚挚地欢迎各位网友、社会各界到禄劝旅游观光、投资兴业。

唐丽霞(主持人)：谢谢先宝书记，禄劝的确像书记所介绍的，旅游资源非常丰富，有滇中低高峰——轿子雪山，一年四季有不同的景色。昆明是春城，雪花很少见，但在轿子雪山上可以看到积雪和冰瀑布等不同的景色。大国重器乌东德水电站是一个非常壮观的工程。禄劝县是少数民族聚集的地方，处处是能歌善舞的居民。谢谢先宝书记，下面有请晋宁区的李松书记给我们谈谈晋宁的情况。

李松：好的，小云教授好，唐老师好。很高兴今天能够参加《中国乡村大讲堂》。下面我介绍一下晋宁的情况。晋宁是昆明的南大门，在云南省中部，昆明西南部，距离昆明主城区60公里，辖区有8个乡镇街道、社区，有137个村社区，耕地面积16.18万亩，人口34万人，城镇化率54.5%。晋宁靠近滇池，有2万亩湿地，森林覆盖率52%。2017年，晋宁成为第六个城区。这里有著名的古滇文化和郑和文化。晋宁以花卉文化为主要产业，鲜切花种植产量在全国和县区都排第一，2021年GDP为205亿元，募投98亿元，鲜切花73.4亿元，财政收入14.6亿元，增速5.2%，城镇居民人均支配收入4.8万元，农民人均纯收入2万元。2021年，市党代会明确了晋宁区的定位是打造国际康养旅游示范区和健康旅游目的地。

唐丽霞(主持人)：好，谢谢李松书记。昆明有一句话叫“春城无处不飞花”，可能最贴切的就是晋宁区，因为鲜花产业在推动整个晋宁区的乡村振兴和促进农民收入增加方面都发挥着非常重要的作用。欢迎大家有机会到昆明、晋宁、安宁和禄劝旅游。昆明不仅仅是一个旅游集散地,也是一个旅游的目的地,这也是未来昆明市发展的定位。我们可能之前只是听说过昆明,对县区的理解非常有限。特别感谢三位书记给我们描绘了三个县区的整体情况,让我们能够认识了解各个县区。实际上,昆明市有 14 个县区,每个县区都有自己的特色和特点,代表了昆明市不同的发展功能定位,不同的产业结构,也代表着昆明市不同的经济发展水平。从三位书记的介绍里面我们也可以了解到,三个县区的城镇化程度各不相同,安宁已经达到了 83%左右的水平,禄劝县城镇化率低一些,晋宁区是 50%左右的城镇化率,和全国平均水平基本上持平,整体上整个昆明市的城镇化水平还是比较高的。这就为我们今天讨论以县域为载体的城镇化奠定了一个非常重要的前提。接下来我想请三位书记回答一个问题——在推进县域为载体的城镇化的过程中,每个县区都采取了哪些比较有特色的措施和手段?毕书记,我听说安宁市从几年前就开始给全市的居民,不管是城镇居民还是农村社区居民实行免费体检,实际上这个就是在城镇化里面经常提到的公共服务均等化,所以请毕书记再具体介绍一下安宁市在推进城镇化的过程中有哪些比较独特的举措。

毕绍刚:好,唐老师。确实,安宁市近 20 年来推进城镇化的进程速度是很快的,而且近 10 年来有加快的趋势。2000 年,我们的城镇化率是 55.5%,10 年之后是 65%,10 年增长了 10 个百分点,2021 年达到了 83.4%,后 10 年增长了将近 20 个百分点。在安宁城镇化发展的过程中,我们一直在坚持做以下一些事情。

第一,坚持规划的引领。因为整个安宁面积有 1 301 平方公里,如果从第一、第二、第三产业的角度来分,第一产业虽然占 3.6%的产值,但是占国土面积达到了 600 平方公里,第二产业占 400 平方公里,第三产业占 300 平方公里。从规划的角度来说,昆明市给安宁市的发展定位是:其一,新型城市化先导区;其二,昆明现代工业基地。所以从规划引领上来讲,安宁市在产业布局上,北部、中部和东部是服务业,西部是工业,南部是乡村振兴和农业发展、水源保护的区域,整个规划非常清晰。

第二,将产业发展作为城镇化的核心动力来进行大力度的推进。安宁从产业发展上来讲，去年 GDP 是 612 亿元，规模以上工业总产值超过千亿元。在产业发展中，当前整个市场主体超过 4.5 万户，规范工业企业 119 户，农业龙头企业安宁市、昆明市和省级的有 71 家，包括国家级农业龙头企业，规范的服务业有 37 家。这些企业和市场主体及产业作为动力为城镇化提供了更多岗位。

第三，坚持基础先行。要推进城镇化，没有基础是难以为继的。近几年我们一直坚持基础先行的理念，不断加大投入。在道路交通方面，在以往投入的基础上，近几年投入了 50 亿元来打通昆明和安宁之间的通道，如 320 国道，这一条8.2 公里的路投入了 16 亿元，按照景观大道来进行打造。在用水保障方面，近几年投入了超过 12 亿元，增加了 3 个水库的供水和输水管网、自来水厂建设等。通过基础设施的建设为整个城镇化提供坚实的基础保障，包括水、路、电、气等方面。基础先行，为城镇化建设和推进提供保障。

第四，最为核心和关键的是坚持以人为核心的城镇化。坚持以人民为中心的发展思想和理念。比如，在城镇化的过程中需要大量的搬迁，安宁工业园区的一个草铺街道近几年搬了超过 4 850 人。那么我们怎么搬迁的呢？首先是把安置房建好，先有房子后搬迁，搬过来后提供就业岗位。我们为 4 800 多人中适合劳动的 1 850 人提供了就业，让他们搬过来也能够住得下。在这个过程中，在安宁，刚才提到的公共服务均等化这项工作也是聚力再来推进的。在医疗公共卫生服务这方面，近几年，我们提出为全安宁市民提供免费的健康体检，同时建立健康档案。档案中的检查结果在安宁的医院当中互认，市民在当地医院看病所有的检查结果，包括 X 线片或者 CT(计算机断层扫描)片，全部记录在个人电子档案里，若干年之后仍可以到医院调出来看。通过这样一件事情，确实极大地提高了公共医疗服务水平。在教育方面，我们确定了做西部教育强县的目标，确定“要办好老百姓身边的好学校”这样一个具体的目标。在安宁，不管是教育医疗，还是公共文化，都打通了县-乡-村三级系统，特别是公共交通方面，安宁市是全国城乡交通示范县，现在已经做到村村通公交。通过这种以人民为中心的思想，或者说以人为中心的城镇化理念的践行和实施，老百姓在城镇化中切实得到好处，极大地加快了城镇化进程。大概情况就是这样。

唐丽霞(主持人):好,谢谢毕书记,从毕书记的分享中我们可以看到:第一,城市功能的布局非常重要;第二,市场主体的培育和壮大能创造就业机会;第三,要从基础设施的保障上面去做。我们到安宁市的时候发现安宁的交通条件非常好,它的交通的通达性,道路的平整度、质量等级在整个昆明市14个县区里面是比较靠前的。最后就是城乡统筹、均衡的、均等的公共服务体系。至于刚才毕书记提到的公交车,去年,为了支持安宁市的都市驱动型乡村振兴创新实验村——雁塔村的发展,当时安宁市特别开通了从市区到雁塔村的免费公共交通,为村里人提供了非常便利的出行条件。雁塔村的老年人说公交车开通以后,他们才可以放心大胆地去城里,以前去城里都不知道如何返回。非常感谢毕书记。不同的地方,不同的县域发展情况,在城镇化的路径、做法上会有一些不同。下面我们请禄劝县的先宝书记介绍一下禄劝县这样一个少数民族人口占比高、国土面积比较大、城区面积相对较小的典型的中国传统县城如何推进它的城镇化。

张先宝:好的,谢谢唐老师。刚才听了绍刚书记的介绍,禄劝县和安宁市的差距比较大,禄劝县现在的城镇化水平仍然比不上安宁20年前的城镇化水平。禄劝县总体产业基础比较薄弱,财政较为吃紧,因而城镇化难度大,但我们也不能自甘落后,要迎头赶上,追随现代化的步伐。

这些年我们县坚持以人为本的核心思想和城乡一体的总体布局,我们觉得乡村振兴还是要以城带乡,虽然禄劝县城的辐射力、带动力不一定那么强。我们提出了"一核两翼三带多点"的发展格局。"一核"就是以县城为核心,"两翼"是东西两翼以两个中心镇为两翼,"三带多点"就是以城带乡、以工促农的思路,按照客观规律,因地制宜地选择发展路径来推进以县域为载体的城镇化。我们的做法也谈不上是经验,下面简单介绍一下。

第一,抓产业。推产业发展的特色化,我们坚持产业强县战略,打造"一县一业"示范县和"一村一品"专业村,我们的"一县一业"主要是中药材种植和加工。"一村一品"是根据各个村落的特点,比如高端水果、生态畜禽、优质坚果、中药材等,从这些方面来努力发展农特产品的精深加工。因为禄劝县红色底蕴比较深厚,所以我们也致力于推动红色资源、金沙江的航运资源、自然资源、旅游资源的融合。我们还以省级工业园为载体来抓产业发展,建成了全国牛羊商品基地县、全国粮食生产先进县、全国十大中药材示范县。我们还是电子商务进农村综合示范县、省级旅游扶贫示范县。我们认为还是要把产业抓起来,产业不强就谈乡村振兴,难度比较大。

第二,推进基础设施一体化。禄劝县山区面积大,我们把道路交通作为一个非常重要的条件。我们有农产品,怎么把农产品变成有竞争力的商品是摆在我们面前的一个挑战,道路通达条件不好商品就没有竞争力,所以我们坚持把道路及交通基础设施建好。

第三,推进公共服务均等化。我们坚持穷县办富教育,不让教育成为贫困的代际传递的问题。虽然资金比较紧缺,但禄劝县每年财政的20%还是投向教育。我们建的民族中学、民族小学,尤其是职业学校做得很不错。我们有新兴职业学院和县职业高中,这两个职业学校每年培养的技能人才就业情况都不错。另外,把医疗往乡村覆盖,村有卫生室,乡有卫生院,让群众小病不出村,使其不因病因学返贫。我们将基础巩固拓展做好,再同步推进与乡村振兴的衔接。我们在环境整治、农村人口市民化等方面也做了一些探索,主要还是从薄弱环节,像基础设施产业等方面来发力。

唐丽霞(主持人):谢谢先宝书记。禄劝县面积比较大,也是一个高原特色农业产业发展重点县,在它推进城镇化的过程中,产业发展方面和安宁的发展路径是不一样的。禄劝县比较重视在第一产业发展的基础之上如何促进一二三产业的融合,将第二产业的加工、第三产业的旅游和第一产业有机结合起来,然后形成一个新的产业增长点。这里的交通道路通达,村卫生室的配置优良,能够做到每个卫生室均有两名村医服务。这在我们城镇化的过程中也是非常重要的。禄劝县最近还做了一件事,评选了1 000名乡村音乐家,还专门举办乡村音乐节,这也是一种乡村振兴人才的培养方式。晋宁区从建制上属于昆明市第六个区,因为距离昆明比较近,受昆明都市发展的辐射带动比较大,如何保持自己的发展特色,而不是成为都市发展的附属,晋宁区在这些方面有哪些比较特色的做法,我们请李松书记介绍一下。

李松:好,我介绍一下晋宁区在这方面的一些做法。主要是4个方面。第一,大力培育和发展优势产业。我们之前有提到过花卉,晋宁是全球温带花卉最佳产地，依托得天独厚的绝对优势和资源，晋宁区今年花卉种植面积达6.1万亩，鲜切花产量达50亿枝，产值达32亿元，加工产值达55.5亿元，成为云南省“一县一业”花卉产业示范县，被列为全国优势特色产业集群和云南花卉产业项目建设区。在这个方面我们主要做了以下几项工作。一是高位统筹抓长远，一套班子一个指导性意见，一个发展思路和一系列配套文件。在抓产业的过程中，首先要有一个指导性的意见，我们在工作开始就出台了一个政、产、学、研、农“五位一体”的创新推动经营花卉产业发展的意见。在工作思路方面，我们创建了大产业、新主体、新平台的工作思路，主要在抓有机、串品牌、一龙头、占市场、建平台、解难题6个方面出台了一系列配套文件，最终系统化地推动整个产业。二是产业链，产业链主要靠主企业。其一，强化龙头企业在市场的作用，主要是云天化集团有限责任公司和云南26家比较有名的花卉企业；其二，通过产业升级来提升品质，最近一段时间我们都在拆除低端大棚，保护滇池，减少面源污染，我们通过技术手段提升了高标准大棚，推进了智能化、设施化、数字化的工作；其三，通过延链补链来增效能，整个花卉产业链，我们从种植端种子的研发到种植、采后处理、流通等环节进行了整体考虑；其四，创新驱动抓品牌，我们非常注重创新种苗培育技术，通过借基地技术树标杆推动品牌打造。最近我们也将在月季品牌方面请一些专家跟我们做探索和研究。

第二，规划先行抓基建，不断提档升级市政公共设施。目前，我们整个经营区主要围绕路网、水网、通信网和电网进行规划，做了一横两纵高速路的路网格局，总投资在21亿元；另外，我们修了18条市政道路，共1 190万公里；我们还投入1.3亿元对一条23.7公里的农村道路进行了硬化。根据现在的社会需求和城市发展扩张情况，我们安装了充电桩854个、土地基站596个、城区新增停车泊位2 000多个。

第三，以民为本夯基础，不断惠民生。我们主要按照幼有所育、学有所教、老有所得、病有所医、老有所养、住有所居、弱有所扶的工作思路来推动就业、教育、医疗、社保各项工作。教育方面，目前民办幼儿园占比较高，因而公办教育是这两年的一个工作重点。医疗方面，我们建立了县、乡、村三级的医共体网络，在信息化建设完成以后，让老百姓大病不出区、小病不出街道社区。居家养老方面，我们在社区进行了一些医养结合的探索，将卫生室、养老机构整合起来，把日间照料做好，解决老百姓的部分养老问题。我们还通过民政的一些配套措施对弱势群体给予帮扶。

第四，整改不变提质效，不断提升生态环境保护和发展的质量。大家都知道我们最近在整治长腰山[①]，实际上，对整个滇池的保护我们都下了大力气。按照本次整改计划，我们将改变整个产业结构来提升发展品质，走绿色发展之路，采用对滇池退检调资管理的工作思路，通过科学治理、系统治理、依法治理、源头治理，对入滇的8条河道进行全面的提升和改造。以上就是晋宁区所做的工作。

唐丽霞（主持人）：谢谢李松书记。其实到晋宁区的时候我也看到了刚才书记介绍的日间照料中心，是把养老、社区医疗有机结合起来。在老有所养方面，近几年晋宁的工作也做得非常不错。从三位书记的分享中我们可以发现，在推进城镇化的过程中，怎样根据地理区位去确定县区发展定位，怎么根据资源优势去明确产业发展方向，如何根据发展条件去选择适合的发展路径，这些都非常重要。除此之外，还有一些共同的做法，比如基础设施的不断提档升级和完善，公共服务不断地向农村延伸的过程。听完三位书记的分享，我想请李老师从您的角度来分析一下昆明市安宁、禄劝和晋宁在城镇化过程中采取的这些做法，从国家层面的宏观政策导向和学术界讨论城镇化的过程来看，哪些东西是值得我们去更多地思考和讨论的？

李小云：刚才三位书记所谈的这三个区县实际上代表了云南省的三类比较典型的县区。安宁，首先，总体来说是一个已经初步进入现代化的县。因为从它的经济结构、农业GDP比重、就业人口、城市化率等各个方面来看，安宁应该是进入了城乡融合发展的阶段。其次，安宁已经进入了真正意义上"以城带乡"发展的阶段，也进入了"以工补农"的阶段，进入了城市反哺农业的阶段，这是安宁的一个特点，它的模式和江南地区基本上是一种类型。当然，安宁这种类型的县在云南只有这样一个。晋宁是一个农业产业比较发

① 长腰山位于云南省昆明滇池南岸，是滇池山水林田湖草生态系统的重要组成部分，是滇池重要自然景观。然而，在地产商的野蛮开发下，其90%以上区域已被开发为房地产项目。2021年5月6日，生态环境部公开通报昆明晋宁长腰山过度开发严重影响滇池生态系统完整性问题。

达、都市辐射作用比较强的县，属于都市辐射型，主要依靠城市动能，所以它也是一个非常典型的原材料供应地。相对来讲，禄劝严格意义上来讲是还没有进入快速转型阶段的县，处于瓶颈期，有各种各样的原因，所以还进入不了以城带乡、以工补农的阶段，它是个传统的以农业为主体的县。所以我说这三个区县的模式其实就是中国的几千个县的一个模式（代表），基本上就是我们全国的一个模式（代表），以上是我对这三个地区的第一个印象。

第二个印象，这三个区县的基本经验是比较清晰的，就是推动以城带乡，通过乡村发展推动城镇化，通过城镇化推动县域现代化，这是一个路径。那么推动县域现代化的核心是什么？是产业。在这里，晋宁和安宁有一个最大的区别，安宁的产业不是以农业为基础的，所以产业给它带来了巨大的财政收入，而晋宁的产业结构中农业的占比很大，这实际上给财政带来的收入很少。农业很多都是免税的，是民生企业，所以老百姓能赚到钱，但老百姓的钱拿不出来搞基础设施。以福安村为例，福安村的老百姓很富裕，但让老百姓拿出钱来修个厕所非常难。对于禄劝来说，总体来讲，还是要依靠转移支付，如果没有转移支付，推动这些工作就比较难。

所以我在想，像禄劝这样的县，在推动乡村振兴和新型城镇化的过程中有两条路可以走。第一条是遵循晋宁的模式——富民，老百姓富了我们就振兴了，其他事情慢慢搞。所以这里就需要关注产业的问题，一定要拓展乡村的产业空间。我们过去把乡村看得比较单一，认为乡村就是农民居住的地方，现在在安宁和福安，我们想做的就是三产融合，希望通过三产融合把产业空间扩大，在产业空间扩大以后，实行就地就业，提高收入。像禄劝县这些地方就可以这样做，做民族性产业，扩大产业空间，将乡村产业变成三产融合，不能搞单一产业。第二条是关注农业现代化的问题，实际上即便是禄劝县，老百姓出去打工基本都是在县域范围之内，少数民族不愿意去远处打工，所以农业就业还是过剩的，要释放农业就业的过剩劳动力，必须推动以县城为核心、以两个集中乡镇为两翼把城乡村联动起来推动非农就业。通过打开空间推动非农就业。“一村一品”非常好，通过这种形式可以实现基于农业的现代化过程，要把农业现代化重视起来。我这几年去昆明考察发现，那里既没有品牌，规模也不够。我和唐老师曾经去日本调研，日本的青森县主要做苹果产业，它们的一个县就相当于一个省，他们吃的苹果都是那里产的。苹果产业链是我们目前还未可及的，所以我觉得现在先不要讲加工。“加工”这个词比较简单，就是农产品的产业链的延长，但实际上应该是一二三产业融合，而不是仅仅搞加工。比如核桃油加工，其实可以把核桃产业链延长到很长，把农旅、文旅等各个方面一起做起来，潜力是非常大的。对于禄劝县来说，推动乡村振兴和城镇化都面临巨大的财政问题，当地没有税收收入，财政转移支付也越来越少，不可能再拿钱出来去建设县城，也不可能拿钱出来再去建设乡村，没有这个条件县委书记很难开展工作。在这种情况下，我觉得需要示范规划先行，从三个县的情况来看，这三类县区刚好代表了我们国家整体的情况，所以也可以清晰地看出我们产业的核心问题，地方财政保证税收，才能有财政收入提升公共服务。所以我觉得乡村振兴和城镇化需要产业先行、产业驱动，给地方财政产生收入。

唐丽霞（主持人）：谢谢李老师，李老师对三个县的判断非常准确，这也是我们当时邀请这三个县的县委书记来参与活动的很重要的理由。虽然昆明市现在不怎么提县区分类，但实际上，在昆明市规划中，安宁和 5 个主城区被归类为第一板块，晋宁、宜良、石林等被归类为第二板块，禄劝、东川和寻甸三个县在脱贫攻坚时期是国家级贫困县，被归为第三板块。三个县实际上的确代表了不同的发展程度、不同的经济产业结构布局，不仅在云南省有代表性，而且从全国的角度来讲，在 1 000 多个县区里面，这三个县都是有代表性的。刚才李老师也提到了，产业是非常重要的一个核心，像禄劝县和晋宁区的农业占比非常高，晋宁区农业占比 17%左右，禄劝县农业占比将近 30%，实际上也代表了全国的一个水平；安宁市农业占比只有 3%，是高于整个昆明市 4%的农业占比水平的，所以晋宁和禄劝的农业发展对于整个社会经济发展的贡献是非常大的。在这样的发展前提下，怎么去拓展乡村产业，第一产业不仅作为富民产业，而且能通过产业的升级转型和第二、第三产业融合变成富政府的产业，变成能够增加地方财政收入的产业。这个可能是未来这几个县区发展面临的一些共同机遇和挑战。

所以接下来我想请三位书记谈一谈县委书记的一些困难，刚才李老师点出来的这些困难实际上也是我们现在推动城镇化进程中普遍面临的挑战，我也想听一听三位书记在推进县域城镇化的过程中面临哪些挑战、怎么去看待，以及希望国家出台什么样的支持性政策来促进不同层次、不同区位、不同条件的县域都走上高质量发展的现代化路径。这一次从李松书记开始。

李松：好的，谢谢。我觉得晋宁区面临的挑战主要是两个方面：第一，村子空心化较严重，尤其是两个彝族乡，那边80%的劳动力都已经流动出去，留下的都是留守儿童和老人，这个是我们面临的关键挑战；第二，产业支撑较薄弱，像小云教授所说的，我们的产业大多是初级产业，主要在种植端，两端的很少。所以我希望国家下一步能够针对云南省的定位多给一些项目资金来支持产业发展及带动发展其他方面，让老百姓回来以后有事可做，能够留下来。

唐丽霞(主持人)：好的，刚才李教授提到要多提具体的政策需求，您可以在听的过程中继续思考，待会儿再补充一些，可以吗？接下来请先宝书记谈一谈。

张先宝：谢谢小云教授，小云教授的讲话非常符合我们的实际，给我们指出的方向也非常有价值。禄劝目前面临的是五大关键挑战。第一，巩固脱贫成果的压力较大，推进乡村振兴的任务较重，任重道远。我们是集大杂居、大农村、大山区、大库区于一体的山区农业县，虽然脱贫摘帽了，但是家底薄、短板多、民不富、县不强的状况还没有得到根本的改变。所以，首先，我们脱贫的贫困县区要加大财政投入，转移支付的力度不能断，要保持好加大项目倾斜、金融扶贫的力度，给予这些县区一些特殊的政策优惠举措，吸引城市的金融工商资本参与到县城的基础设施建设，帮助类似地区增强融资能力，因为他们没有自发展的能力。

第二，县域产业发展比较滞后，县城落户吸引力不足。在这个方面我提一条建议，就是进一步强化先进发达地区与落后县区的产业帮扶协作。借鉴脱贫攻坚对口帮扶的做法，在推动人才引入、资金流入、技术导入的基础上，通过培育龙头企业承接产业转移、完善产业链条、促进群众就业等方式，每年帮助落后县区引进落地2～3个产业项目。实业企业实力比较强、投资效益好、带动能力强的产业项目，特别是劳动密集型的项目可以带动农民增收。

第三，县域经济发展质量不高，群众持续增收的后劲不足。在这个方面，我的建议是，探索建立城乡一体化的经营性建设用地市场，完善生态产品定价和收费机制。因为我们出产的产品总体品质是比较高的，所以对于粮食产出县，可以在这些方面给予一些资源倾斜。特别是对我们这种生态保护任务比较重的县区，可以在产业发展、生态保护、用地指标等方面给予更多的支持。

第四，公共服务供给不足，群众进城生活不方便。产业结构转型升级的难度比较大，我们的地方资源价值实现能力、将自然优势变成发展优势和竞争优势的能力比较弱。我们建议进一步统筹新老居民公共服务，具体是指过去进城和新进城生活的居民公共服务资源能够均衡配置，加大对县域医疗机构、养老托幼、养老托育、文化娱乐、公园绿地这些公共服务设施的扶持力度。

第五，基础设施总体建设比较滞后。像我们县作为省会城市的一个郊县，基础设施建设还十分不足。建议进一步衔接乡村振兴战略，从制度的层面探索以逆城市化的方式来推动乡村振兴，保持脱贫攻坚金融扶持政策的延续性。在持续落实对口帮扶贫困户政策的同时，引导对口帮扶单位加大对脱贫地区乡村振兴的资金扶持、人才引进，帮助村庄解决基础设施、公共服务配套设施等一些发展难题，增强乡村振兴的普惠性，也提高群众参与乡村建设的主动性。

唐丽霞（主持人）：谢谢书记。其实这里面可能涉及很多巩固拓展脱贫攻坚成果与乡村振兴有效衔接过程中的问题，我们的很多政策如何能更好地衔接而不是出现断崖式后退。虽然现在国家也提出来四个“不摘”，但可能从现实情况来讲，从去年到今年流向 160 个国家重点县的资金力度比之前要弱一些。实际上，由于这两年新冠疫情影响和整体经济发展出现了比较疲软的状态，现在巩固脱贫攻坚的成果相较于脱贫攻坚时期来讲任务反而变得更重了，因为我们的对象已经实现了无限扩展，是面向全体的农民。此外，云南省对于这部分又有了新的规定和要求，比如把整个财政支持兜底的人群扩大到人均纯收入万元以下的规模。实际上对于很多县区或者刚刚脱贫摘帽的县区来讲，这部分人群比例比较高，而县级财政兜底能力相对来说弱一些，后续还是需要有更可持续的强劲推动力。安宁、晋宁、禄劝情况是不一样的，遇到的挑战也不一样。所以请绍刚书记来讲讲，作为一个工业化先行、具有经济领头军任务的县，安宁在推进城镇化的过程中遇到什么难题。可能在先宝书记和李松书记眼里安宁的日子是最好过的，但是绍刚书记可能也有自己的困惑和挑战。

毕绍刚：首先，非常感谢小云教授和唐老师的点评，我们听了之后获益匪浅。特别是刚才唐老师和小云教授提到，三个县区的资源禀赋不同，发展的基础也不同。实际上安宁现在的城镇化功能确实是处于不同的阶段，当然不是说安宁做得有多好，正如刚才唐老师提到的，安宁在工作当中也还存在很多挑战，我简单总结了一下，有四个方面的挑战，提三条建议。

第一个挑战，安宁依然存在发展不平衡的问题。安宁虽然是一个工业城市，第一产业占了 600 平方公里，差不多整个辖区面积的一半，整个南部是水源保护区、生态涵养区，也是乡村振兴农村的发展区域。在未来相当长的一段时间，这 600 平方公里还是要以农业的形态存在。因为产业布局的关系，产业发展不平衡，西部、北部和东部第二产业、第三产业的区域发展相对较好，但是在南部也形成了二元结构。现在安宁的人均可支配收入在全省相对较高，但是城乡收入比还是超过了 2∶1。我们希望在“十四五”时期将城乡收入的这个比缩小到 2∶1 之内，但实际上可能最后不一定能实现。这带来的一个挑战就是发展不平衡和城乡二元结构，所以还是要加快农村收入的提升，尤其是南部片区的农民收入，这个在未来是一个挑战。

第二个挑战，在中共中央办公厅、国务院办公厅印发的《关于推进以县城为重要载体的城镇化建设的意见》里，它要求县城进行精准的定位和分类，因为安宁属于大城市周边县城，所以我们提出了一个昆安融城发展的发展战略。在发展战略当中，我们的瓶颈在于打通和昆明之间的交通。虽然我们这几年在不断地努力，但还是有收费站、新的通道、轨道交通建设等问题没有解决。如果交通瓶颈不能打通，特别是安宁和昆明之间的交通瓶颈，安宁承接昆明的产业转移和人口转移的功能作用的发挥就会受到限制，这也是现在的一个重要挑战。

第三个挑战，安宁有大量进城的人口，但是进城之后我们发现仍然存在两个方面的问题：一个是如何能在这个地方有收入，能生活下去；另一个是进入城市之后，他们的文化和生活习惯如何融入城市。实际上就是农民市民化的问题，这个问题还是比较现实的。农民进城之后如何改变生活习惯以适应城市，这对他们来说确实是一个挑战。

第四个挑战，发展空间的问题。在城市，通过现在在做的国土空间规划，我们得到了一些数据，在“十四五”到2035年期间，我们希望能够有80平方公里以上的新增建设用地，但实际上细化方案还没定，最后可能一半都不到，只有30多平方公里。在农村我们也面临这个挑战，农村现在要发展产业也是缺少建设用地，甚至有基本农田的问题。基本农田我们肯定要保护好，但对于乡村振兴中发展农村的各种经济、产业来讲，马上就会面临这个问题。还有一个是农村经营性用地入市交易的问题，我了解到有的省已经有了一些政策指导，比如我到四川学习考察的时候，看到四川的一些地方已经落实了这种政策。他们的农村经营性用地、集体经营性用地通过产权交易所交易之后会发个证，拿了证之后就可以在土地上进行资产投入，我在一个村里见到有一个商业综合体投了几个亿。我们还没有破解这个问题，这也给我们带来了发展空间的挑战。

这几个挑战是安宁目前面临的，那么对此我有三个建议。第一个建议，在国家已经提出要在大基建方面继续发力的情况下，我们希望在专项债或中央预算内资金安排方面，结合推进以县城为重要载体的城镇化建设意见的实施，加大专项债和中央预算内资金对现成的基础设施建设投入的保障。或者这样说，国家的一系列政策要形成合力。

第二个建议，像我们刚才提到的安宁的情况，我们希望建一条轨道线，建一条地铁轻轨通到昆明，实现同城化，这样整个资源要素、资产价值都会快速提升，人流、物流、资金流都会推进安宁尽快上升一个台阶。这几年昆明一直不断地在申报这个轨道交通，当然从国家层面也出台了一些政策，但我们希望在大基建的背景下，对于一些区域，如像地铁轻轨的项目的审批能够进一步放宽，以加快县城的基础设施建设。很显然，安宁需要这方面的政策支持。

第三个建议，关于刚才提到的农村集体经营性建设用地，怎么界定，怎么入市交易。我刚才也提到有可能其他省已经解决了这个问题，但是从安宁的角度来讲，这个问题现在还是没有实现突破，我们希望能够从国家层面给各个省一些具体的指导。这个方面实现突破之后，对乡村振兴、产业发展都是一个非常好的政策支持，有这样的支持会更好地推进我们的产业发展和乡村振兴。

唐丽霞(主持人):好,谢谢绍刚书记。发展不平衡的问题可能不仅是安宁市的问题,也是整个昆明市和云南省面临的共性问题。因为我之前做过一个关于云南省和昆明市的城乡居民收入差距的调查,结果显示,我们的收入比在全国来讲都是属于比较高的一个水平,是低水平上的不平衡。和浙江刚好相反,浙江农民人均纯收入应该已经达到 5 万多块钱,是一个高水平的均衡,因为整个省内城乡居民收入比都已经跨进了 2.0 的时代,在一些地方已经到了 1.6∶1 的水平。这个问题还是非常关键的。国土空间规划问题其实涉及三个县,虽然先宝书记和李松书记没有提到国土空间规划这个问题,但省里面和昆明市最近也在谈土地问题,因为三条划定耕地的红线、生态的红线和城市的开发边界,今年的中央一号文件里面其实也提到农村集体建设用地入市的探索。但目前来讲,什么样的土地才能够被划定为农村集体建设用地,在怎样划定这方面也没有找到一个很好的政策依据。没有这块地的话,我们怎么去谈它的入市、交易,谈把资源进行盘活,很多这种产权交易现在就处于比较空的情况。刚才三位书记都提到了,不同的县域在进一步推进城镇化的过程中都会遇到很多挑战,也提出了很多政策建议。我想请李老师讲一讲,从您的角度来看,现在这三个县区所面临的这些挑战,它是一个特殊性发展阶段会出现的,还是在全国来讲也是有代表性的?这些挑战从您的角度来看,目前国家可能会在哪些方面有更多的支持,哪方面政策空间会更大一些?

李小云:三个区县的同志讲的实际上是全国普遍情况,代表了不同类型的区县的不同需求。第一个问题是从安宁的情况来看,我觉得有这么几个要点。安宁已经进入一个典型的现代化状态,但是它的城乡收入不平等的指标不符合成功转型和成功现代化的标准。因此,安宁的目标应该放在城乡融合和城乡一体化。我觉得城乡一体化可以解决刚才毕书记讲的南部山区的农业问题。具体来讲,我觉得可以明确提出同步展开安宁的新型城镇化和乡村振兴。乡村振兴的目标包括三个方面:新乡村、新农民和新农业。因为安宁农业只有 3%的产值,却有占不到 15%的人口,这样的话实际上农业人口里好多是不种地的,很多还不属于劳动人口,所以有条件了就要尽快推进农业现代化。安宁已经具备尽快推进农业现代化的条件了，别的地方不具备这个条件。通过建设新乡村、新农民和新农业，实现推动农业现代化，补上收入短板、收入分配的短板，不能靠二次分配、三次分配，这是我的观点。我们还没到可以靠二次分配、三次分配的程度，还是需要通过第一产业在第一次分配的领域解决收入不平等问题。我们现在一讲收入问题就讲收入分配，讲收入分配就讲二次、三次，但其实第一次分配的潜力很大。以雁塔为例，将老百姓的周末经济、整个的价值经济做好，收入就提升了，收入提升就相当于缩小差距了。我觉得安宁的条件是成熟的，要推进新乡村、新农民和新农业(建设)，大幅度提升农业现代化程度，建立起一个农业现代化的先导县。我觉得这个是解决安宁的城市化问题的方案，农业可以协助解决城市化问题，否则的话人迁出去之后，就业什么的都是问题。而且部分村民已经有反哺的能力，可以让他们自己把农业搞起来，自己养活自己，解决南部地区农业的问题就是这个思路。我觉得我们规划研究也要好好想想，这个问题是一体化的，不仅是安宁的，也是全国很多地方的。这里面包括我讲的通过现代化的方式推进新型城镇化、推进乡村振兴。在这个过程中还有其他的问题，就是安宁的发展需求和其他地方不一样，安宁的后续发展更多地需要空间、政策，比如刚才提到的专项债、中央财政的问题，现在通过推进以县城为重要载体的新型城镇化的政策，这些问题都会有新的政策出台来解决，而且这些政策对安宁来讲是可以直接用上的，安宁最紧缺的东西很快都会有。同时，我希望围绕收入差距问题，当前不一定要马上进行大规模的公共服务均等化，公共服务均等化要逐渐实施、逐步实施，避免在县域水平形成福利陷阱。所以要按照中央的要求，由农民集体共同承担，建立一个可持续的、渐进式的城乡公共服务均等化的体系，我觉得政府财政还是要留下来，投入第一次分配中，把乡村建设好、基础设施建设好。这是我听了绍刚书记分享后的感受。

第二个问题是在全国比较有特殊性的问题，是先宝书记讲的，县城刚刚摆脱贫困，财政收入、工业发展、经济发展水平低，少数民族地区还有库区。这里边又有两个问题，第一个问题是我们要不断地呼吁，要把更多的脱贫攻坚与乡村振兴有机衔接的政策用在像您所在地区这样的地方。我们今天的乡村振兴、巩固脱贫攻坚成果不是到处找贫困，现在贫困已经越来越集中，我们现在已经有这么几个县了，数量还不是太多，但要更集中。这是第一个问题，还是要靠中央财政来解决。我们要不断地呼吁这些政策能够继续地倾斜，包括普惠金融的问题。这里面有：一中央的财政资金；二帮扶，各方面的协作；三金融。这三项能提供动力。第二个问题我觉得要实现发展能力的转型，要从过去的扶持型逐渐转向自我发展型。自我发展型要利用很多东西，有很多事情可以做。我们要呼吁对农业生产的反哺，这是中央财政要解决的政策问题。还有一个最重要的问题是生态补偿，过去我们做了很多工作，现在既然主要靠政府补偿，那我们就要推动用户补偿机制。什么是用户补偿机制？是指社会补偿我们都在享受的生态服务的价值。生态保护区、水源保护区要加大创新型的生态服务补偿机制，要做到政府、社会与市场共同来承担，不能光靠政府，因为政府财政是有限度的。通过政府培育一种社会机制，比如每个县每人都应该有一个生态补偿费用，一人交10～20元这种形式。同时，在这里做企业、做生意的都要交一笔不算多的费用，跟晋宁区一样。通过这种形式为发展持续发力。

我觉得晋宁区的情况也是很普遍的，怎么让两头成为都市圈经济的一部分，这里有些内容我今天没讲，其中一个非常重要的事情就是要把旅游建到乡村。把旅游建到乡村，不要再在大城市建大酒店，现在大家对旅游的热情已经转向乡村，乡村既有自然环境，也有文化，如果把建酒店的钱拿着去鼓励乡村建设，把老百姓的房子改造后像晋宁区一样形成机制做一些试验，有些试验是完全可以做的，这样大家投钱也都不多。把旅游建到乡村去，这些内容都是我们现在讲的新型城镇化问题的一部分。

最后一个问题，我要讲以县城为载体的新型城镇化，不是建设县城；以县城为载体的城镇化不是在县城搞房地产；也不是把县城建好，让农村人迁进来。它应该是整个城市化过程的一部分。城市化最核心的问题是农民问题，如果农民问题解决不了，农民没有就业，城镇化建设县城没有任何意义。所以在这个过程中，要在建设的过程中统筹城乡，像先宝书记讲的“一核两翼”。要打造有规模的、有特色的乡镇，甚至有规模的村。像晋宁福安村这样的村子慢慢发展，就会变成一个村镇，人就会慢慢集中，它要更新换代。这些问题我觉得都是现在乡村振兴和推动新型城镇化需要注意的一些非常重要的问题，我们应继续推动研究工作，来持续研究昆明的这些城镇化和乡村振兴的问题。

唐丽霞(主持人):好,谢谢李老师,不仅给几位县委书记提供了很多思路,其实对我们未来研究的进一步深入也提供了很多方向。其实刚才提到的很多点在国内也有很多地方开始去做一些尝试,包括像生态环境资源怎么转化成发展资源,像苏浙那边的绿色银行就是把生态资源转化成一种金融手段去转化资源优势;包括我们现在提到的农业生产防腐的问题,在今年中央一号文件里面也明确提出来了,对粮食的主产区要加大国家扶持的力度;包括生态环境服务支付意愿等,其实李老师我们在20年前的时候就开始做生态环境服务支付意愿的一个研究,我们在享受环境外部性之时是否需要去支付一部分费用,能在促进生态环境保护上做出功能区的发展;包括我们提到的在城乡发展的过程中,现在可能更多地关注县域发展,也关注到了乡村的发展,尤其是在乡村振兴战略提出来以后,全国各个地方都在做乡村振兴示范村点的打造,实际上有一部分资源已经开始进入乡村,但是中间还有一个连接的乡镇怎么办?我去很多乡镇的时候就感觉乡镇的发展不仅落后于县城,还落后于农村,有时候乡镇的基础设施、道路、人居环境和农村相比好像还更弱一些。乡镇怎么能够成为一个乡村发展的聚集地,今后还有很多问题值得我们去深入研究。因为今天的时间已经有一点超了,本来我们还想跟书记们讨论一个问题,刚才李老师也点到了这个问题,就是我们在以县域为载体的城镇化的过程中,怎么去推进乡村振兴?因为时间的关系,我想请每位书记就“怎么去理解以县域为载体的城镇化和乡村振兴之间的关系?”再讲三句话。

毕绍刚:谢谢唐老师,谢谢小云教授。实际上小云教授在点评县域发展不平衡、城乡差距大的问题的时候已经说到,对于安宁来讲,第一,以城带乡、以工辅农、城乡一体推进,这是我们下一步要重点抓好的一项工作。第二,我们要着力实现城乡要素的双向流动,城里面的人和资金要到农村去,农村的人可以到城里面来。第三,针对农村集体经济的壮大和农民增收要实施专门的、有针对性的一些行动,这个答案刚才小云教授已经给出了,就是新农村、新农业、新农民,农业现代化的建设步伐的推进。所以我想在下一步工作中,对于乡村振兴和城镇化的工作同步推进,同步进行一些谋划和措施,也希望农大团队可以帮助我们进行梳理,帮助我们提出下一步工作的重点目标、路径和措施。

张先宝:刚才唐老师说给三句话,我想第一就是要立足自然环境的承载能力、区位条件、产业基础和功能定位,尊重发展规律,推进以县城和中心镇为重点的新型城镇化。像小云教授刚才提到的,统筹城乡、因地制宜地发展绿色制造、文化旅游、现代农业等特色经济,统筹推进以建制镇为主题的乡村振兴工作。第二是要把产业发展作为主抓手,重点打造中药材、高原特色水果和"三黑一黄"①的种养殖,把产业做强,建立产业跟农村的双向绑定连接机制,使产业发展成为群众稳定脱贫持续增收的一个主渠道。第三是结合县域特色,重点打造红色传承、民族团结和生态园林文化旅游,主要是农旅融合,还有我们的4张特色名片,打造产业振兴、村美民富、乡风文明的一个示范点。

李松:我也是说三句话,一是对于工作,要精准定位、科学规划,政府引导、农民主体合作,全面推动晋宁区乡村振兴。二是感谢小云教授的团队对晋宁乡村振兴工作的支持帮助和指导。三是感谢两位书记,希望下一步多到我们晋宁来指导,传经送宝,我就说这些。

唐丽霞(主持人):因为时间的关系,我们今天的讨论就不给听众们开放提问的时间了,非常抱歉。我想今天晚上不仅是一场政策对话,是学术研究和政策实践者之间的一个亲密互动,也是一场对于县域发展方案的研讨。我想在书记的分享、讨论及李老师的点评中,我们也能看到县域发展有很多的事情需要去做,有很多的东西需要进一步去研究。在这样的背景下,推进以县域为载体的新型城镇化到底有哪些具体问题和议题值得我们去进一步地关注?我们国家乡村振兴研究院的乡村大讲堂系列政策对话也会根据后续的政策走向、中央的具体政策措施的出台继续组织各种系列的研讨,希望大家能够一如既往地支持我们乡村大讲堂的系列活动。接下来的2个月的时间内,我们会在中国农业大学和昆明市的6个都市驱动型乡村振兴创新实验村

① "三黑一黄"指云南省昆明市禄劝县以撒坝猪、黑山羊、乌骨鸡("三黑")和小黄牛("一黄")为代表的特色农业产业。

组织乡村大讲堂的线下系列活动，到时候也希望得到书记们的支持，希望得到在线的所有观众的支持，尤其是很多在乡村振兴的政策、实践中有研究的学者们的参与。谢谢大家，今天的对话研讨就到这里结束了，谢谢三位书记，谢谢李老师。

〈结束〉

三、乡村 CEO 对话：乡村 CEO 如何服务乡村

主持人

陈晶晶：腾讯 SSV[①] 为村发展实验室项目负责人

对话嘉宾

李小云：中国农业大学国家乡村振兴研究院常务副院长、资深文科讲席教授

刘　松：浙江省余杭永安村稻香小镇 CEO

袁火洪：幸福西饼创始人、青腾未来文创学堂校友
深圳市幸福商城科技股份有限公司创始人

廖仕鹏：广东省河源市连平县绣缎镇沙径村村支书、产业带头人
“中国农大-腾讯为村乡村 CEO 计划”一期班学员

吴沅锴：江苏省宿迁市宿城区蔡集镇田洼村村支书
“中国农大-腾讯为村乡村 CEO 计划”一期班学员

惠　敏：云南省昆明市晋宁区晋城镇福安村 CEO
“中国农大-腾讯为村乡村 CEO 计划”一期班学员

时　间

2022 年 6 月 7 日(周二)19:00—20:30

---

① 腾讯 SSV 是腾讯公司的可持续社会价值平台，致力于推动科技创新和社会价值的融合发展，探索公益数字化、乡村振兴、基础科研等领域的解决方案。

对话简要：

乡村 CEO（首席执行官）如何服务乡村？2022 年 6 月 7 日，《中国乡村大讲堂》邀请中国农业大学李小云教授、腾讯青腾未来文创学堂校友、三位乡村 CEO 学员和一位乡村 CEO 青年伙伴进行深度对话，共同探讨乡村 CEO 在乡村运营和乡村治理过程中的经验、困境及解决办法。本次活动由腾讯 SSV 为村发展实验室项目负责人陈晶晶主持。

广东河源沙径村村支书廖仕鹏书记详细介绍了村庄基本情况，从完善基础设施的建设、发展生态养殖和文旅产业、建立信息网络服务体系三个方面对所在村庄的发展进行定位，同时阐述了村庄发展中缺乏人与人才的问题。江苏宿迁田洼村现任村支书吴沅锴书记基于田洼村情况介绍了村庄的产业发展现状、发展定位、发展规划，并对村庄当前面临的老龄化与产业兴旺两方面问题进行了详细的阐述。云南昆明福安村村集体公司的乡村 CEO 惠敏分享了福安村在实施乡村振兴实验后村容村貌方面的巨大改善，同时也提到福安村现在面临的业态发展问题与公司经营管理问题。浙江余杭稻香小镇 CEO 刘松老师基于稻香小镇项目的发展详细阐述了村庄在运营中的经验与做法，包括建立伟大的使命和愿景、拥有清晰的目标、明确产业定位、有平台化的运营思路及有相应的达到目标的措施和办法。此外，他也提到目前面临用地问题和农旅课程搭建与人才缺乏的问题。

国家乡村振兴研究院常务副院长李小云教授对四位一线 CEO 的表现与讲述进行了高度赞扬，对于村庄面临的共性问题李小云教授认为，工业化、城市化、现代化的过程一定是伴随着乡村的减少，所以空心化在某种意义上来讲是一个自然的过程，解决空心化首先要让村庄交通、文化等基础设施与条件变得更好，为村庄发展产业多元化打下基础；其次要实现村庄产业现代化，把智慧农业、数字农业等技术融合进来发展老人经济，从而去解决人口老龄化问题。乡村 CEO 要在乡村搞新经济，再造新乡村，给乡村一个新价值。对于村庄土地的问题，李小云教授认为，土地问题的核心是工业化、城市化推动以后土地的机会成本问题，所以唯一的解决方法就是农旅结合，从研学、自然教育、水稻各个方面入手，所以乡村 CEO 还有一个要解决的问题——再造文化。

幸福西饼创始人袁火洪结合自身创业经历讲述了如何吸引合作伙伴，包括树立榜样、建立清晰的商业模式、制定帮扶政策三个方面。关于定目标和带团队，首要把目标定好，目标一开始不要定太大。对于怎么吸引客户的问题，从理解用户需求、结合用户消费习惯、生产高质量产品三个方面入手。

浙江余杭稻香小镇CEO刘松老师结合乡村运营和两年CEO的经历分享了自己的一些思考，包括乡村CEO应该扮演什么样的角色，乡村运营者应该具备哪些能力和素质，他认为最重要的核心是运营，运营是王道。运营的本质是资源的有效整合，通过有效的整合创造新的价值出来，发挥出“1＋1＞2”的效果。针对遇到问题的时候怎么去解决，他认为可以从跳开问题去解决问题、把问题升维去解决问题、用高速发展把问题甩到后面去三个方面去考虑。想要把乡村运营好，可能需要几个特质，包括眼光要毒、头脑要富、可以跟农民打成一片。他认为乡村运营的时代已经到来，未来10～15年是乡村历史上一个很大的发展机遇。

李小云教授认为，我们今天到了乡村越来越稀缺的时代，需要通过经营乡村来保留乡村的社会价值、生态价值和乡村的意义。乡村振兴，要建设一个新乡村，要培养一批新农民，要发展出一个新农业，需要各种各样的人，但是乡村CEO这种经营乡村的人才现在是最缺乏的。乡村CEO还有几个问题，包括没有形成一种机制，乡村CEO面临经营的诸多困难。随着不断推进乡村振兴，这些问题都会解决。乡村是我们未来经济新的增长点，要摆脱传统的思路，和都市、城市对接融合。乡村CEO培养的目标要创新，把新人引进来，带动乡村人口，最终全部变成新一代农民。所以乡村CEO要有现代经营头脑、有对现代技术的敏感性，要去试验，我们要给乡村CEO们创造这个条件。

对话全文：

陈晶晶（主持人）：欢迎大家收听今天的《中国乡村大讲堂》，我是来自腾讯可持续社会价值事业部为村发展实验室的陈晶晶，很荣幸受邀来主持今天的活动。大家都知道，《中国乡村大讲堂》是中国农业大学国家乡村振兴研究院的一个品牌活动，是一个高端对话平台。今天的政策对话系列是《中国乡村大讲堂》非常有影响力的一个系列，主要是围绕乡村振兴中的最新政策，邀请官员、学者、专家、实践者来进行多个维度的解读，以促进对国家政策中乡村振兴相关议题的讨论。我们今天的对话非常有意义，也非常特殊，是乡村CEO对话。大家如果之前关注过这个活动的话，就知道今天和之前的学者对话略有不同，今天由一群来自一线的乡村CEO来与学者、与企业家共同对话，来交流乡村CEO如何服务好乡村。在此我向大家介绍一下这个主题的背景。2021年11月，中国农业大学和腾讯公司一起发起了中国农大-腾讯为村乡村CEO计划项目，这个项目的宗旨就是去解决欠发达地区乡村人才匮乏这个亟须解决的问题，并且培养一些具有农业产业规划、对接政府与市场的能力，也精通公司运作和具有产品营销能力的乡村职业经理人。这个职业经理人培养计划在2022年1月启动了首期培训班，我们今天邀请的嘉宾当中有三位都是首期班的乡村CEO学员。实际上，我们知道除了中国农大-腾讯为村乡村CEO计划，还有很多地方政府、学者和乡村一线实践者都在乡村职业经理人的培养道路上，我们并不寂寞，有很多同行者。所以，我们相信今天的对话对整个行业、整个乡村人才培养都是十分有益的。

下面，请允许我隆重地向大家介绍一下今天参与对话的几位嘉宾：

第一位是大家非常熟悉和喜爱的李小云教授。小云老师是中国农业大学资深文科讲席教授、人文与发展学院教授、国家乡村振兴研究院常务副院长、国际发展与全球农业学院名誉院长，也是中国农大-腾讯为村乡村CEO计划的发起者和首席导师。非常期待小云老师今天能够跟我们有更多更深入的交流。

第二位要向大家隆重介绍的是袁火洪。袁总是幸福西饼的创始人，也是腾讯青腾的校友。腾讯青腾是腾讯打造的一个企业家的终身成长平台，作为一个企业家辅导机构，深入参与了中国农大-腾讯为村乡村CEO培养计划。袁总作为企业家代表，也曾经跟乡村CEO们上过课，做过交流，非常受学员们喜爱。今天十分感谢袁总能够继续抽出时间来跟大家一起交流创业道路上遇到过的困惑和问题，欢迎袁总。

第三位要向大家介绍的嘉宾是稻香小镇的CEO刘松老师。刘松老师是我们乡村职业经理人才当中的先行者，在2020年的时候就通过了余杭区农业职业经理人的考核，成为浙江省余杭区永安村的CEO。在过去两年的时间里，他带领永安村实现了巨大的飞跃和发展。稍后请刘老师再跟大家详细介绍他是如何以乡村CEO的身份带领稻香小镇走向快速发展道路的，有哪些成功的经验和遇到的挑战分享给大家，欢迎刘老师。

第四位要跟大家介绍的是廖仕鹏书记。廖书记是广东省连平县绣缎镇沙径村的党支部书记、村委主任。沙径村位于粤北山区，当年廖书记曾经是村里的知识青年，怀着对家乡的情怀，本着为家乡出点力、做点事的愿望，在外面已经发展得非常好的他还是毅然回到了家乡，担任了村支书的职务。在他的领导下，沙径村最近几年取得了非常大的进步，具有很大的潜力。现在，廖书记又参加了我们乡村 CEO 计划的首期培训班，以一个乡村 CEO 的职务、角色再来带领村庄发展的时候又有哪些新的体会，在今天的对话中他将跟大家进行交流。

接下来向大家介绍的嘉宾是另外一位村支书吴沅锴书记。吴书记是江苏省宿迁市宿城区蔡集镇张油坊村的党支部书记，还是蔡集镇田洼村的党总支书记、村委会主任。除了日常的党政事务，他还围绕建设国家农业公园的目标定位，积极推动田洼村智慧农业产业园落地经营。在产业升级方面，吴书记有非常多的经验和大家交流。而且，吴书记也加入了中国农大-腾讯为村乡村 CEO 计划的首期培训班，也非常欢迎吴书记今天跟我们有更多的对话。

最后一位要向大家介绍的嘉宾是来自云南的惠敏。惠敏是我们的返乡人才，目前在昆明市晋宁区福安村担任 CEO。她 2020 年 12 月大学毕业，被聘为昆明古村六坊文化旅游有限公司 CEO。作为年轻的返乡大学生，惠敏在担任乡村 CEO 的过程中积累了很多的经验，也有一些困惑，今天也希望她能在这个活动上跟大家有所交流。

刚才向腾讯会议上的听众们介绍了今天的嘉宾，接下来我们就快速地进入今天的对话环节。首先，我们非常期待来自一线的四位乡村 CEO 跟大家分享一下所在乡村的基本情况、打算怎么发展、发展中又会遇到哪些问题。先请廖书记。

廖仕鹏：大家好，我所在的村是广东省河源市连平县绣缎镇沙径村，位于广东的粤北山区，属于九连山脉。广东有三大区域：广府、潮汕、客家，我们属于其中的客家人，居住地是一个比较典型的山区，目前人口大概是 1 800 人，现在大部分人在珠三角地区务工。目前村发展定位有以下三个板块：第一，完善基础设施的建设，打造宜居环境，修复古貌，主要目的是留住村庄的古色原味。第二，依托本村现有的生态资源禀赋去发展生态养殖和山村文旅产业。第三，发展数字乡村，建立本村的信息网络服务体系，增加线上的电商服务项目，培养电商致富的带头人、农民网络红人，重点去推广腾讯为村平台，建立本村的干群连心桥。

农村经营发展会遇到很多问题，其中有一些问题错综复杂，目前我们村最根本的问题是人和人才这两方面的问题。“城乡融合发展”，本来是市民下乡、农民进城，这强调的是双向流动，从而实现人力资源和社会资源的有效配置，但是到目前为止，城镇化的推进，尤其是城镇房地产高速发展，影响了农村的发展，导致农村的人和人才的流失，这个问题在我村尤为突出。在 20 世纪初的时候，我们村里的学校就撤了，这之后，孩子上学是村民遇到的一个大问题。我们被迫要将小孩送到 10 公里以外的镇上去上学，作为农户，需要在镇上租房子照顾小孩，接着是要创造条件在镇上买一个房子陪小孩上学，这是第一次大规模的迁居潮。在解决了孩子上学的问题之后，就业又是一个问题。家庭的生活开支、小孩上学的费用，这些压力导致大家要到城里就业，这形成了第二波迁居潮。目前乡村振兴的发展，首先，一个重要的因素就是人，村里需要有人生活居住；其次，我们发展的另一个关键的问题是人才的缺乏。就拿村两委[①]来说，我们目前也缺乏人才，包括产业经营、后期的产业谋划、产业建设与后期的经营人才等。这是我们目前遇到的比较突出的问题，我这边的情况就是这样。

陈晶晶（主持人）：谢谢廖书记，相信廖书记说的情况还是挺普遍的。从最开始孩子上学，大量的人因为要带孩子读书就迁到镇上去，或者是附近的乡上，甚至是县里。村里面的人，尤其是青壮劳动力会相对比较少。再提到发展的话，村两委的人才本身也是相对比较紧缺的。

我们先记下廖书记的问题，待会儿一起讨论。第二位，我们请吴书记来讲讲。

吴沅锴：大家好，我是江苏宿迁蔡集镇田洼村现任村支书，我叫吴沅锴。

---

① 村党支部委员会、村民委员会。

我是2013年4月到村里工作的,2017年10月主持村里工作,2018年2月任村支书。田洼村离市区总共3公里,交通比较便利,所以田洼这两年围绕市委、市政府和区委提出的达到国家级农业园目标,首先创造核心区2 000亩,并且已经初步建成。现在,田洼村的主要产业是农业,种植业,下一步重点发展的产业和蔬菜有关。我们打造了四园,即花园、菜园、果园、梨园。田洼村的定位就是菜,我们现有土地、耕地面积5 290亩。2017年,田洼村将一般农用地调整为3 000亩。因此,田洼村建设国家级农业园的首要优势就在于提前规划。现在我们的难题就是产业发展中遇到的耕地问题和土地问题。在产业兴旺的同时,要提前做好规划。各地的政策、治理方针不一样,我认为规划是第一位的,规划的前提就是土地。

今天主要针对两个问题和各位老师、朋友们探讨一下:

第一,村里的老龄化问题。从省里到市里到区里再到县里,政府都要求每一个村干部开展大走访,村干部每人包100~180户,要对每家每户进行走访,主要了解六个问题:一是家里的成员情况;二是对现任村支书是否了解;三是对基层干部、党员的作风、履职情况有无建议;四是现实的生活中有没有存在困难;五是家庭有没有风险隐患;六是对当下村庄发展有何建议。我们通过这段时间的走访排查发现,田洼村全村普遍存在如下情况:田洼村是由三个村合并的,现有人口5 000人,党员145人,常住人口2 094人,这其中有898人是老年人,另外还有一些留守儿童及妇女。田洼村现在大多数劳动力都外出打工了。有一些本村留守老人,在身体还健康的情况下,就在刚才提到的农业园工作,每天工作8个小时,10元一小时,一天的酬劳是80元,一个月下来平均3 000元,如果有加班的情况是10元一小时。留守老人的年龄基本在60~76岁,存在老龄化现象。还有一些老人行动不便,家庭没有劳动力,他们也就没有收入,这给他们的家庭带来了现实困难。我们村现在的家庭情况是“4+1”“4+2”,在计划生育放开的情况下,后期可能会遇到“4+3”。为什么说有“4+1”“4+2”“4+3”呢?从现实出发,我是一名“80后”,家里有4位老人,有我的父亲、母亲、岳父、岳母。在我们“70后”“80后”中,很多人是独生子女,所以一个人要承担养育几位老人和孩子的重任,压力比较大。现实中,我们村的老龄化问题十分严峻。有年龄大、行动不便的老人,他们普遍存在疾病——脑梗、糖尿病、高血压等,最直接的影响就是没有收入。在没有收入的情况下，比如一家 10 口人，就需要靠两个子女去打工。像一些老年人疾病缠身，每天都需要药物治疗。现在摆在我们面前最大的问题就是留守老人比较多，有的老人疾病比较多，他们身体不便，没有办法劳动。

第二，产业兴旺问题。跟大家报告一下我们的国家级农业园的情况。现在田洼农业园已建成 2 000 亩，这 2 000 亩里一共有四家产业，第一个是山东蔬菜协会会长张飞董事长创办的江苏慕东农业有限公司，公司在田洼村投资了 1 000 亩地，打造了第八代日光温室。现在的温室大棚是第八代温室大棚，田洼村已建成核心区 10 000 亩和智能化玻璃温室 4 万平方米。另外，我们近期投资了田洼村的农林创业园，该园区占地面积 136 亩，总投资 1 100 万元，含有日光温室 10 个和连栋大棚 2 个。园区建好以后，意在打造以种植和研学为主的综合性示范园区，带动附近劳动村民就业 50 人。这几个园区加起来能带动我们本村剩余劳动力，现在能带动每天 360 人左右。在产业园建成以后，我们村集体收入增加了，2021 年的收入增加到了 63.9 万元，而 2017 年我们的村集体收入是 3 万元。我们希望在增加村集体收入的同时做成田洼村的特色品牌，谢谢大家。

陈晶晶（主持人）：吴书记刚才也提到了几个比较核心的问题，第一，特别强调了规划的重要性，尤其是用地指标的规划；第二，强调了村里老龄化的问题，听吴书记讲，田洼村 2 000 左右的常住人口中有接近一半都是 60 岁以上的老年人，所以，在村庄发展的过程中，怎么去解决好老年人的问题、服务好老年人至关重要。最后吴书记提出了问题，田洼村已经有了一定基础的产业怎么能够继续做大做强。谢谢吴书记的分享。

接下来请惠敏跟大家分享一下在昆明的村庄有哪些体会。

惠敏：各位老师好，我先简单做一个自我介绍。我是福安村村集体公司的乡村 CEO，于 2020 年 12 月来到福安村。福安村最开始是一个环境卫生比较差的村庄，后来经过了乡村振兴实验之后，村庄的人居环境、村容村貌得到了很大的改善。福安村前期村庄核心区的基础设施建设现在已经初步完成，只是还存在一些小细节仍待完善。福安村现在面临的主要问题是村庄的业态发展问题。目前村内只有三家农家乐。乡村振兴实验盘活了村里的闲置宅基地，我们也修缮了三栋古民居，村内现存古民居还有30多栋，因为民居是一宅多户，所以实际上房屋还存在闲置的情况，并没有进一步保护、修缮和利用起来。

现在存在的问题是刚才提到的业态发展问题。首先，如今村庄的基础设施基本建成，但是没有利他性的业态进来。因为福安村的区位点比较好，来游玩的人们最多花半个小时就游玩得差不多了，他们主要来观赏古民居，或者体验一些当地的农家乐。我们如何发动村民自己去经营业态，在这方面，村民内生动力也是不足的。其次，目前村集体公司的收入只包括修缮好的古民居的出租收入和农贸集市的收入，集体公司没有主营的业务，所以我目前在公司只能做收纳、财务等方面的工作。我现在经营着我们村集体的咖啡厅，作为一个刚毕业的大学生，我在村庄和公司的经营、管理方面还有许多不足，今天就想请各位老师给予指导。

陈晶晶（主持人）：惠敏的村庄在昆明，我还去过福安村，那里确实很漂亮。刚才惠敏也提供了一个思路，把村里的闲置房屋，尤其是有特色的闲置房屋盘活，现在惠敏遇到的问题就是已经盘活了，已经做好了基础的工作，但是怎么在这个基础上进一步把它经营好是个问题。在这个经营的过程中，怎么把村民的积极性也调动起来，调动大家一起去把业态经营好，这是惠敏现在遇到的最主要的问题，待会儿我们一起交流一下。

接下来我们还想再听听稻香小镇的CEO刘松老师跟大家分享一下他的看法。

刘松：感谢研究院搭建这么好的一个平台让我们在这里交流学习。我先介绍一下我们村的基本情况，我们村是一个距离杭州主城区只有20公里的村，整个村域面积是7.09平方公里，有97%是基本农田，人口3100人，在杭州属于经济薄弱村，是比较垫底的。

在2018年我们开始筹划稻香小镇的项目，2019年11月开始实施。稻香小镇项目开始以后，整个村的集体经济发展速度还是比较快的，村人均收入在最近三年每年有21%的增幅，受到了中央电视台和全国各个主流媒体的报道，也获得了许多奖励。我简单介绍一下。

第一，有伟大的使命和愿景。我们希望我们这个团队在运营乡村的过程中，不断地为乡村创造新的价值，不断地为城市创造新的价值。我们的愿景是带领整个团队成为中国乡村事业领先的探索者和创新者。

第二，有清晰的目标。我们从2019年11月8日开始打造这个项目，首先，2020年我来村任职之后制定了四个“一”——“一样版、一基地、一品牌、一服务”的战略目标。“一样板”是希望通过3～5年的时间，我们能让永安村成为全国乡村振兴的样板。之所以提这个目标，是因为我充分地发现了村里的一些优势。其次，我们希望把它打造成全国数字经济的示范基地，在社会发展逐步数字化以后，特别是智慧化以后，数字化建设肯定是我们农业农村需要补的一个短板，也是未来农业农村的一个大趋势。再次，品牌化，我们需要形成一个自有品牌。最后，“一服务”就是如果我们能把前三个“一”做成，把我们的经验做法整理成体系以后，进行一些输出推广，这可能在某一个方面可以帮助到其他的乡村。

第三，有明确的产业定位。乡村里面可以叠加的内容是非常多的，但是我们主要往两个方向去做，第一个是农业现代化，第二个是农业旅游。农业现代化主要是围绕水稻生产和管理水平的现代化，我刚刚介绍了我们村的基本情况，我们村有97%的农保田，包括像民众第一演示厅的稻田小镇。农业旅游开发我们希望往课程化方向去努力。农旅结合产品设计的课程化可以把原来的观光旅游变成一个研学或者培训活动。我们希望不只是我们一个团队在运营，而是带领整个村的村民一起运营，我们发动他们一起来参与整个稻香小镇的建设。

第四，有平台化的运营思路。我们所有的业务分成了三个类型：一是关于研发类，采取合作模式；二是涉及乡村运营集体的业务，前期我们自己做，后期通过参股孵化专设子公司去打造；三是鼓励农户参与，我们通过支持服务类的措施让农户参与。顶层是像阿里巴巴这样的一些科技和智能的赋能；中间我们可能组建专业团队，让专业的人做专业的事；用平台化的运营思路整合私营一起做事；建立标准化体系，统一标准规范来做事；发动村民参与，政企融合来做乡村运营的事情。现在我们的整个发展取得了一些成效，当然也存在很多问题。最大的问题可能是用地问题，游客来到我们的村庄之后，游客的吃饭、住宿、研学需要配套的设施，这些方面的用地目前是比较大的问题。接下来我想往课程化方面去转型，这里面涉及的人才缺乏、体系建设等是我们目前遇到的问题。

陈晶晶(主持人)：刘老师给我们分享了很多非常宝贵的稻香小镇的经验，您讲了品牌、定位、经营、村民的动员等，相信很多观众也想在待会儿交流的时候听您再详细地分享一下。不过您刚才也提到了一些共性的问题，特别是您提到了用地对农文旅未来进一步升级的限制，还有一些文旅专业课程的开发，涉及经营的一些问题，非常感谢您的分享。

刚才四位一线的CEO向大家介绍了自己村庄大概的发展思路，以及目前存在的一些难点。一方面，感觉到中国确实很大，不同的地方发展处于不同的阶段，有不同的特点。另一方面，也感受到有很多共性的问题。接下来我们请小云教授和袁总与大家分享一下听完之后的一些经验、指导和建议。首先请小云老师作为主要专家综合指导一下，特别是请您指导空心化、用地这些核心问题。

李小云：广东河源的小廖讲得非常好，江苏的吴书记也讲得非常好，刘松是我看了他的材料选出来的，有你们这样的年轻人在我们乡村创业，我觉得乡村可以搞好。

这里面有两个问题跟大家分享一下。第一个问题，思想上要明确。大家希望乡村发展起来，但是这里面一定要有一个前提：如果所有人都在村庄里生活，这个村庄是发展不了的；所有的人都留在村庄里种地，村庄是发展不了的。所以，村庄发展起来的一个最大的前提就是我们还要继续推进新型城镇化，继续推进工业化。大家一定要记住，今天做乡村，不是让这些人都回到乡村里来，这个不是目标。我们今天做的乡村一定是要在不断推进城镇化、推进工业化的过程中去做，我们不能让乡村衰落下去，而不是说不要去推动城镇化、工业化，这个是前提。

刚才广东的廖书记讲的一个矛盾：大家都走了，村里一个人都没有了怎么办？这一点，中国有几十万个乡村，不可能在几十万个乡村都修起最好的学校、建起最好的医院。不可能在每一个村庄里面把从小学到高中都修了，甚至一个乡镇都不可能把小学、高中、医院全部配备好。要想让乡村不发生变化，把城乡、社会公共服务建设得比较一致的难度是很大的，全世界都没有解决这个问题。所以，从某种意义上讲，工业化、城市化、现代化的过程一定是随着乡村的减少，不靠乡村的流量的人一定要出去，所以空心化在某种意义上来讲是一个自然的过程，我们要从以下方面来解决这个问题。

第一，要让村庄多元化发展。有很好的地理区位优势，还有比如文化等各个方面。这样大的一些村庄，我觉得首先要通过产业多元化来发展。如果没有产业多元化，这个村庄就发展不好。通过江苏的这个例子我们就可以很清楚地知道，农民回去种地吗？面朝黄土背朝天他不愿意做，所以一定要做产业多元化。

第二，产业要现代化。比如刚才讲的老年人口多，我们要转变经济和年龄的概念，要发展新型经济。因为人口老龄化不是乡村才有的问题，是全社会的问题，因此，就要未雨绸缪建立起老人经济。老人经济不是老年经济，指的是跟我们现在的概念不同的一个经济体。随着营养、健康、卫生各个方面的改善，现在 60 岁的人和过去 60 岁的人是不一样的。

所以，针对刚才宿迁的同志讲的老人问题，我认为既然有那么多留守老人，就可以发展老人经济。所谓老人经济就是要把智慧农业、数字农业，还有很多替代性的技术融合进来，融合一些现代的东西变成新型经济。今天讲乡村振兴，我们培养乡村 CEO 就是希望再造一个新乡村。新乡村不是没有传统的东西，我去了福安村 30 多次，保护了那里的很多古民居。社会一定在变化，我们要把我们的乡愁留下来，我们要把我们的祖宗留下来。乡村 CEO 要再造新乡村，新乡村里的人是新的，不是把老人养起来建会堂，给他们免费吃饭。我们要搞新经济、新现代化的社会，不是打个牌、下个棋，而是发展一个综合性的现代化的社会。河源的廖书记要重新配置新的乡村书院，建立城乡之间产生要素再分配、再流动的新模式、新机制，不能总是把乡村固定在我们的概念里，说它是一个过去的、传统的、农业的体系，那样传统的村庄人是不会去的，我们教育出的人也在离开乡村，所以要再造一个新乡村，给乡村赋予新价值。刘松的稻田小镇我准备去看一次，那里做得非常漂亮。稻田小镇把无人机等东西都用上去了，我很关注这个，效果非常不错，这些东西如果做好了，对乡村的意义是很大的。我曾经讲过一句话：把乡村搞成这个样子的 CEO 不见得会比腾讯 CEO 的要求低。所以就开个玩笑，腾讯的 CEO 都不一定能干得了的事情大家在一起可以干，刘松、惠敏、小廖，你们可以做出来，因为你们年纪小，政府也支持，社会就可以再造新乡村。

怎么解决人口老龄化问题？能把年轻人弄过来、把老人弄出去吗？解决不了。所以我们要发展一种新型经济——老人经济。我之前去浙江考察，那里作为中国农业现代化的先行省，对于新型经济的发展，他们非常清楚，但问题是政府没有时间来做。

第二个问题是关于土地的问题，其实土地的问题是不好克服的，因为有耕地红线问题、政策问题、战略问题，但是土地问题的核心是工业化、城市化推动以后土地的机会成本问题，所以唯一的解决方法就是农旅结合。如果是云南山区里面大山上的土地，没人去弄，所以不存在问题。江苏县区，南京市、北京市郊区这些地方靠近城市、城边的土地肯定有耕地问题，要通过农旅结合这种形式再造。我们一讲农旅综合体就是吃，中国人的吃有很多种形式，开车到地里就吃喝烧烤，所以我觉得乡村 CEO 还有一个要解决的问题——再造文化。农旅综合体不一定全做吃的，研学、自然教育等各个方面都可以入手。比如我们现在在做一个玉米迷宫，就是在玉米地里设计一个迷宫，要想办法解决土地机会成本造成的问题，同时又保证耕地基本的性质。

陈晶晶(主持人)：好的，谢谢小云教授。小云教授回答了刚才大家非常关心的几个问题，也做了一些回应，相信给大家很多启发，包括对于产业问题，如何用多元化、现代化、智慧化方法来解决现在遇到的一些困境。

听完小云老师的讲话，我也有一个很深的感受，历史趋势是无法改变的，但是如何去顺应历史趋势发展、去找到新的机会，这是我们现在乡村 CEO 要特别去考虑的问题，包括您刚才讲的怎么在新的形势、新的趋势下赋予乡村新的价值，去再造一个新的乡村，怎么通过文化再造或者其他产业的结合来改善土地的机会成本等，都给我们非常多的启发，非常感谢小云教授。

接下来，我们也非常想听听袁总跟大家的分享。袁总 16 岁的时候开始做学徒，19 岁的时候开第一家蛋糕店，现在幸福西饼已经开到全国 300 多个城市，真的是从一线打拼出来的创业家，非常令人敬佩。刚才很多 CEO 也提到了怎么去经营，怎么去吸引更多的消费者，下面请袁总跟大家分享，谢谢。

袁火洪：谢谢，刚才听了各位CEO提出的一些问题，我觉得李老师已经做了很好的回应和解答。虽然我本人也是从农村出来的，但是我可能对农村的了解还不够多，我去的农村也不是很多，我更多结合我自己创业的一些经历，在一些点上跟大家做交流，希望给大家一些启发。

上次跟大家交流完，实际上我在一段时间内，是有安排到宿迁、昆明等地方去的，我们当时也有一些约定，说到各个农村去看一下。我还在思考能不能把当地特色水果做成一个蛋糕的形式卖到全国去，能够帮大家把这样的一些产品打开销路。我一直在思考这个问题，但疫情拖延了时间，希望等后面疫情形势好转，我还是能到农村看一下。在过去创业的过程中，我们总部实际上把幸福西饼的商业模式叫作供应链。我们在全国300多个城市都有合伙人，我们怎么样把这些合伙人吸引过来，怎么样能让他一条心地跟着幸福西饼这个品牌一起做下来呢？我们开启招商的时候也碰到很多问题，关于这个问题后面我总结了几个点，吸引合作伙伴来参与这件事，能让他跟着一起干。我跟他讲："你可以留给你儿子那一代，包括你孙子那一代。"因为中国有很多传统糕饼是爷爷那一代留下来的，我跟合伙人说，幸福西饼是给我这样一个平台或者是一个机会去做一番事业，把它做好，能够留给你的下一代再继续经营下去，持续经营。一开始的时候，我们也很难找到合作伙伴，但是有几点非常关键。

第一，树榜样。刚才昆明的CEO也提到了团队怎么样让其他人参与进来，我觉得这也是一个共同点。先打榜，让你旁边的某一个人通过你的商业模式能够赚到钱，先打个样出来，这个打样树榜样是非常关键的点。

第二，商业模式要非常清晰。如果你有清晰的工作安排，并且参与进来的人知道他们该做什么，把分工模式梳理出来，让他们能够清楚地理解并且去执行好。第二点中，我觉得商业模式整个设计、事业的前景与未来这些点要跟他们讲清楚。

第三，有帮扶的政策。因为如果有帮扶政策，相对来讲样板会打得更好一点。样板打好我们再去复制的时候，也会有一些帮扶政策，比如我们会派人去指导。我们有全国第一个残疾人合伙人，在江西宜春，我们给他提供帮扶和支持，比如在经营上的一些支持，包括给他一些物料或者是帮扶政策，以及约定在他达到什么条件的时候我们再给他一些什么样的奖励。

我们前期通过打样，通过合作伙伴传达给我们新招来的合作伙伴。我们原来先招了一部分合作伙伴，比如目前全国 300 多个城市，我们招的可能只有 50 个城市。合伙人在这个城市做了之后，觉得这个商业模式比较好，同时他又带动他的表哥等亲戚朋友发展起来。实际上我们整个招商是比较轻松的，当时我们先打样树榜样，再通过帮扶政策和一些商业模式前景的描述这些点吸引合作伙伴，让他迅速地做起来。

我觉得首先要定一个目标。关于定目标和带团队，首要是怎么把目标定好。目标一开始不要定太大，可以先定小目标。我记得我们当初做蛋糕配送业务的时候，开始的一个多月我们是没有蛋糕的，后来蛋糕才慢慢做起来。我们发现，在做的过程中，一开始都是十几个、二十几个订单，于是我们先定一个 100 个的目标，然后定 200 个的目标，接着定 500 个的目标，前面的目标是相对容易实现的，这样的话，周边人看到目标实现了，可能会比较容易一起跟进，这是吸引合作伙伴的一点。紧接着，怎么吸引客户？我们幸福西饼现在已经在做线上蛋糕了，我们公司是 2008 年成立的，2014 年开始转型做线上蛋糕，目前我们的业务中 90％是线上业务。我们做了 7 年，有了非常稳定的客户群体及非常好的复购率。

为什么幸福西饼可以吸引到用户，为什么用户会买幸福西饼蛋糕而不买别的蛋糕，我跟大家分享一下原因。

第一，重要的是理解用户的需求，要深度洞察用户的需求。我们当时采取了一些办法去满足用户的需求。我举个例子，我做蛋糕的时间比较长，16 岁就开始做蛋糕了，我做了十几年蛋糕，发现过去这么多年来，用户投诉我们最多的就是迟到，用户的消费场景是我吃完饭之后就切蛋糕，这个时候如果蛋糕还没有送到的话，他会打电话投诉，表达不满意。蛋糕好吃或者没那么好吃可能不那么重要，因为如果蛋糕不好吃，客户下次不买就是了，他不会打电话来投诉，但是如果迟到的话，客户就会投诉。所以我们发现迟到是很关键的痛点和需求点，为了解决迟到这个问题，我们采取了多点生产的方式。因为过去我们做线上配送蛋糕的时候，已经有一些企业做了十几年了，但是他们都是采取一个生产点配送深圳整个城市的方式，我们就采取了多点生产、分布式工厂模式。这个模式核心的本质是满足快速送达、新鲜送达的需求。所以我觉得前期还是要找到用户的需求，以满足用户的需求为导向。

第二，结合用户的消费习惯。幸福西饼为什么一开始能够满足很多用户的需求，实际上是用户的需求引导我们去做供给侧改革。用户过去到店买蛋糕，现在可能用手机买，因为用手机买和到店买的蛋糕没有差别。蛋糕的消费场景跟面包不太一样。面包可能客户饿了就买个面包，但是蛋糕是有计划消费的。比如今天晚上谁过生日，明天谁过生日是有计划的，如果计划消费的话，一般都会提前定好。提前去定，客户到店定无非就解决支付及选款的问题。现在用手机解决了支付和选款的问题，客户就没有必要到店去订蛋糕。关于消费习惯的改变，其实是我们抓住了这样的一个趋势，并在供给侧去整改来满足用户的需求。用户买蛋糕的时候可能会有先入为主的情况，他在线下可以有很多蛋糕品牌选择，但是到了线上，他可能不需要关注这么多品牌的蛋糕，他可能只关注了你，你一直持续给他提供满意的服务，他就会一直留在你这里。我们每年在同一城市的用户量都是有增长的，所以我觉得是整个趋势引导我们在供给侧去满足用户的需求。

第三，产品要好。产品方面我们做得比普通互联网蛋糕品牌更新鲜一点，为什么更新鲜呢？因为我们采取的是分布式的工厂。产品一定要好，产品做好的同时，才讲怎么营销，怎么去满足更多的需求。比如我们做到了零添加防腐剂、零库存。我们的蛋糕是没有库存的，都是新鲜现做的。包括我们的广告语也都是围绕“新鲜、准时就是幸福西饼”来进行宣传的。我们从整个生产端到广告推广到整个产品，做到系统化地去思考，从顶层去设计，大概是这样的情况。另外，我们从 2014 年开始做互联网蛋糕，2015 年开始做全国布局，到今天为止，已开业城市闭店率基本上为零。虽然有比如这个城市做得不好，合伙人内部转让给另外一个合作伙伴的情况，但是没有倒闭的，有也是一两个。

所以，我认为，怎么样让合作伙伴跟着你一起干？要让大家理解你的目标及对未来的规划，包括我刚才跟大家分享的，我说你要做到下一代，做到你儿子、孙子一代，让他很踏实，让他觉得是为自己在做，而不是为你在做。

幸福西饼是大家的，但是那一个城市的幸福西饼就是你的。只要合伙人把它经营好，只要不违反公司的政策，不违法违规，我们会一直把代理权交给他。所以怎么样让你身边的人、村里面的人愿意跟着你干，我觉得在商业模式的设计、利益点，以及一些政策方面可能要做一些思考，这样才能够做得更好。另外，在产品卖得更多、更好的情况下，可以像廖书记讲的那样，打造农民网络红人，包括利用现在的自媒体去传播，这是一些新的手段。我认为这些一定要结合起来，一定要利用好这种新的自媒体、新的消费方式。

陈晶晶(主持人)：谢谢袁总来自一线创业经历的分享。其实我们乡村CEO的工作里面有非常大的一部分任务都是跟人相关的，吸引人，一方面包括吸引自己本村的人，怎么带动本村的人，刚才很多CEO都提到了要调动村民内生动力；另一方面，怎么吸引外面的人到自己村里来消费，到自己村来发展。

听了刚才袁总分享的对于客户、合作伙伴、消费者的各种各样的经验，我觉得非常有收获，相信我们乡村CEO也获益匪浅。尤其有一点我印象特别深，就是袁总讲到的，对于商业模式和分立模式要清晰、简单。

因为我们腾讯为村发展实验室也在一些地方做一些相关帮扶的工作和乡村发展的工作，也对乡村CEO有一线的帮扶工作，在这个过程中也确实有这样的体会，尤其是针对村民朋友的时候，可能越是清晰简单的任务、清晰简单的收益，对于大家的动员、发展、复制更有利，所以刚才袁总的分享让我觉得非常受益。其实我们乡村CEO计划一期在深圳开班的时候就去参观过幸福西饼，当时就给我们留下了很深刻的印象，今天听袁总讲解之后就更加有收获了，也非常期待疫情结束之后，我们乡村CEO的家乡能够跟幸福西饼有一些合作，同时谢谢袁总。

接下来我们听刘松老师的分享。刘松老师是稻香小镇CEO，他其实也是我们乡村CEO培养计划的青年伙伴。关于刚才没有完整讲完的一些内容，包括针对我们其他CEO提出的问题，您这边有没有补充或者要跟大家分享的？

刘松：谢谢，我谈一下我自己做乡村运营和两年CEO的一些思考。

第一，我理解的乡村运营者，比如说我们乡村CEO应该是什么样的角色，我觉得是：

1. 乡村振兴的新思路、新办法、新路径的探路者；

2. 集体资源的运营者；

3. 村属企业，或者我们这个项目公司的经营者；

4.村民致富的带动者。

这跟原来不太一样，我们运营乡村可能要更加关注社会效益，当然经济效益也很重要，如果这个团队我们都养不活的话，整个运营可能也很难持续下去。

第二，乡村运营者应该具备哪些能力？或者是素质？我这下面罗列了很多，其实每一个都很重要，包括新媒体的运营、机制的设计等，其中核心是运营。运营的本质，我理解的就是资源的有效整合，通过有效地整合创造出新的价值，发挥“1+1>2”的效果。新的价值要通过整合创造出来，后面还要有好的方式能够把价值做合理的分配。

运营的核心我认为是平衡各方利益，资源的、能力的、诉求的平衡，但是如何平衡？因为我是学农学的，这个库类似于我们土壤当中的有机质，这个库它可能包括了知识的库、资源的库、能力的库和人格的库。库越大，承载能力越大，越容易做好整个项目的平衡。这个库不一定是自己的，可能是借来的，比如说找专家、政府、同行、团队，甚至是平台都可以借来这个库，让自己很好地服务好这个项目。

但是不是说我们有库了，或者我们有方式方法了，就不会有问题了。我自己做乡村运营两年多，其间遇到了很多我想得到的或者想不到的问题，这个问题解决了还会有下个问题马上蹦出来，你也不知道蹦出来的下个问题是什么。我自己大概思考了一下，遇到问题的时候怎么去解决，有三个启示。

第一，跳开问题去解决问题。因为乡村中的问题很多是蛮小的问题，不是大的问题。有些问题一定要解决，大部分的问题是要跳开问题去解决的，越纠结这个问题本身可能越难解决。

第二，把问题升维去解决问题。因为实际上，乡村为所有村民服务这个想法跟政府的想法是一样的，我们在遇到棘手问题的时候，要及时把这个问题升维到更高层级去解决。

第三，最核心的就是用高速发展把问题甩到后面去。我在企业里面上班的时候也是这个思路。如果没有快速发展，很多问题根本得不到解决，但是如果发展跟上了，很多问题会迎刃而解，同时随着发展，各种不平衡也就自动达到平衡了。

总结一下，我认为把更多精力放在思考如何发展上面，或者是努力去做推动发展的事情上面去，当下的问题就会变得非常简单。想要乡村运营好，我们可能需要几个特质。

第一，眼光要毒。既要准确地把握时机，又要看准并突破村庄当下发展的困难，还能看到未来乡村的模样。

第二，可以跟农民打成一片。融入乡村，才能推进整个乡村更好发展。

第三，头脑要富。懂的东西要多，各种各样的东西都要懂一点，未必要精通，但都要知道。乡村 CEO 的角色还比较特别，可能需要随时切换角色。

我个人认为乡村运营的时代已经到来。中国可能不同地区数据不一样，大概有 60 万个乡村，这些乡村在改革开放以后的这么多年一直在付出。但是随着农业现代化的需要和我们国家整个经济结构调整的需要，我认为未来 10～15 年对于乡村来说是历史上一个很大的机遇。它的发展机会在于，一方面，到了当下这个阶段，乡村一定要发展了；另一方面，越来越多的城里人，越来越多的资源、技术、资金都开始往乡村投入，所以我觉得接下来乡村运营的时代是真正地到来了。

陈晶晶(主持人)：谢谢刘松老师。刘松老师在实践经验的基础上开始有方法论的总结了，而且感觉刘老师在讲具体经营经验的时候和刚才袁总分享的创业经验也有不少共通之处，接下来希望大家擦出更多对话的火花。

接下来再请小云教授给我们讲讲。因为小云教授您是中国农大-腾讯为村乡村 CEO 计划的发起人，当时您也一直说这是一个实验，希望用 2～3 年的时间去做探索的事情。您在发起这样一个培养计划的时候是如何考虑刚才大家一直在交流的这些问题呢？同时希望这个培养计划怎么去做相应的探索？想听您再讲一讲。

李小云：我觉得是这样，我们今天到了我自己把它定义为乡村越来越稀缺的时代，任何东西的稀缺都会使得它的价值呈现出来。过去大家都在乡村里头待着，20 世纪六七十年代，那个时候城市是稀缺的，大家都往城市里走。现在大家都在城市里了，乡村里面很多受教育的人逐渐出来了，所以乡村就很稀缺了。刚才有观众说是不是可以让城里人到乡村割麦子进行体验，当然他这个是很有意思的建议，这说明乡村稀缺了。过去谁愿意割麦子？现在大家却觉得是一种新鲜的事情了。

在这种情况下，如果我们任凭乡村发展下去，以后我们去乡村里头，可能连喝茶的地方、休息的地方都没有，路也没有，什么都没有，就会形成城乡完全隔离的这样一种现代化。

这种现代化是不可持续的。回过头来讲，在这种情况下，我们要把乡村看作可以经营的空间。不是说我们会忽略乡村的社会价值，我们这么多的青年人、城市人今天愿意带着自己的孩子周末到乡村里去，说明我们还留着乡村的记忆，留着对乡土文化、农耕文化的记忆，这恰恰说明了我们每个人的心中都有城乡的价值，但是长期以来我们忽视了乡村建设。所以，不能简单地说让乡村按照乡村社会价值留在这，而是要把乡村经营起来，让乡村的经济价值发挥出来，让乡村的社会价值，让我们那份乡愁、对农耕文明的怀念保留下来，通过经营乡村保留乡村的社会价值、生态价值和乡村的意义。随着工业化、城市化的驱动，以及大部分人都到城里去，乡村的价值会逐渐提升。这里有个核心问题就是如何建设乡村。

所以我 2017 年在河边村提出来的乡村 CEO 及今天腾讯讲的乡村 CEO 是讲什么呢？就是乡村真的需要刚才刘松提到的特殊的人才。

刘松是浙江农业大学（现浙江大学）农学专业出身的，我也是学农学的，我们这样的教育是经营不了乡村的。我们在大学里面、研究生期间学的知识是经营不了乡村的。我们的商学院学生学的是什么呢？学的是资本运作、大企业管理，没有一个地方讲乡村。所以乡村需要一些懂经营的人才来帮助村里的企业、合作社、村委会、村里的人把乡村经营起来。刘松也好，惠敏也好，所有这些人都在做这样的事。我们以前并没有经营乡村的经验，形成不了一个逻辑和方案，所以我们和腾讯一起花三年搞一个实验看一看乡村 CEO 应该怎么培养，需要有哪些理论的知识、哪些技术技能要求。要想形成这样一个经验，要想形成培养模式，我们就不能够只在课堂里去教书，必须在实践里总结经验。

今天培养乡村 CEO 实际上是实践教学现场的呈现，有好多 CEO 都在网上听，听 CEO 的经验，听我讲的观点，听已经很成功的企业家他们怎么看。

今天就是一个培训，我们希望在这个过程中能够积累经验。我自己这八年在乡村里跑，带着王石在昆明的村庄里跟他们开座谈会，就是因为我们不知道乡村 CEO 怎么去工作。

今天这个对话，我要跟大家讲的就是，乡村振兴，要建设一个新乡村，要培养一批新农民，要发展出一个新农业，所有这些东西要通过现代化来建设；我们需要各种各样的人，需要新的领导人。我们有第一书记，这个按照党建引领、按照习近平总书记的要求已经有一个制度性的机制在培养，不需要我们培养。我们同样有村民委员会、村支书、村委会主任，这些都有各种各样的培养机制和输送机制。但是村里面那么多干部，他们的任务不能只是管人、传达上级指示，他们要有发展能力，关于这一点，广东、浙江这些地方村里的同志应该很容易理解，村里要有事情可做，得有企业，所以我们的乡村 CEO 要帮助村里把这些建立起来。

就像刚才刘松提到的，乡村 CEO 需要非常综合的知识，我反复强调要想做好是不容易的。我们第一批培养了 50～60 个人，如果这里面能够培养出 5 个人，我觉得就是最大的成功。我们第二批培养 50 人中再有 5 个人，第三批 50 人中再有 5 个人，我们就有 15 人成功了，他就能够给我们提供成功的经验，我们的实验就是这个目的。

今天我们对话，其实也是想告诉大家，我们为什么要做乡村 CEO。乡村需要各种人才，不仅仅是需要 CEO，但是乡村 CEO 这种经营乡村的人才现在是最缺乏的，乡村不经营就无法振兴，乡村振兴不能只靠政府不断的、大规模的投资。举个例子讲，即便政府投了钱，建得非常好，效果却很不如人意，就是因为不会经营。所以我想，要用市场机制来驱动乡村振兴。市场机制是什么？就是经营。我是西北人，本来对商业经营不是很在行，我觉得像珠三角、长三角地区，这种商业比较发达的地区像广东河源廖总做的这个地方，我觉得非常有前途。

最后，我觉得乡村 CEO 还有几个问题需要注意。

我们现在还没有形成一种机制。除了像刘松这样的，他在浙江余杭，被高薪聘请、全球聘请，但是其他很多地方工资都发不出来，因为乡村第一书记、村支书、村委会主任是政府发工资，乡村 CEO 去了以后谁给发钱，这个机制没有解决。另外，乡村企业没有那么好经营，乡村 CEO 在经营中会遭遇很多困难。乡村 CEO 仍有很多机制问题没有解决。

但是我想，随着我们不断推进乡村振兴这件事，不断推进农业现代化，不断推进乡村建设，这些问题都会解决。

乡村是我们未来经济新的增长点。一定要摆脱传统的思路，一定要和都市、城市对接融合，不要脱离城市、都市，这是基本的。一旦和都市连在一起，可以做很多，如无人农业[①]、大棚等。我在陆良县看到过一个美国投资的蓝莓企业，生产的蓝莓全部出口，一亩地一年产值 30 多万元，一个 CEO 管理整个蓝莓企业，一年 150 万元年薪。这完全是可以的。

乡村 CEO 培养的目标就是要创新，能把这些东西做起来。我们可以做无人农业、垂直农业[②]等。这就是为什么要招人，要培养新人，不能指着农村留守人口来振兴乡村，要把新人引进来。乡村 CEO 就是把新人引进来，带动乡村人口，最终全部变成新一代农民。

当然，也需要通过第一书记，像廖书记这样的榜样来带领他们。时代对乡村 CEO 的要求很高，所以我们一定要有这个理念，乡村 CEO 要有现代经营头脑、有对现代技术的敏感性，要去试验，我们要给乡村 CEO 创造这个条件。我们要配经费给他们做实验，助力他们把这件事情做起来。失败了没关系，失败了说明我们没做对，但我们给大家蹚了一条路。

陈晶晶(主持人)：谢谢小云老师。刚才小云老师提到了乡村要振兴离不开乡村的现代经营，要用时代化的思路去重新认识我们生活了几千年的村庄。我所在的腾讯可持续社会价值事业部为村发展实验室是 2021 年新成立的，我们这个部门成立的初衷就是要在传统的公益慈善之外，用做产品的方式、做市场的方式解决社会问题，开创社会价值可持续的创新，也非常有幸能够跟中国农业大学一起参与到这样一个乡村 CEO 培养的实验和计划当中来。

今天这个活动特别好，我们有扎根一线的大学者、大教授，有从农村走出来的企业家，有带领村民的村支书，有已经工作了两三年，已经开始总结出很多经验、方法论的乡村 CEO，也有毕业不久的回乡创业的大学生。虽然大家

① 无人农业是通过农业无人机、无人驾驶车辆和卫星定位系统等全面操作和管控的农业生产过程，人们只需通过对无人机传输的图片和数据做出判断和处理，属于真正的农业全自动化和现代化。

② 垂直农业最早由美国哥伦比亚大学教授迪克逊·德斯帕米尔提出，从广义上说，是指根据各种动物、植物、微生物的特性及其对外界生长环境要求各异的特点，在同一单位面积的土地或水域等空间，最大限度地实行种植、栽培、养殖等多层次、多级利用的一种综合农业生产方式。垂直农场不受天气的影响，农作物全年都可以在最优的条件下生长，垂直农场不需要杀虫剂和除草剂，也就意味着没有农业污染排放。

可能看上去角色不同、身份不同，但是大家都在为同样一件事情奋斗，而且有非常非常多的共同语言。

今天我们整个活动是一个半小时，现在已经超时了，大家一点儿都没有感觉到时间的流逝，作为主持人现在也必须结束活动了。最后，我还是想多占用大家五分钟的时间，想请各位嘉宾能够再跟大家最后分享一句话：今天这个对话结束之后，对你们来说印象最深的、最有启发的、会后还想再继续交流的是什么？我们就用这个方式来结束今天的对话活动。先从四位 CEO 开始，我们的活动从你们的提问开始，也从你们的回应结束。先请廖书记。

廖仕鹏：李老师刚才提到了解决老龄化问题可以倡导老人经济，我对这个特别有感触，因为我们村面临的一个很严重的问题就是老龄化，目前村里基本上见不到小孩，全是老人，青壮年很少。接下来我会重点在这一块探索，在解决老龄化问题、发展老人经济上下功夫。

吴沅锴：我印象最深的是李教授提到的市场运作要摆脱传统思想，这是让我最有感悟的。听了李教授今天的讲课，我记了一些重要的东西，回去之后，我们明天还要召开村支大会，所以今天的 CEO 讲话也可以带领他们一起学习，先从村两委现任村干部改变思想做起。

惠敏：听了袁总的分享以后，我意识到最重要的是商业模式这部分，还有李老师提到的要从市场的角度入手，让城市与乡村经济融合。这些都给了我很多的启发，有想法也要有创新，要去大胆地做，哪怕没有做好，失败了也没有关系，要勇于尝试。

刘松：我工作这么久，发现乡村文旅发展最核心的人物不是 CEO，应该是村书记。我们永安村发展最大的功臣是我们的张秋宝书记，他有想法有思路，并且愿意信任我们的运营团队，把整个乡村交给我们来运营，这个是特别关键的，后面他还持续地为我们提供一些服务和支持。所以，整个乡村发展中，我觉得 CEO 很关键，而最关键的可能是所在村的书记。我们余杭区有 15 位农村职业经理人，但是村书记跟职业经理人的关系决定了 CEO 能在村里面做多大的事情，或者做多重要的事情。如果用一句话来概括，我想借用李老师的一句话，“我们把握历史性的机遇，一起努力再造新乡村。”

陈晶晶(主持人)：袁总，您参加我们乡村 CEO 的对话活动有没有什么感受？有没有什么话要对所有的乡村 CEO 说？

袁火洪：听完小云老师讲再造新乡村，新乡村现在是稀缺的，我非常有感触。刚才小云老师提到，我们培训 50 个 CEO，可能有 5 个成功就不错了，有这样的模式应该比较成功了。因为我对乡村是非常有感情的，我非常希望我们中国的各个乡村能够像德国、日本的乡村一样干净、漂亮，我觉得未来中国的乡村也应该一样，让人们向往它，让人们想去这样有乡村气息的地方。我未来也要多跟小云老师及各个乡村 CEO 多学习、交流，更加了解我们中国的乡村，为乡村 CEO 的发展做一点贡献。

李小云：其实我也是一个乡村 CEO，现在所有村庄其实都是我在运营，我自己是有体会的，乡村 CEO 不可能独立工作，必须在村书记、村委会主任、村领导的领导下。所以，一个高明的、优秀的村领导，加一个优秀的乡村 CEO，绝对可以搞好一个村庄，我觉得这是非常重要的一个经验。

陈晶晶(主持人)：今天整场的对话活动就要结束了，如果大家还有问题，或者需要交流的话，可以继续关注“中国农业大学国家乡村振兴研究院”公众号。另外，我们的“为村共富乡村”公众号，主要目的就是服务乡村 CEO，大家也可以关注留言提问，大家再进行交流。

我们今天的《中国乡村大讲堂》——乡村 CEO 对话：乡村 CEO 如何服务乡村主题到此全部结束了，谢谢大家，再见。

〈结束〉

四、资本下乡：利益链接和分享

主持人

唐丽霞：中国农业大学国家乡村振兴研究院副秘书长、人文与发展学院教授

对话嘉宾

王景新：浙江师范大学教授

张　浩：中国社会科学院社会学研究所研究员

李祖佩：华中农业大学教授

时　间

2022 年 10 月 14 日(周五)19:00—20:30

对话简要：

三产融合是产业振兴的重要路径，以培育和促进新业态为目标的乡村建设仅仅依靠财政资金是不够的，需要社会资本的注入，社会资本下乡又面临着和村庄、农民之间利益分配的问题。聚焦这一问题，由全国乡村振兴高校联盟和中国农业大学国家乡村振兴研究院联合主办的“《中国乡村大讲堂》政策对话系列——资本下乡：利益链接和分享”在近日于线上举办。参加此次政策对话的嘉宾有浙江师范大学教授王景新、中国社会科学院社会学研究所研究员张浩及华中农业大学教授李祖佩。中国农业大学国家乡村振兴研究院副秘书长唐丽霞教授主持此次对话。

在开场阶段，唐丽霞教授提出本次讨论旨在了解当前城乡关系转型为乡村振兴提出了新契机的现实背景下，如何真正将城市的动能转化成乡村振兴的动力。对话依次由三位学者介绍各自关注的案例发展情况与特点，并围绕“资本在乡村振兴中发挥什么样的作用？”“当前的资本下乡面临的困境和挑战是什么？”“资本下乡如何平衡资本的逐利性和村庄发展之间的利益关系？”展开讨论。

王景新教授基于长期在浙江湖州市的调研实践，介绍了两种资本下乡的成功模式。其一，是长兴县煤山镇新川村依靠非农产业发展的“村企共建”；其二，是依托土地流转的社会资本规划经营农村耕地模式。学理分析立足于经济学，认为前者对共同富裕的乡村基本单元建设有示范性作用；后者对工商资本是不是可以大面积、长期限经营农村承包土地，有没有可能在过程中让企业和农民利益分享达成均衡的问题具有深入研究价值。一方面，资本下乡最为重要的是酌情选择经营方向，是资本经营乡村成功的关键要素；另一方面，资本经营制度的设计是资本下乡的重中之重。

李祖佩教授分享了华北地区某普通农业县国企资本下乡，最终受疫情影响经营失败的案例。李教授立足于政治学，认为除了经营市场因素，资本下乡面临的实践问题主要有以下几点：第一，外来资本下乡忽视了既有治理的传统和基础；第二，外来资本下乡忽视了社会基础；第三，外来资本下乡忽视了伦理基础。随后，李教授提出在经营过程中可以将小组长或者村庄精英都纳入生产环节里面，通过间接的手段把外来的资本内部化的运作构想。

张浩研究员介绍了成都汪家村的案例，村企合作实施盘活村庄闲置资源的项目，建成了多业态农商文旅综合体。资本下乡参与乡村振兴，关键在于如何规避村庄村民和外来资本各自可能面临的风险，实现双方的互利共赢。汪家村案例进行了很好的探索尝试。首先，从村企合作的基本架构和规则方面进行设计。村集体建立了资产管理公司收储零散闲置资源，外来资本组建了受托开发运营闲置资产的驻村企业，形成了合作做事的抓手，也为维护各自权益设置了安全阀。其次，项目落地，试点先行，以点带面，稳步推进。最后，有了总体架构和方式步骤，剩下做事情，关键在人，尤其是对当地人才的挖掘和培养。

最后，主持人唐丽霞教授进行总结发言：不管从哪一个角度来看资本下乡，学者的共同观点是乡村振兴实际上是需要资本的。资本下乡以后面临着产业选择和经营发展的难题，在城乡融合背景下讨论乡村如何振兴是本对话系列的大主题，更是现实的大问题。

对话全文：

唐丽霞（主持人）：自 2017 年以来，城乡融合发展进入了一个新的阶段，从国家的政策和从实践发展的情况来看，农村和城市之间的关系发生了巨大的转变。尤其是党的十九届五中全会提出要强化以工补农、以城带乡，推动形成工农互促、城乡互补协调发展共同繁荣的新型工农城乡关系，明确了城乡融合发展的路径和目标。城乡关系转型为乡村振兴创造了新的契机，如何将城市的动能转化成乡村振兴的动力？今天我们主要聚焦资本下乡、利益链接和分享，本期的政策对话主要是研讨资本应在乡村振兴中发挥什么样的作用？当前的资本下乡面临的困境和挑战是什么？资本下乡如何平衡资本的逐利性和村庄发展之间的利益关系？

今天我们邀请了三位嘉宾。第一位是王景新老师，相信在“三农”领域不论是做研究还是学习的学生对王老师都是非常的熟悉，王景新老师曾任浙江师范大学法政经济学院副院长、工商管理学院副院长、农村研究中心主任，现任湖州师范学院“两山”理念研究院常务副院长，浙江大学土地与国家发展研究院教授。在湖州市安吉县余村，我们可以看到有一块石头上刻着“绿水青山就是金山银山”，这里是习近平总书记提出“两山”理念的一个发源地，而王老师目前正在湖州师范学院开展相关的工作。

第二位嘉宾是李祖佩教授，来自华中农业大学，以农村基层治理为主要研究领域，曾入选了首批“湖北省优秀青年社科人才”培养计划，非常感谢李老师前来分享。

最后一位嘉宾是张浩研究员，系中国农业大学社会学系的校友，北京大学社会学博士、中国社会科学院社会学研究所研究员、农村社会学研究室主任，主要研究领域为农村社会学、法律社会学、历史社会学、中国社会转型。前段时间我专门观看了张浩讨论资本下乡和集体经济的视频，所以在谋划这一期论坛嘉宾的时候我就想起了张浩。

王景新：我主要分享两个资本下乡的成功案例。第一个案例是村企共建，企业是浙江天能控股集团有限公司（下称天能集团），乡村是湖州市长兴县煤山镇的新川村。第二个案例是社会资本规模化经营农村耕地，浙江湖州一位私人业主的农业科技有限公司，先在浙江的一个村庄租了300亩地，后在江西上饶又成立了一个同样的公司，租了1 800亩地，涉及5个村的土地，这是一个社会资本规模化经营农村土地的典型案例。

天能集团是一家以电动轻型车动力电池业务为主的电池行业领先企业，企业的新能源动力电池的类型很多，且绿色环保。2020年，天能集团营业收入为1 401.3亿元，位列中国民营企业500强榜第33位。

天能集团在人民公社时期大力兴办社队企业时，就在长兴县煤山镇新川村发展。新川村是由4个行政村合并成的村，靠近山区，面积10.2平方公里，有985户3 020人，耕地1 500亩。新川村的村企共建始于1998年，2008年开始完善村企共建制度，截至2021年，天能集团累计投入新川村8 000多万元。通过村企共建，天能集团与新能源的上下游企业，共吸收了新川村及周边的农民超过6 000人就业。目前新川村的义务教育入学率、社会保障参保率、公共卫生厕所改造率、垃圾处理率、清洁能源使用率均为100%，森林覆盖率83%，村庄绿化率38%，户户都住上了别墅，高档别墅有800多幢，户均小汽车1.25辆，村民人均可支配收入超过15万元，全村的集体收入是719万元，村里过百万元的农户有600多户，过千万元的有30多户，村民存款累计有12个亿。新川村是一个非常富裕的村，是“两山”理念研究院在湖州建立的共同富裕乡村基本单位示范基地，我们一共建立了5个这样的示范基地，新川村就是其中之一。

下面是第二个案例。一家农业企业在浙江湖州的一个村庄租了300亩地，2019年在江西上饶租了1 800亩地。在浙江和江西种的品种都是一样的——七彩西红柿，各种各样的颜色，但是租地方式不同，期限都是15年，土地租金有所差别，浙江是1 200元/(亩·年)，江西是600元/(亩·年)，公司效益较好，正处于扩张阶段。公司对当地农民的影响不是全方位的，只是在增加农民收入、改变当地基础设施、影响农民生产生活方式方面发挥了作用。

唐丽霞（主持人）：谢谢王老师。王老师刚才分享的两个案例是两种不同的模式，第一个是村企共建，靠非农产业的发展带动整个乡村的发展，第二个是依托土地的流转，由企业带动乡村发展。这是两种不同的模式。

我记得当时看了李祖佩老师的文章，讨论的是资本下乡以后可能出现的水土不服的情况，请李老师分享一个您研究过的资本下乡失败的案例。

李祖佩：谢谢唐老师，我是做公共财政研究的，关于资本下乡我更多的研究在于资本和政府的关系中，比如说资本怎样去获得专项资金以作为下乡的主要动力。当然我关注的资本下乡案例有成功，也有失败，下面按照唐老师的要求向各位分享一个失败的案例。2022 年暑假，我调研了华北地区山东的一个县，这个县是中等规模，以农业为主导，从区域来讲没有什么优势，华北地区普通的农业县可以这么定位。

2014 年，一家国有省属国企承包了这个县近万亩土地，这个企业是省属的一级国有独资企业，总资产 1 700 多亿元。我们调研的村庄姑且称为 H 村。

H 村村庄规模小，户籍人口 230 户 759 人，90% 的耕地流转给了这个企业，流转期限是自 2014 年开始到 2028 年，每年租金是 1 250 元/亩，企业利用土地种楸树，楸树是一种经济价值较高且可以入药的树。每年 1 250 元/亩的租金包括 250 元/亩的种粮补贴，2016 年以后，种粮补贴、粮食直补和农资综合补贴三项补贴合并为耕地的地理保护补贴。在这个基础上，农业补贴一般由种地者领取，如果承包户和实际的经营户有协商约定把补贴放到租金里，则以租金的形式支付给土地的承包户。

前几年企业经营较好，但是 2019 年以后受到疫情和市场销路的影响，公司难以如期支付农民租金，2021 年租金从原有的 1 250 元/亩降到了 1 000 元/亩。按照约定，2021 年 6 月需要支付租金，但是由于楸树的市场行情问题，公司迟迟没有交付租金。H 村村民就去找政府帮助调解，最后公司向租地的农户支付了租金，1 000 元/亩，比约定的降低了 250 元。2022 年，公司将之前承包的近万亩土地包括 H 村的 700 亩土地转包给了县的种粮大户。并不是说所有公司承包土地都是失败的，以 H 村来说，由于无法承担租金，公司退出经营，H 村的土地被县的种粮大户承包，之后结果怎么样还有待观察，以上是简单汇报案例的基本情况。

唐丽霞(主持人):谢谢李老师,这样的故事我之前也听到过,尤其是土地流转的公司本身的效益下降以后,一旦流转规模较大,单看一亩地的租金不是很高,但是由于规模很大,对公司来讲压力非常大。有很多的公司向政府提出申请免缴土地租金,但是政府没有办法干预,土地的流转主体是农民和公司,不是当地政府和公司,政府可以减税、免税,但是不能取消农民租金。尤其是在疫情的影响下,一些种植公司受到的冲击是非常大的。这就是一些外来的资本下乡以后,如果对市场风险没有很好的防御机制,实际上会传导到村庄的发展上。特别感谢李老师为我们分享这个案例。

接下来请张浩老师分享一个当时激起您研究兴趣和关注资本下乡的案例,也许是成功,也许是失败,也许是在路上的一个案例。

张浩:感谢唐老师的邀请,非常荣幸有机会参与这次讨论。资本下乡参与乡村振兴这是一个非常值得去讨论的问题。一方面,乡村发展需要外来资本的支持;另一方面,资本下乡有可能会导致一些潜在的风险。

有学者提到资本下乡面临很多坑、很多陷阱,比如村民缺乏契约精神、内耗等。实际上,从村庄层面来说,下乡资本也可能存在毁约、跑路、非粮化等风险。可以打一个比方,村庄集体是一个姑娘,企业是上门的女婿,政府妈妈希望招一个好女婿帮助姑娘守好家业,但是往往也有遇人不淑的时候,招来一个骗子胡吃,海喝毁约、跑路,这确实是一个很值得讨论的话题。

我和我的研究团队近几年非常关注地方具体的探索实践,从 2021 年开始组织举办乡村振兴探路者论坛,2021 年年底的最后一个案例就是资本下乡,我对这个案例印象深刻。

案例的主角是成都的汪家村,汪家村在成都的郊区,距离市区 30 多公里,是一个很普通的农业村,交通不便、产业单一、居住散乱,村民也不抱团。外来的资本投资者说,村里的平均收入不到 2 万元,关键是集体经济收入为零。投资者进入村庄以后,有意识地选择了这样一个没有资源优势、没有财政资金投入的村庄开展创新实验,并与当地拟订方案,目的就是通过合作项目盘活村庄的闲置资源,最后建立一个农商文旅的综合体。

这个案例到我们现在讨论的时候,开展了不足三年的时间,在这段时间内村集体的收入从零到获益超过 10 万元,参与合作项目的 29 户农户能够获益约60万元。虽然获益相对来说较少,但是这个案例本身试图寻找一条有规律性的路径,在这一点上吸引了我。

唐丽霞(主持人):谢谢,不管成功还是失败,这个案例还是很有意思的,有一些规律性的东西可以总结。虽然嘉宾们介绍的时间很短,但是能够抓取到案例中的关键词,不论是什么样的资本下乡,都涉及土地流转的问题,都涉及和村庄之前从事的主导产业不一样的产业支路的问题,农业种植的产品和种植结构也会发生变化。对于很多村庄来说,资本带进去的不仅是资本,带进去的更是新的生产方式和管理诉求,也带去了新的规则体系。我们现在虽然提到乡村正在转型,但是我们也发现,能够接受转型、接受新东西的人已经不在乡村。留在乡村里的人可能还是比较传统的,他们对生计方式的期待没有随着新的业态的植入、新的资本的进入而发生一些根本性的变化,所以才出现了不管是成功的案例还是失败的案例,都会涉及资本和村民之间的冲突,或许有些冲突在收入增长的情况下会被掩盖,一旦企业的效益陷入瓶颈,内在的冲突就会出现,这是一个非常核心的问题。

刚才王老师介绍了两个成功的案例,我们知道成功的案例都有它的理由,王老师,您觉得这两个案例成功的主要原因是什么呢?

王景新:这个案例的价值到底是什么,它的经验及对于社会资本经营乡村的启示,我总结了两条。两个案例,经营乡村的内容和范围有极大不同,但都对乡村振兴有示范作用:前者对共同富裕的乡村基本单元建设是有示范意义的;后者对工商资本是不是可以大面积、长期限经营农村承包土地,有没有可能在大面积长期限经营农村承包土地的过程中让企业和农民都获利具有一定的启示。

第一个案例中,新川村比较特殊,在人民公社时期该村社队企业就有较好的发展,改革开放的时候,苏南、浙北乃至整个长三角的乡村企业异军突起,这个村就是其中一个非常典型的例子。当时新川村有几十家企业,天能集团的前身——长兴蓄电池厂,也是在这个村创业和逐渐发展壮大的。1995年,长兴蓄电池厂总部从新川村迁入长兴县城。到了现在,新川村约40%的农户在天能集团担任中层以上的管理人员或者技术骨干,几乎每家每户里都有人是集团的熟练工人。新川村和天能集团有天然的相融性。另外，从这个村走出来几十位企业家，有共同建设家乡的情结，他们组成新川村乡贤会，为村庄建设出谋划策和捐资捐款，所以，现在新川村里有比肩城镇化的生产方式和生活品质，打造农业现代化、工业化、信息化、共同富裕的新乡村的工作也非常顺利。以前新川村名不见经传，最近几年声名鹊起，具有非常强的示范作用。

第二个案例中，农业科技公司在浙江和江西都承包土地，它不是直接面对分散的农户，而是通过村民委员会和村集体经济组织作为中介承包农户土地，把农户的土地集中流转给村民委员会或者村集体经济组织，然后企业与村民委员会再来流转土地，企业只与村民委员会打交道，村民委员会的责任是按照流转契约的合同、租金的价格，把租金付给农民就万事无忧。企业吸收了一部分当地的农民，在江西的承包土地吸收了约 450 名固定职工，对企业来说一年 10 个月的农事劳动力是可以保证的；对当地农民来说，一个人在企业工作一年的收入大约有 3 万元。在浙江吸收当地农民的规模较小，300 多亩承包土地有 12 名固定工人，同时招聘一些临时工。临时工就是平时采果子、装箱。农民到企业就业不会有额外的附加条件，土地是流转给村集体的，企业按照每年 600 元和 1 200 元一亩的价格，按时支付即可。在承包土地的 15 年期限内都是这个价格，不随市场进行调节。

我认为两个案例成功的原因有一个共同点，即酌情选择经营方向，这一点对资本经营乡村成功与否是很关键的。天能集团有雄厚的资源搞村企共建，所以他们是对乡村全域进行整体打造的，对乡村的村貌村容、环境治理、基础设施、村庄绿化、教育等各个方面进行整体提升。我们在平时调查中也见到很多企业收购一个村庄整体打造，大部分不会成功，因为缺乏天能集团的这种条件。天能集团的董事长从 1998 年开始兼任新川村党委书记、村民委员会主任，村里常年负责村庄事务的是党委副书记和村民委员会副主任，这是你中有我，我中有你，这样才有条件将村域发展的方面纳入共建范围，整村打造。

农业科技公司的作用显然是单向的，即靠村集体流转土地，但是客观上企业在当地经营还要建设农业基础设施，保证道路畅通、水利便利，企业的经营模式对当地的影响还是非常大的。这样一家跟乡村没有其他联系的企业，如果要整体提升村庄乡村振兴的水平，会出现方方面面无法解决的矛盾，最终可能失败。

两个案例成功的原因还有另一个方面，资本下乡很关键的是资本经营制度如何设计，这个很重要。财政资金和资本如何整合，既然资本下乡，其资本经营制度应该与其在村的产业组织形式和利益分享机制相结合，分别采用公司制度、村集体经济组织制度、合作社组织制度等不同的适合的制度安排，这方面不能乱用。

尽管天能集团与村庄有千丝万缕的联系，但是村庄 900 多户农户与企业不一定都是一心一意的，要靠制度维系，所以制度安排很重要。新川村的村企共建始于 1998 年，但是直到 2008 年才开始重视资本运营制度，在 2018 年村企共建 10 周年时，村庄进一步创新资本制度，成立了三家公司，将现代股权基金的模式引入新川村。第一家公司叫长兴新川股权投资合伙企业有限公司，公司有三种资本，村集体资本、企业投资和乡贤捐赠资本及村民闲散资本。新川村乡村企业异军突起，走出了一批企业家，从 2019 年开始每年都召开乡贤大会，自 2019 年以来乡贤大会连续三年认捐 1 600 多万元。我参与了 2021 年的乡贤大会，仅这一年就捐赠了 500 多万元，这就是乡贤捐赠资本。此外，新川村的四个行政村各选一名代表，将农民的闲散资金集中起来，积少成多，作为村民闲散资本投入长兴新川股权投资合伙企业有限公司。以村集体资本、企业投资和乡贤捐赠资本及村民闲散资本这三种资本注册了长兴新川股权投资合伙企业有限公司，这个公司之下，又成立了另外两家公司，一个是长兴新川文化旅游发展有限公司，另一个是长兴新川建设发展有限公司。股权投资合伙企业有限公司给文化旅游发展公司和建设发展公司投资，这两家公司开展经营工作，经营获利村民共享，村民称这三家公司是“强村公司”。

江西和浙江的农业科技有限公司的利益分享机制非常简单。江西的项目覆盖 5 个行政村，涉及村民约 12 000 人，村民参与两类分红，流转土地的分红和参与公司劳动获得一些收益分红。至于企业利润是不是有一部分要交付给当地村集体，我没有仔细去了解。两类分红都有 100 多万元，带动当地大学生回乡创业，促进农民就业，带动农民增收。公司只承包土地，并没有其他的承担责任或契约。这就是我要说的两点。

唐丽霞(主持人):谢谢王老师。我觉得第一个案例中的天能集团和新川村，其实不是资本下乡，而是城里的一个产业的下乡，实际上性质有些像是一个村办的企业。

王景新:新川村和天能集团做配套生产，新川村目前仍然有 20 多家企业，有一些农户经营失败了，就到天能集团工作。新川村里的村办企业和天能企业上下游联系很紧密，形成了一个产业链。但是其中也有资本下乡，因为集团投入了 8000 多万元，而且新川村现在有一个投资公司，通过后期的运营将三方资本集中起来。

唐丽霞(主持人):资本和村庄内部的力量比较强，这样资本就和村庄之间形成了利益的共同体。

王景新:浙江村企共建的村庄有很多，还有一些村庄是村企一体化，以宁波奉化滕头村为例，该村集体资产作为村企业的投资人，履行投资人的职责。还有一些村庄是股份化，每家每户的农户在企业中有股份。新川村企共建的模式与这两种模式都不同。另外，还有一种外来资本下乡，就是外来资本捐赠给村庄，不收取利益，村庄使用资本自行经营，类似于中央的乡村振兴专项资金，捐赠之后村庄经营好了也是把资本用活了。比如李老师研究的财政资金，几千万元在村庄中无法把资本用活怎么办？成立投资公司就规范了，因为资本能够严格按照资本制来运营。

唐丽霞(主持人):这个和我们现在提到的一些地方成立乡村振兴的发展基金模式有一些相似，可以好好学习一下。

王景新:我认为这个案例中有两个方面值得总结，乡镇企业异军突起对乡村振兴究竟能产生什么影响？在制定第一个乡村振兴法时，我多次参与全国起草征求意见的讨论，并且提出建议，我认为《中华人民共和国乡镇企业法》就是乡村振兴的第一部法，很少有人能认识到这一点，现在它既没有被废除也没有被使用。乡镇企业异军突起对乡村振兴究竟产生了什么作用，有什么经验,现在大家很少讨论这一方面,但是新川村的案例我认为可以对这一问题总结出很好的经验。

唐丽霞(主持人):期待王老师的研究成果。我们现在思考之前提出的很多做法,是真正能够体现社会主义制度的优越性和创新性的,包括现在新的发展阶段重新提到如何发展壮大集体经济,实际上我们回头审视集体经济的时候也会产生新的思考。

王景新:1983年的中央一号文件就强调说,要建设星罗棋布的小型经济文化中心,到了中共中央关于"十四五"规划的建议,又提出要把乡镇打造成农民的经济文化中心,新川打造了一个新兴的经济文化中心,这就是中国乡村城镇化和乡村现代化非常好的案例。对新川村的总结和研究还需继续下功夫。

唐丽霞(主持人):谢谢王老师,刚刚王老师为大家分享了外来资本下乡后,公司在流转土地时为了规避与千家万户的小农去交易和谈判,为了降低交易成本,选择与村集体谈判,由村集体协调流转村民的土地,合同主体的数量就会减少,交易的成本相应降低,农户违约的风险也降低了,很多下乡的农业企业都开始采取这种做法,不像过去是企业自己找农户合作。现在如果村集体不愿意出面协调村民流转土地,企业就会考虑其他村庄,这也是乡村振兴融资难的问题之一。刚刚李老师分享的就是一个典型的案例,当企业无法支付租金时,面对千家万户的压力是非常大的,可能会导致土地的二次流转等情况。

请李老师谈一谈,当时案例中的企业除了受市场和疫情影响,其余导致投资行为的失败或者资本下乡的失败最核心最关键的原因是什么?是否可以给予企业一些支持,比如农户给企业几年时间让企业缓解,或者在其他的金融手段上给企业多一些支持?

李祖佩:谢谢唐老师,刚刚王老师分享的浙江的案例,让我身临其境,我去浙江也比较多,浙江是出经验的地方。刚刚王老师也提到了财政下乡,其实浙江跟中西部地区有很大的不同，比如说公共财政，我们之前采访浙江诸暨当地的领导，领导提到，虽然国家财政现在条线资金很多，但是他们一分钱都不要。他们谈到这么做的原因，第一是本地的地方可支配财政收入已经足够，第二是国家财政资金管理很严格。而对于中西部地区来说，刚才王老师提到整合资金，成立公司，在制度上来说是不允许的，对于依靠专项条线资金的中西部地区来讲，它的合法性存疑，这是一个障碍。当然浙江的做法的确很有意义，我的收获很大，尤其是在怎么激活集体方面。

唐老师提出的问题在中西部地区是一个普遍性的问题，从外来资本这个角度，我们看到中西部地区更多的是失败多于成功。当然唐老师也提到了一个问题，市场行情不只是压垮骆驼的最后一根稻草，主要的原因是其中有一种很强的张力，这种张力可能涵盖以下三个层面。

第一个层面，是“忽视”的问题。外来资本下乡忽视了既有的治理传统或者说治理基础。政府引入外来资本，初心是好的，要发展、要振兴乡村。如果引入成功，是没有问题的，一旦失败，就要面对发展和兜底的问题。如果是兜底，就需要政府兜底，这种情况下因为属地管理无法推卸，政府就面临一个很大的问题，即如何协调各方关系：一方面是经营利润较低甚至无法维持的外来资本，另一方面是维稳的压力。我认为我们可能忽视了这一点，在很多情况下政府认为维稳是最重要的，那就必须采取一系列的手段去引导、要求，以保障老百姓的利益。另外，外来资本是外来的，很难参与到村庄治理中，并且资本是强势的。当强势的资本遇到分散的农户时，村级组织的角色就从协调人转化成当家人，或者说村庄老百姓的代理人，代表民情民意与资本进行谈判。也就是说，在经营形势较好时，资本会给村集体带来收益，村干部充当协调人的角色。一旦经营出现问题，尤其当这个问题涉及不止一个人时，村干部就不再愿意配合了，转而充当代理人的角色。这是从治理的基础和治理的传统上来讲的。

第二个层面，是忽视社会基础的问题。我们的农民，尤其是被流转的农户并未被资本迅速地原则化，他们能够脱离土地在其他行业就业。从这个意义上来说，相对于西方农业产业的转型，我国农民家庭在这种转型过程中保持了高度顽强的韧性。当资本能够给集体创收时，农民可以让渡土地；当农户利益受损时，他们就会提高对土地耕作的重视程度。比如我刚刚提到的案例，近两年当地尤其是华北地区种植玉米和小麦的单产价格收入提高较大，老百姓有这个预期，它是弹性的。这是社会基础的一个方面，是从家庭的基础来讲的。另一个方面，农村社会是一个高度关联的社会，如果外来资本不能将村庄的社会资本盘活，构建利益共同体，那么外来资本很难成功。当经营条件好的时候，资本可能面临的是分散的农户；当资本经营出现问题时，分散的散户能够迅速团结起来与之对抗。对抗中有合理的诉求，也难免有超出合理诉求之外的。

第三个层面，更多是在伦理基础方面。中国社会科学院许东洋老师的研究比较好，他曾对山东的资本下乡开展研究。山东资本下乡内外有别，如果资本是村里的人，就会遵循一种伦理。比如在中西部地区，本村人出去成了老板再回村包地，也是一种资本下乡的形式。如果是这种情况，当资本阶段性经营不善时，老百姓有足够的容忍度，甚至可以降低租金，或者允许有两年不支付租金，因为资本是本村人。这样可以为资本提供周旋的余地和空间。如果是外来资本可能就另当别论了。从治理传统和治理基础、社会基础和伦理基础层面来说，这些是外来资本容易忽视的方面。

这些方面不仅仅体现在案例中，我们在很多地方都看到了这些有趣的案例和有趣的经验现象，它是一种结构性的张力。刚才王老师讲的案例，激活村庄的社会资本及激活基层和村庄的经营形成利益共同体，我认为这可能是破解困境的出路之一。当然这些经验是浙江的经验，浙江的经验能不能复制到全国，我们可以去做一些实验，进行求证。

唐丽霞（主持人）：特别感谢李老师，李老师的分析和王老师的分享形成了一些呼应。外来资本不了解社会基础，没有伦理基础，内外有别，这在中国的文化里感受是非常直接的，每一个人每天都被内外有别亲疏远近的关系影响。怎么打破？分开是不行的，所以要变成利益共同体。村里的农户通过入股或其他的方式参与到资本的经营里，而不仅仅作为劳动力。如果农民有一部分资本投入企业里形成利益共同体时，他对资本的期待就发生了变化，他也会想办法让资本挣钱，而不是让资本走向破产和撤退的境地。

李祖佩：武汉周边有一位老板，在经营过程中把村里的小组长或者地方上有威信的人物都纳入他的生产环节，其实就是通过间接的手段把外来的资本内部化，这个对降低组织成本和经营成本有很正面的效果。

唐丽霞（主持人）：我觉得这种讨论是非常有启发的，刚才李老师提到了一个问题也是很重要的，我们天天在提乡村振兴，同时国家也提到了工业化和城市化，在“十四五”里也提到了城市化的进程还没有结束，2025 年城市化的比例还要上升。为什么会出现资本和农户在土地问题上不断反复博弈？因为现在土地还是农民的依赖，农民虽然暂时离开土地有了非农的收入，看似收入很好，但是这并没有打破农民对土地依赖最根本的关系，所以农民一旦在其他行业里收入出现波动，还是习惯性要回到乡村、回到土地进行一个应对风险的机制。非农产业的发展、城市化的发展，甚至是工业化的发展还需要继续推动，让农民对土地的依赖程度下降，而不是像现在农民对于未来的预期还是回到乡村。随着人口结构的变化和新的群体的成长，未来这种矛盾和张力可能会逐渐消减。

现在在整个研究领域里，成都有几个村子都变成了“网红村”，包括战旗村等，在这里我们提到的“网红村”都是“学术网红村”。张浩是在成都，刚刚也提到了您去过这个村庄，有很多规律性的东西可以总结，请您跟我们分享一下规律性的发现。

张浩：唐老师提的问题非常好，我们在战旗村做了很好的挖掘，战旗村也有外来资本，有成功的，也有失败的，非常有意义，汪家村也是在成都。

刚才听两位老师的分享我非常有启发，而且两位都提到了资本下乡是直面乡村社会的基层民情。村庄需要外来的资本支持，而资本本身需要村庄这个平台盈利，关键是两者如何规避各自可能产生的风险，使得各得其所、互利共赢，这方面刚才提到的汪家村案例做了非常好的探索。外来的投资者叫李彪，是一个有情怀的人，所以他专门要找一个普通的村庄去经营，哪怕自己不那么赚钱，但是前提是保证不能亏太多，力争能够赚钱。他经过一些探索至少暂时取得了阶段性的成果，至于是成功还是失败，刚才王老师分析了成功的经验，李老师分享了失败的案例，我分享的这个案例很难说它是成功的，也很难说它是失败的。

汪家村的实验可以给我们三点启示：

第一点，在本案例中当资本到村里之后，双方经过两年时间反反复复的讨论来寻找一个可以连接起来的点，在这个点上关键是能够预想出对于村民和公司来说潜在的风险，能够事先去规避，最终他们在共同开发村庄的闲置资源方面达成共识，之后就是在村庄和外来企业合作的基本架构和规则方面进行反复的设计和磨合。村集体担心农户的闲散资源投资后是否会受损，所以专门成立了资产管理公司，将农户闲散的资源托管给这个公司。外来资本也专门成立了一个实体的项目公司来承接授权，进行开发经营，招商进产。双方公司的成立，不仅是合作的抓手，更是在维护各自的权益，设置一个安全阀。

第二点，这件事想真正做实并不容易，虽然村庄不大，但是资本进入后还是先选一个小点试点先行，以点带面，这个试点尝试占整个村庄总面积不足4%，围绕这个不足4%的项目村庄和资本就进行了无数次的沟通。在这里可圈可点的，当确定了试点项目后，他们就一户户家访，持续不断地讨论开会，消除疑虑。据统计，他们共组织了50多场讨论会，开展了不计其数的家访，用了364天才做通了29户的工作，以这样一个很少的资源去推进项目。得益于前期谨慎而扎实的工作基础，到第二期，160户500多人签约只用了4天的时间。这给外来要真正深入做事情的资本一个很好的经验，不断地磨合是显示你们诚意的过程。

第三点，有了总体架构，有了规划，剩下的关键在人。乡村振兴急需人才，包括外来引进的人，当然也包括在地的人。这个案例中有希望带领老百姓做事情的村书记，有点情怀的外来资本老板，有希望在市场经济的规则下趟出一条路来的想法，这些就构成了这场实验的条件。不仅仅是需要带头人，更关键的是要充分挖掘培养在地的人才，这个试点的一大亮点是发掘出了一个特殊的人物。

这个人物是一个女性，她具有超出一般村民的眼光和能力。之前在外摸爬滚打看门店，被动员做返乡青年，然后又被聘请到资本方成立的实体公司担任管理人员。她的身份特殊之处在于，一方面她是村庄内部的成员，另一方面她是外来资本的员工，她凭借着双重特殊的身份冲锋在这场实验的第一线。要完成这样一个实验，最难的就是动员村民的参与，村民很分散，资本相对来讲是强势的，村民非常有顾虑，动员村民其实是不容易的。用 364 天做通 29 户的工作，就是经由这位特殊人物，以村内人的身份才能有机会去做下来。做通了村民的工作，项目落地之后就能够通过招商来进行运营，商户进入有收益，集体的村民才有保底的收入和分红。作为中间人，她做了非常多的尝试，当时甚至创建了一些很有创意的举措：例如共享办公室就是运用了村庄共同体的理念和思路，“帮帮团”就是试图唤回以往乡村互帮互助的亲情。

这样的人物能够充分挖掘乡村的传统资源，切近乡村的实际。正是下乡的资本进入村庄后，尽力设计出一整套的规则，然后挖掘出本土的人才，使得外来的资本和村庄建立一个很好的链接和沟通，才能够让资本下乡成为同时有利于村庄和有利于外来资本的事情，从而实现下乡资本良性的赚钱逻辑。

按照外来资本李彪的说法，他们这样的赚钱逻辑是从赚村民的钱到带动村民赚钱，从企业下乡赚钱到下乡企业赚钱。这样就可以消解资本下乡所面临的困境，很好地结合社会基础，对资本造成羁绊的东西反而成为助力，这样下乡的资本才能够真正实现各得其所。

我就分享这些。

唐丽霞（主持人）：谢谢张浩，刚才说的几个问题也是回应了李老师分享的案例。外来资本熟悉市场运行的机制，但是他们对农村场域是非常陌生的。当资本不了解农村运行机制，用市场的眼光和市场的规则面对在乡村里面遇到的问题的时候，就会出现很多的不适应，包括对相关的农业政策不了解，以为和在城里一样拿块地想干什么就可以干什么，实际上国家对农村土地的用途是严格管制的，土地权属的关系是极其复杂的。其实很多问题在张浩分享的案例里面也得到了一些回应，比如资本在下乡之前是否做过前期的准备，这些工作是建立信任关系的一个方式，案例中用了一年时间动员群众的参与。

王老师的案例中是用投资把企业和资本利益关系连接起来，在张浩的案例里是用人把资本和村民、村庄连接起来，我觉得这样的一个交流，包括张浩分享李彪老总在两个村里面不同的投资经验，让我们更加深入反思。我们以前学习农村社会学的时候，提到乡村是比较相似的，同质化比较严重，但是从资本下乡的成败来看，虽然村庄看上去都一样，但是细节差异也是非常明显的,没有变量进入的时候很难发现差异性,当一个变量进入后就可以发现差异其实是存在的,这个可能对于我们研究乡村问题、资本进入会有新的助力。

讲了很多,其实我们认为资本下乡最核心的问题是资本的逐利,资本一定是逐利的,再有情怀的资本家都是以赚钱为目的的,否则企业家就不是一个企业家,而是一个慈善家。资本是逐利的,只不过有的人把逐利的空间扩大了一些,把时间放得更长远一些,或者说资本的逐利是在更大的范围内去平衡。村庄也有自身利益的发展,资本的逐利和村庄的利益关系有时很难平衡。

回到李老师提到的,一方面当地政府和资本是希望它能发展持续,即便在遇到困难的时候也能够渡过难关;另一方面村庄也有现实利益的需求,政府、资本和村庄三方都会在利益点上找到自己的位置。怎么平衡三方?问题可能比较抽象,请三位老师对这个问题做一些点评,在线的观众也欢迎大家发表评论。

王景新:刚才张浩说得很好,资本在寻找乡村的经营内容或者赚钱的项目,农民也需要资本进入,需要找到一个结合点。我昨天下午专门跑了一个地方调研。一个 1984 年的小伙子赚了资本之后来乡村投资,第一次投资了他的家乡浙江金华的一个县,他找了一个有古村落的村庄,希望能把这里打造成旅游胜地,投资了 1 200 多万元,最后全部亏损,因为其中不断有矛盾爆发。在家乡投资失败以后,他现在又到湖州一个村投资建设。这个地方原来是中国人民解放军第一军的粮食仓库,现在是村里的资产,闲置在那里,面积很大。他就把粮食仓库租赁下来,做谷堆乡创的项目,我昨天听了他的理念,非常好。这个项目进行了三年,第一年的营业收入是 900 多万元,第二年是 1 200多万元,今年可能会更好一点。

昨天我与这位投资人讨论时,我说:“实际上你也不是完全为了乡村振兴。”就像刚才张浩老师提到的,资本想去经营乡村也是目前投资的一个很好的方向。那么到乡村里是经营什么呢?经营土地还是经营村落?这位投资人是研究规划出身,就经营乡创项目。这个村庄只有约 60 亩土地,在他的经营下,每一亩土地能够赚到比原来农户种植多 3 倍的钱。他说要把农事变成趋势,把趋势变成课程,面向中小学生,把课程变成企业。一亩稻田今天搞这个节，明天搞那个节，比如民谣音乐节，到稻田田间去唱歌跳舞，人流就来了。有一次他在秋收季节组织了一次民谣音乐会，在网上卖了400多张票，且票价较贵，但是也有游客愿意来村庄里。老百姓可以向游客售卖各种农产品，可以为游客做饭。刚开始老百姓不习惯做餐饮，卫生要求高，他们不愿意做，后来看到企业在慢慢赚钱，老百姓就跟在企业后面开始做农家乐，慢慢也赚钱了。

有一些资本并不是想振兴乡村，而是为剩余资本在农村找一个较好的经营项目继续赚钱。但它客观上对乡村振兴起到了推动和促进作用，改变了农民的生活方式，改变了生产习惯，增加了土地产出和农民收入，也活跃了乡村。关键是村里的人气上升给村庄恢复了元气，外出的人带着孩子、配偶回来了，外地游客也来了，人气活了，化解了乡村振兴人从哪里来的矛盾。我感觉这是成功的。唐院长刚才说有的成功了，有的失败了，有的还在路上，实际上都在路上，有些村庄今天成功了，但是否可持续，要走的还很远。

资本下乡的国家政策和制度建设是滞后的。2011年中央18号文件提到，中央不提倡工商资本大面积长期到乡村流转农民的土地，2015年农业部陈晓华副部长还是强调这句话。2018年《中共中央 国务院关于实施乡村振兴战略的意见》里提出要尽快制定鼓励和引导工商资本进入农村的制度，到现在又过去了四年，也没有看到像样的制度建设推进。制度建设是有一点滞后的。

唐丽霞（主持人）：谢谢王老师。在乡村振兴里我经常提到，现在的约束性政策是比较多的，促进性的政策反而相对来说比较少，这两年约束性政策越来越多，尤其是现在的粮食安全作为我们的底线任务。对于下乡资本来说，耕地的非农化问题对资本选择什么样的产业有较大的影响，很多的资本在选择上面遇到困难。李老师您有一些什么新的思考？

李祖佩：谢谢。从失败的案例出发资本下乡有一些矛盾，张老师很好地回应了怎么解决这些问题。张老师您是在成都的汪家村，我们在成都双流区也调研过类似的项目。当然它也有一些特殊条件，我觉得它的机制可以去总结复制和推广。

很多时候资本下乡的利益链接不仅是经济层面的利益分配的问题，也是治理问题。刚才两位老师讲到组织动员机制，其实其中还涉及了外来资本的内部化及资本怎么变成内部化的机制，在这个基础上再解决利益分配和责任分担的问题。对于东西部的一般农村来说，资本下乡尤其是外来资本下乡如何和村庄对接，如何集合村庄社会，如何和村庄社会形成一种责任共同体和利益共同体，更多的是要做前期的工作，刚才张老师提到，这是下乡资本的治理问题。如何激活村落共同体，如何激活村庄复杂的社会资本，以及在这个基础上与老百姓一起赚钱，这是一个很大的转变，这个转变之后老百姓是能够和外来资本形成一种利益共同体和责任共同体的。

总而言之，这次两位老师的讲述及刚才的讨论，拓宽了我关于资本下乡利益链接和分配的思考空间，受益很大，对我来说是一次非常有收获的交流和学习，谢谢唐老师。

张浩：我认为不应该由研究者回答这个问题，但是李彪提到他们在做使用权的量化托管时，他们团队经历了上千次的推演，推演的目的是什么呢？是从利益分配方面推演如何让农户、集体、公司各得其所。这背后是一个用心，说到这一点，我想展开讲讲。费孝通老先生晚年倡导文化自觉，将心比心。无论是对于村庄、村民还是对于企业，要想各得其所，首先需要将心比心，站在对方的立场去考量。某种意义上，资本下乡能不能赚钱，能不能各得其所，与我们研究者下乡做调研难道不是一样的吗？费老在乡村的工作室是原来养猪养羊的地方，破落得只剩了半截墙，后来他们保留了这半截墙，建起了教授工作室。我觉得这个工作室建得非常好，可以叫作“羊圈教授工作室”，为什么呢？因为以前农民在这个地方养猪养羊是为了增加收入，现在在这上面建了一个教授工作室，就是希望教授也能帮助村庄村民增加收入。

我们研究者在某种意义上与下乡的资本一样，资本想挣钱，我们想真正去实现一个学者的价值，首先要站在对方的角度将心比心。我就讲这些。

唐丽霞（主持人）：谢谢。王老师是一个农业经济学家，李老师比较偏政治学，张浩是社会学，从各位的发言和观点上就可以看到经济学、政治学和社会学学科的差异性。我与王老师熟悉一点，跟张浩还是停留在上学时期对他的印象上，对李老师也是从论文上有所了解。今天很幸运请到三位老师来交流，大家代表了不同的学科，今天讨论的过程充分反映了学科的差异性。

不管从哪一个角度来看资本下乡，大家共同的观点都是乡村振兴是需要资本的，我们不应视资本为“洪水猛兽”，没有资本，乡村振兴很难依靠村集体和财政的投入发展起来，资本下乡以后确实也面临产业的选择。回到整个对话系列大的主题，就是在城乡融合的背景下去讨论乡村如何振兴。一种新的业态的培育，包括王老师提到的，一二三产业的融合，现在提这个东西和我们过去提乡镇企业是不一样的。乡镇企业是把工业建在乡村里面，比如说华西村、南街村等，它的产业的选择和农业之间的关联是非常弱的，这个厂是办在城市还是办在城郊，或是办在乡村，都差不多。

现在提到一二三产业的融合，第二、第三产业的发展是以第一产业为基础的，所以要给一产赋予新的功能和价值。比如农业不仅是满足粮食安全，还可以拓展农产品的功能，农业可以成为景观，成为自然教育资源，应用在新型消费的场景。农业的功能多样化，它带来新的产业的发展机会就越来越多。这样的一种新业态的发展需要外来资本的注入，需要人才，随着资本下乡，人才的注入会给乡村的发展带来新的变化。

我们看到聊天框里面，大家都觉得这种讨论是非常有启发的，还有人提到了请王老师回荆门、回沙洋讲课。也特别感谢王老师、李老师、张老师对于我们活动的支持，今天的讨论对我的启发很大。我们这几年在昆明做的工作——都市驱动型的创新实验，实际上就是不断地看资本怎么和乡村的振兴、乡村新业态发展和培育、乡村人才的培养、乡村集体经济的壮大有机结合起来，找到乡村振兴新的路径。今天的讨论是非常有意义的，非常感谢三位老师的支持，感谢在线听众的支持，我们也希望下周五能够和大家在线上再见面，谢谢大家。

〈结束〉

五、乡村新业态：前景与挑战

主持人

董　强：中国农业大学人文与发展学院教授

对话嘉宾

张照新：农业农村部农村经济研究中心研究员

鲁可荣：浙江农林大学文法学院院长、教授

熊春文：中国农业大学人文与发展学院教授

时　间

2022年10月21日（周五）19:30—21:00

对话简要：

产业兴旺是乡村振兴的重要基础，是解决农村问题的前提。近年来，我国乡村新产业新业态大量涌现，已经成为农村经济发展的新动能。乡村新业态的出现面临着适应和融入乡村的问题。聚焦这一问题，由全国乡村振兴高校联盟和中国农业大学国家乡村振兴研究院联合主办的“《中国乡村大讲堂》政策对话系列——乡村新业态：前景与挑战”近日在线上举办。参加此次政策对话的嘉宾有农业农村部农村经济研究中心研究员张照新，浙江农林大学文法学院院长、教授鲁可荣，中国农业大学人文与发展学院教授熊春文。中国农业大学国家乡村振兴研究院常务副院长、资深文科讲席教授李小云，中国农业大学国家乡村振兴研究院副秘书长、人文与发展学院教授唐丽霞出席了此次对话。中国农业大学人文与发展学院教授董强主持此次对话。

张照新研究员认为我国人多地少的基本国情是乡村产业发展的动因。乡村产业是乡村多元价值的体现，乡村产业发展是乡村传统资源与现代要素优化配置的过程，也是众多经营主体不断筛选优胜劣汰的过程。他将乡村产业体系的构成概括为“三旧”（现代种养业、乡村特色产业、农产品加工与流通）和“三新”（乡村旅游、乡村服务业、信息产业）。乡村产业可以通过现代农业转型升级、农业多功能、乡村多元价值拓展、产业承接等路径发展起来。他认为国家对于乡村产业发展的支持政策集中在规划先行、基础设施、公共平台、土地要素、资金供给和培育主体等六大方面。他指出，当前乡村产业发展存在困难的主要原因在于农村制度改革不到位，城市的人才和资金无法进入乡村。展望未来，他认为未来的乡村产业会朝着县域统筹、集群集聚、融合发展、绿色转型、数字化转型等方向发展。

鲁可荣教授基于乡村新业态发展的主体视角，围绕农民、农创客、村集体、工商资本四大主体呈现了作为共同富裕示范区的浙江省发展乡村新业态的鲜活案例。乡村新业态发展的第一类主体是村民。仍然留在村里的这批农民充分利用山水资源，通过引进农业新技术和新品种来发展乡村特色种植养殖业和特色农产品加工业。第二类主体是农创客，指从事农业产业和文化创业的返乡人群。农创客群体通过一系列农耕文化教育活动为乡村民宿业引流。农创客群体对农产品进行文化创意的包装、延长产业链条，实现农村一二三产业的融合发展。第三类主体是村集体。浙江省通过对集体经济消薄化债，立足于乡村的价值和农业的多功能性，招募懂乡村的乡村运营师或乡村职业经理人与村干部共同进行乡村三资盘活和乡村经营。第四类主体是工商资本。近年来，浙江省有实力的工商资本开始走数字化智慧农业的道路，实现小农户与现代农业的有机衔接，促进农业的规模化生产。

李小云教授分享了对乡村新业态的看法。他基于在云南 20 多个村庄的乡村建设实践指出，乡村新业态的产生与城乡关系的变动有关。在快速工业化、城市化背景下，乡村的稀缺性不断彰显，乡村的价值随之凸显。城乡关系的变化使得乡村的经济功能空间拓展，催生出了休闲、康养等乡村新业态。此外，他认为乡村问题是一个现代化问题，不能通过乡村自身来解决乡村的发展问题。乡村振兴必须通过城乡融合来实现。城市动能可以通过乡村新业态转变为驱动乡村的动力。最后，他指出未来的乡村，需要站在一个新的起点上再造一个新农业、一个新农村、一个新农民群体。

熊春文教授从历史和乡村共同体两大维度试图理解新业态在乡村产业中的发展逻辑。从历史的维度看，城市文明的历史跨度相比乡村要短很多。在没有出现城市之前，乡村是一个自给自足的产业发展样态。与其说乡村新业态是城市向乡村的转移，不如说是某种意义上的回归，是一个辩证法上的“合题”。未来的乡村新业态在城乡融合的背景下将会有更多的发展契机。从乡村共同体的维度看，所有的产业都可以在乡村生根发芽。在城市文明之前，乡村具有政治、经济、文化、社会、教育等多重功能，可以满足任何一个产业业态的发展。但是回归到现实中，中国由于区域广阔面临着非常复杂的影响因素。任何一个产业要想在乡村扎根，不仅要考虑政策、资金问题，更重要的是要与当地社会文化基础相融合。现在中国人的原生体验已不再是乡村体验，而是城市体验，甚至是虚拟体验。因此，中国乡村在当前的价值在于为中国人提供一种有机、生态、两栖的生活方式。

活动的最后，董强教授对此次对话进行了总结，乡村新业态的发展既需要借助新的城乡融合的机遇，同时也要将乡村原有的传统的政治、社会、经济、文化基础进行更新，从这个角度来看，乡村新业态产业的发展承载着乡村现代化的使命。

对话全文：

董强（主持人）：各位来自全国各地的老师、朋友、同学大家好，非常荣幸今天我们开始了这样一个《中国乡村大讲堂》政策对话，今天的主题是“乡村新业态：前景与挑战”。大家都知道，在乡村振兴战略里，产业兴旺是乡村振兴的重要基础，也是解决农村问题的前提，近年来我国农村新产业、新业态大量涌现，已成为农村经济发展的新动能。基于这样一个主题，我们今晚有幸邀请到三位嘉宾老师，第一位老师是来自农业农村部农村经济研究中心的二级研究员张照新老师，张老师是博士后导师，长期从事乡村振兴、农村一二三产业融合、农业产业化、农民合作社家庭农产、农业社会化服务、农业支持政策等多领域的研究，为我国政策的制定提供了非常重要的决策咨询，同时还担任全国农业产业化龙头企业协会的副会长、中国合作经济管理协会的常务理事，欢迎张老师莅临。第二位老师是来自浙江农林大学的鲁可荣院长，他同时也是文法学院的教授，鲁可荣老师长期从事农村发展与乡村治理理论与应用研究，欢迎鲁可荣院长。第三位老师是来自中国农业大学的熊春文教授，熊老师是人文与发展学院社会学与人类学系教授、博士生导师，也是该系的系主任，还是中国社会学会和北京市社会学会常务理事，主要的研究领域包括农业农村社会学、教育社会学、城乡社会问题等，欢迎熊春文教授。

围绕“乡村新业态：前景与挑战”这一主题，今天到场的三位老师都有非常资深的学术积累，同时也有长期的实地观察和思考。基于各位老师的学术背景和工作背景，第一轮先请每位老师做一个简单的12分钟发言。第一位是张照新老师，请张老师试着从国家政策的角度，简述如何推动乡村新业态发展。

张照新：谢谢董老师，各位老师、各位同学，线上的朋友大家好，很高兴参与这个对话节目，正好最近我们部里编了一部关于农业政策的框架，因为我主要从事乡村产业政策、乡村产业发展研究，包括原来的产业化，所以我想结合我的研究，从国家、乡村产业角度介绍一下政策的思路和框架。

首先，从政策上来讲。中国农村人多地少，土地难以满足生存需求，农民需要寻找第二收入来源，也就是黄老师提到的“拐杖逻辑”①。近代以来，乡村产业一直是在发展的，比如近代的手工业，新中国成立之后的社队工业，还有乡村企业等，都是一脉相承的。所以我们对乡村振兴政策的关注，由过去的农业产业转到了乡村产业体系。农业农村部的原农产品加工局改为了乡村产业司，从改名可以看到我们乡村产业的发展。2018年《中共中央 国务院关于实施乡村振兴战略的意见》中对乡村产业做了定义，提到乡村产业根植于县域，以第二、第三产业为路径创新创业。

那么乡村产业的边界在哪里？现在有不同的认识，我们也在研究。一些大企业到农村算不算？我们知道过去有乡镇企业法，部里曾经想出过乡村企业法，一直没有出来，那么实际上关于乡村产业发展是存在一些政策问题的。

① 黄宗智提出的“拐杖逻辑”，即“过密型”农业生产的小农家庭像一个虚弱的病人，只有靠“兼业化”这根拐杖才能生存下去。

未来乡村产业由什么构成？2019年《国务院关于促进乡村产业振兴的指导意见》里提出了6个重点，我把它进行了分类，叫作“三旧”“三新”，“三旧”包括现代种养业、乡村特色产业和农产品加工与流通，这三个是旧的。什么是新的呢？这个新是相对于传统的，包括乡村旅游、乡村服务业和信息产业。当然，准确的边界现在还没有，我们一直在研究，这是第一个方面，简单说一下乡村产业包括的内容。

第二个方面就是乡村产业路径和发展方向。我认为推动乡村产业发展可以从三个角度出发，第一个角度是以农业为基础的现代农业的转型升级。比如我们的产业链延伸，做冷链物流配送，包括三大体系构架，生产体系、经营体系和产业体系。产业体系我们过去做农产品加工，现在做全产业链，核心都是围绕现代农业推动乡村产业进一步丰富，比如最近比较火的预制菜，这个就是现代产业生发出去的一个方向。第二个角度是农业多功能、乡村多元价值的拓展。随着消费升级，我们除了满足食品需要，还要满足生理需要、精神需要，比如休闲、观光，这就给农业农村发展带来机会。2021年专门发了《农业农村部关于拓展农业多种功能促进乡村产业高质量发展的指导意见》。过去我们讲农业多功能，现在我们讲乡村的多元价值，公认4个价值是传统的食品供应、生态涵养、休闲体验和文化传承。新业态拓展都是从多功能或者乡村端拓展来的，包括创新创业、产业融合。第三个角度就是产业承接。这几年一直在推动相关的政策出台，比如2022年中央一号文件提出支持大中城市缩减向县域转移，中共中央办公厅、国务院办公厅专门出台了《关于推进以县城为重要载体的城镇化建设的意见》(以下简称《意见》)，《意见》提出县城给大城市配套，形成一县一业的产业配套，我认为有些产业可以从城市转移到县域，县域承接城市或者给城市配套，这个是一个发展成长的路径。这个产业可能是特色产业，也可能是农产品加工。这是三个成长路径。

乡村产业出了不少文件，单独的文件像2020年的《全国乡村产业发展规划(2020—2025年)》，2022年的《“十四五”推进农业农村现代化规划》里也有乡村产业发展的内容。对于未来乡村产业发展方向，从政策角度讲，第一个是县域统筹。对于乡村产业政策上的突破，乡村产业以县域为单位规划，县城是乡村产业的一部分，就是要县城、乡镇、村联动，把县城的产业作为乡村产业一部分，包括未来的税收、财政，还有金融支持，我认为政策可以从这一方面进行突破。第二个就是推动产业集群集聚。现在的特色产业集群、产业强镇、田园综合体，有一些是单独产业的，有一些产业是社区融合的。第三个就是融合发展，主要是联农带农，有企业，有合作社，还有家庭农场、传统小农户。第四个是绿色转型，这个大家都知道是大方向。第五个是数字化转型。从现在推动乡村产业发展整体的大的思路来说，发展方向大概包括以上5个方面，这是我的理解。

因为刚才提到我们编写农业政策框架时乡村产业是作为一个部分，所以我们大体梳理了一下，第一个是乡村规划先行，县域、镇、村做规划，多规合一。第二个是完善基础设施，像乡村建设、仓储物流体系、冷链物流、农业农村基础设施，今年还专门出台了仓储物流的政策，还有信息技术、新基建。第三个大家可能关注较少，乡村产业特别是现代产业发展需要各种公共服务平台，有科技平台、质量标准体系。农业农村部这两年借鉴扶贫经验出了产业技术顾问团，出台了很多政策，这个的核心是什么呢？针对新业态特别是农民自己创新业态，因为融入现代经济体系，他们很多方面不擅长，是需要指导、培训的。所以我们现在有很多顾问团，针对合作社的合作社辅导员、乡村产业师、创业辅导师或者指导师。

除此之外，还有人、地、钱的问题。第一个先说土地，现在乡村产业发展需要地。农村有“三块地”。我们的耕地第三次全国土壤普查比第二次普查少了一亿亩，相对来说宅基地有巨大的空间，但一般涉及农民利益需要谨慎，还有一块是经营性建设用地，一直在推进，其中也有很多的经验可以借鉴。比如浙江最近推动标准地改革，实际上是为招商引资创造条件，包括过去的点状供地。农村土地规划调整较难，一些未利用地、宅基地都是分散的，可以点状组成整体规划进行审批。第二个就是资金，地方财政有很大一部分收入来源是土地出让金。2020年年底国务院专门出台了《关于调整完善土地出让收入使用范围优先支持乡村振兴的意见》，提出关于土地出让金收益的50%或者是不低于土地出让金总额的10%需用于乡村产业发展。另外，还有乡村振兴专项债和一般债，还有基金，从财政角度多筹集资金。除了财政，还可以创新金融服务。前不久国家开发银行推动开发性金融支持乡村振兴，这个各个银行都在做，中国人民银行从2021年起一直在出文件推动金融服务乡村振兴。当然除了金融机构组织体系健全，还要创新产品优化流程。除了金融，还有社会资本。2020年农业农村部办公厅出台《社会资本投资农业农村指引》，发布优先投资领域和模式。最后一个是培育主体。2022年中共中央办公厅、国务院办公厅出台了《关于加快推进乡村人才振兴的意见》来培育乡村本土人才，吸引城市的新农人。湖北的"三乡工程"就是积极吸引城市的人才，包括退休人才、退伍军人、大学毕业生进入农村。现在整体政策框架就这么多，请大家批评指正。

董强（主持人）：张老师把乡村产业的体系、内容、路径和发展方向，包括支持的政策，做了非常重要的系统的梳理。接下来请鲁可荣老师，能否从地方创新的角度，简述地方如何推动乡村新业态发展，特别是您处在共同富裕示范区的浙江省，这方面浙江应该有更多鲜活的经验和案例。接下来有请鲁可荣老师分享。

鲁可荣：各位老师、各位同学大家晚上好，刚才我听了张照新老师从宏观政策的角度介绍了乡村业态的发展历史及现在新的发展政策，很有感触，特别是刚才张老师提到了农业农村部2021年关于乡村的多功能和乡村价值的文件。按照董老师分配的任务，我来介绍一下最近几年浙江围绕乡村新业态的发展。

2018年浙江省乡村振兴战略规划里提到，要充分挖掘农业的多功能和乡村的价值，促进农村的一二三产业融合，特别是提出了要从卖产品向卖生态、卖风景、卖文化、卖体验转变，原来单纯的农产品转向"四卖"。作为2019年乡村振兴的一个新型示范省和后来的共同富裕示范区，最近几年浙江省在乡村新业态培育方面确实取得了一些成就，下面我根据我的调查和接触的相关业态向大家做一个简单的汇报。

首先，从乡村产业的主体看乡村新业态发展这个角度来给大家分享可能条理清晰一些。第一个是村民；第二个是农创客，即所谓的创业、返乡人群；第三个是村集体；第四个，也是最后一个，是产业（工商资本）下乡。

从第一个村民角度，仍然留在村里的农民在乡村新业态方面做了非常好的探索，充分挖掘乡村的价值和农业的多功能。浙江是做了特色种植、养殖及特色农产品加工，因为浙江除了杭州、嘉兴、湖州一带农田较多，其他地方大多是九山半水半分田，山区的资源较多。广义的粮食生产有很多的角度，特别是有很多的经济作物，像云南的茶叶，云南在市场经济很长时间之内都忽略了茶叶，大家都去从事非农产业了。浙江这两年留在村里的中老年农民们靠山吃山，靠水吃水，把山上和水里的资源充分利用起来，结合地方的优势进行特色化的种植养殖。比如我们学校所在的杭州岭南区，山上有山核桃，这个阶段正好是山核桃的销售季节，每年村民的收入非常高；像绍兴诸暨也有很多山茶油。类似的情况云南都没有重视——采取新的品种和农业技术，使原来不被人看好的地方特色种植养殖业，经过现在的新品种和技术改良反而取得很好的效果。所以现在很多村里面中老年农民的收入不但不低，可能比子女在外面打工得到的收入更高，这就是所谓的小农。这种小农利用本村特色的资源，使传统的产业焕发出新的生机。嘉兴地区的很多农产品也很符合现在生态农业的需求，包括小龙虾都做起来了。

第二个角度是农创客，即返乡创业群体。这两年浙江省提出了农创客，指从事农业产业和文化创业方面的返乡人群。前几年浙江提出“两进两回”，“两进”就是科技进村、工商资本进村，更多的是像返乡大学生这些人，叫作农创客或者青年农创客，这些人回到乡村，主要做民宿业或者农家乐。民宿业在浙江很多山区形成非常好的特色，浙江丽水民宿业的发展比较好，其实都是农创客回到乡村来开展特色的产业发展。民宿和乡村旅游有一些差别。依托于民宿走到3.0、4.0版本，为了使民宿有稳定的客源，农创客曾经通过小学生、幼儿园的“小手拉大手”把民宿开展起来。尤其是为了减轻疫情带来的影响，农创客又向前推了一步，做依托于民宿乡村的特色产业，做一些特色农产品的网上销售及通过文化创意来形成产业链，形成了乡村一二三产业融合。

这里举一个例子，宁波奉化区上亭镇有一个叫赵杰的搞了一个美好农创园，那里是一个传统种草莓的村，卖草莓仅仅是季节性的，上市之后有很多卖不掉，他通过文化创意、文化包装包括产品的加工，把草莓的全部产业链条延伸了，取得良好的效益。另外，农创园大部分的农田只能种粮，他依托水稻种植让小孩子体验农耕文化，特别是从前年开始，结合教育部和农业农村部开展的劳动教育，把劳动教育定位于农耕文化教育，依托水稻田把一系列的活动开展得有声有色，很好地把一二三产业串联起来，而且经过分工，规划了村民干什么，农创园干什么。

第三个角度是村集体，集体经济的产业发展。前面张老师提到了，农业农村部这几年在推乡村产业，集中推动股份制改革，集体经济股份制改革主要是盘活资源、资金和资产。如何盘活，很多地方没有破局，浙江省围绕集体经济培育了很多的产业新业态，特别是这两年农村集体通过发展经济把原来的债务去掉，消除村集体经济薄弱村，有效壮大村集体经济。不同的村有不同的办法，比较有特色的是杭州市的乡村运营师或者乡村职业经理人。围绕如何把村集体的“三资”（资金、资产、资源）盘活，或者如何把乡村经营好，首先是化债、削薄，然后壮大，他们现在在做村落景区化。现在有一个新的职位——乡村运营师，整个余杭区政府出资招聘职业经理人、乡村 CEO，由他们招聘的专业乡村职业经理人和村集体或村干部一起探索如何把村庄的集体经济盘活。例如余杭永安村招聘了职业经理人团队，永安村本来也是一个粮食生产功能区，只能种水稻，没有发展前景，整个村集体经济比较薄弱，但是这两年引进了乡村职业经理人，尤其是乡村职业经理人和村干部搭配得比较好产生了新的反应，各地去参观的团队是非常多的。因此，在这个基础上，浙江省提出了一个新型的名词，叫作学习型经济，即培养各式各样的新业态。这个村庄不断推陈出新，包括发展数字化、智慧化的教育，甚至把开在义乌市里面的幼儿园搬到村里，整个村庄的“三资”完全盘活。从这也可以看出，每个村庄都有可以利用的资源，就看怎么利用。传统的村干部没有新理念、没有足够的能力、没有新技术，招聘专业的管理团队和村干部融合起来可以探索村集体经济如何盘活、发展，这个是第三类产业主体。

最后一个是工商资本。起初工商资本下乡时仅仅承包废弃房子从事民宿业，这两年更多有实力的企业开始发展规模化农业，不仅仅是单纯的土地面积或者农产品养殖规模扩大，而是数字化、智慧化。浙江省农业用地以山地为主，山地农业如何发展？靠数字化、智慧化。杭州滨江区有一个民咖会农业集团，这个民咖会农业集团是 10 年前成立的，起初也是搞传统的规模农业，现在已经发展到在全国各地有很多生产基地，他们的生产基地不仅仅是作为供应基地，而且是通过农业科技专家来指导当地农民怎样种植、种植什么农产品、如何生产农产品，做到精准化的服务，其中也依靠数字化、智慧化。浙江省尤其是杭州市围绕数字化农业出台了一系列的政策，企业就把它们很好地贯彻执行起来。如何将脱贫攻坚和乡村振兴结合起来，如何促进小农户和现代农业有机衔接，这个集团有效做到了，他们通过企业把小农户连接起来，另外一头对接城市的消费力，企业很多的门店已经开到杭州小区的生鲜超市里了，两头都可以对接起来。

浙江省近几年乡村新业态发展，按照战略规划里的话就是充分挖掘乡村的多种功能和农业的多元价值，从单纯的卖产品向卖生态、卖风景、卖文化、卖体验转变，势头很好。以上是我简单从乡村产业的4个主体向各位汇报，谢谢。

董强（主持人）：非常感谢鲁可荣教授，鲁教授分享的内容不仅鲜活，而且非常丰富，给我们讲清楚了浙江的农业为什么发展快。村民、农创客、村集体和工商资本4个主体在政府的支持下，在乡村里主动作为，带动了乡村的升级和快速振兴。接下来有请熊春文老师，熊老师研究农业农村社会学，包括城乡社会问题，请老师从乡村产业发展逻辑去谈一谈如何看待现在乡村的新业态不断涌现，包括刚才介绍的浙江已经形成了规模。

熊春文：我从两位老师的演讲中学习到很多，之前没有认真地从理论上思考这个问题，今天受到很大的启发，董老师给我的任务是从乡村产业发展的自身逻辑或学术理论脉络上对其规律性东西进行讨论。

做乡村的新业态，首先应该从历史的视角理解，我们通常的理解认为乡村新业态是城市的产业如何向乡村转移，因为原来的乡村似乎只有比较单一的农业第一产业。我认为这个想法可能有误导性，不是简单的城市产业向乡村转移就是乡村新业态的发展。这个说法当然也有当前的时代背景，因为城镇化之后，很多城市的产业聚集可能引发劳动力的问题、各式各样的成本问题、污染问题等，需要向乡村转移，这种情况带动了乡村新业态的产生。但是我认为这样的说法是明显短历史的视角，如果从非常长的历史时段来看，工业化城市的文明才三五百年的历史，农业农村的文明至少上万年的历史，也就是说在没有城镇之前，乡村是一个完整的自足的产业发展样态，可能没有信息文明的样态，但是产业雏形是有的。与其说乡村产业是城市的产业往乡村的转移，不如说是某种意义上的回归，或者更周全的讲法，是一个辩证法的“合题”。

鲁老师说中国的乡村发展有三个阶段,从乡土中国到城市中国再到城乡中国。未来乡村产业的发展和新业态的增长应该是在城乡中国的格局下,在城乡融合的新业态的背景下,乡村有更广阔的产业基础,这个更广阔的基础就是城乡的要素之间、资源之间有一个更好的互动和联动,相互促进。刚才鲁可荣老师讲的浙江情况,这样一种城乡中国的状态会让更多的人参与到乡村的新业态、新形态,惠及更多人发展。

刚才张老师讲到的数字中国的建设、物流的建设,都可以让乡村的资源变现,同时也滋养了更多乡村新型的产业和产业相关的从业人员,我想刚才讲的很多浙江案例都是这样的。现在中国大约有 55 万个村庄,至少淘宝物流没有建到每个村庄,很多地方只到乡镇一级。如果每个村庄都建有淘宝店,一个淘宝店养 10 个从业人员,加起来就是 500 多万人。乡村最大的资源是好山好水好食材,意味着所有乡村的好东西可以让所有消费者以最便捷的手段获得。仅这一点,除了淘宝店本身的建设,很多其他的乡村产业,包括相应的基础设施建设、新媒体产业、创新创业人员,都可以发展起来,进而带动整个中国的发展。

这是我想讲的第一点,也可以说是产业发展的规律。中国可以进入一个不是原来的只以城镇化、城市化,尤其是以工业化、大城市化为导向的发展路径,也就是如果进入城乡中国建设新阶段的话,会给乡村新业态的产生带来很多契机,这个是历史的视角。

另外一个不大成熟的想法,我想什么产业可以在乡村生根发芽?什么产业可以成为乡村发展的新产业?我从理想上或者理论上讲,所有的产业都可以在乡村生根发芽,只要改变原来单纯从大城市化角度思考发展路径的思路。乡村和城市区别的最大特点是共同体,最基本的是自给自足,是“足”,是全的,乡村功能满足任何一种产业形态。城市文明之前,所有政治、经济、文化、社会、教育都在乡村。中国古代最好的高等教育书院在乡村、在山区,今天西方世界最好的大学很多都在山里,比如耶鲁大学,耶鲁在两个山之间的一个小镇 Newhaven(纽黑文),纽黑文这个小镇大家可能都不怎么知道,但是一定都知道耶鲁大学。这个非常著名的文化、教育高地的周边就是农场,这就是城乡一体化的存在。我想未来的中国也应该是这样一种状态。好的教育设施可以建在乡村,甚至山村。刚才鲁可荣老师讲的学习型经济很有意思，它建好了可能会变成比如说井冈山干部学院、乡村干部学院，或者全国乡村产业的创业团队和创业人员到那里去学习怎么创业，变成创业学院。大学一定要在城市里面吗？不一定的，我想乡村可以提供很多很好的场地和很多新的资源去承接我们原先认为应该在大城市聚集的产业。再比如将来的康养业，康养业在城市是因为好的医疗资源都在城市，随着智慧医疗的发展，为什么不在好山好水的乡村发展？我们的城堡、庄园都是非常好的康养圣地。我们现在主要停留在吃饱、粮食安全层面，随着现代化程度的提高，生活品质、健康营养要求会越来越高，乡村应该有非常好的资源禀赋条件承载以食品安全为主题的产业，那么它和健康、养老合在一起，我认为会形成非常多的新业态。因为中国的老龄化趋势，将来养老一定是最大的产业，这些产业都有可能在乡村扎根。

但是这个是在理论上讲或者理想上讲，实际上中国非常复杂，要考虑现实的条件，比如浙江东部、沿海地区的新产业样态和发展，和西部山区，西北、西南都不一样。在与城市的距离、区域形态、地方特色、作物结构、老百姓的生活方式和社会传统等方面，甚至中国非常复杂的民族传统、宗族传统都是不一样的。从农业社会学及更广的产业社会学方面来看是一样的道理，所有的产业要在乡村扎根，不仅要考虑政策、资金、技术的问题，还要考虑和当地基本的社会文化传统融合扎根的问题。

我觉得这可能是一个比较要害的问题，因为中国太复杂了，不同的地方一定要因地制宜、因人制宜地发展，不论什么样的新业态。这个过程有很多规律性的东西需要探索。我就说这些吧。

董强（主持人）：谢谢熊春文老师，熊老师从历史和乡村共同体两个维度谈了新业态在乡村发展中的社会学逻辑，可以引起我们更好的思考。今天非常荣幸，李教授也来到我们讲座的现场，我们请李小云教授做一些简单的观点分享。

李小云：我认真地听了三位教授的发言，特别感谢。我今天刚从云南回来，好久没有这样的感觉，作为乡村的实践者，在听我们讲的政策及实践和理论的东西，和村民村干部的感觉一样，这些东西现在对于我来说特别陌生了，因为不做这方面研究，所以我今天特别认真在听，关于新业态的问题，大家讲得也是特别好的。

我现在在云南百分之七八十的时间都在村庄。大家讲的几个问题，一个是乡村，对于乡村的业态和乡村产业，以我的实践角度来说，快速的工业化、城市化导致的转型使乡村的稀缺性不断呈现，乡村的稀缺性不断呈现之后，乡村价值就呈现了。刚才熊春文讲城市到乡村没有这个，因为城市很难到乡村，淘宝到我那个村子里是不可能的，产业链需要条件，所以把城市的产业弄到乡村去不是乡村新业态。乡村所谓的业态、乡村的产业，与经济服务各方面的条件都有关系。

我们今天讲乡村新业态，是一个特殊的社会学含义，主要指乡村的相对稀缺性，所以我们到乡村是去看乡村的，不是消费业态的。在乡村里建民宿、咖啡店，那是为了让人去看乡村，而不是到乡村消费的。今天讲业态问题，它就是新的城乡关系发展使乡村的功能发生变化。乡村功能变化使乡村的经济功能空间扩大了，过去是生产农产品，现在是休闲、康养。乡村的经济空间、经济功能拓展了，拓展的同时我们需要加进另外一个含义，经济功能拓展和乡村人口收入挂钩，形成了今天讲的产业。和居民收入有关系的，就称为产业了。这样我们把一二三产业融合起来，这样延伸出来了，我觉得是一个新的特点。

我的提法第一个是稀缺性。最近提得比较多的是城市动能，城市动能到乡村后通过这些业态把动能转变为城乡融合驱动乡村振兴的动力，乡村振兴必须以城乡融合的角度来实现。乡村是不可能通过乡村解决乡村问题的，因为乡村问题是一个现代化的问题，乡村本身不存在问题，中国乡村出现的时间比城市早，它自身并不是问题，问题是对照现代化凸显出来的。

第二个就是城市动能的问题，最近提法叫作在现代化的语境下，推动乡村振兴。很多人觉得我是现代化推动者不太主张农村问题农民自己解决，这个解决不了，乡村的问题不可能要乡村自己解决，必须在城乡互动的过程里面，要素必须流动起来。

第三个是历史性问题。乡村的新业态发展是比较复杂的，乡村的业态一定不是把城市过剩的产业转到乡村，而是要滋生新的东西，这个是历史性的。我们讲的历史，就是把现代化、乡村城市看作历史，我们今天看的乡村是踩在历史起点上来看的，不存在复兴的问题，我反对乡村复兴思想，我也不喜欢乡村现代化、乡村工业化这些概念。今天我们站在新的起点上，这个新的起点上未来的乡村就不再是我们想象中的乡村，它一定是一个新的乡村。所以我提出了三个方面，再造一个新农业，再造一个新乡村，再造一个新农民。我们踩在历史的起点上去面对未来的新乡村。乡村是无序的，不在现代化轨道上。相比于英国、德国，中国乡村最大的问题就是一直不在现代化轨道上。我们很多同志觉得乡村在现代化轨道上，我不太同意。中国的乡村被现代化遗忘掉了，既没有现代化规划，又没有系统的东西。我们不可能让乡村变成过去田园那种美景。

所以我想未来的乡村涉及这三个问题。三位讲得特别好，特别希望专家们可以到我的村庄里面现场去看。

熊春文：学习型经济。

李小云：现在第一个想法是村庄真的可以美一下，村庄像个村庄，让村庄的基础设施和公众服务与城市更加拉近。不拉近是不行的，我们建的就是乡村，我刚做咖啡店时觉得根本不可能，现在咖啡店变成了最赚钱的。我们三个村庄从 7 月营业到现在核心业态营业额已经达到 100 多万元了，全部配套了乡村 CEO。乡村本身做这个就是在推进现代化过程，乡村本身是不适合的，技能、社会结构格格不入，改造的过程是非常难的，不能一次性全部改了，要慢慢来，不能太剧烈，要容忍失败。有很多人问我为什么这么做，我不是为了成功去的，我就是为了做个实验看看。我不是凡尔赛，我每天等待失败，失败是很正常的，总的来说，昆明 6 个村庄，大家去看看，我们已经做了两年多，做得挺好的，谢谢大家。

董强（主持人）：谢谢李老师，结合云南的实践讲出了他对于乡村新业态比较接地气的理解。因为时间有限，接下来有请张老师、熊老师、鲁老师对乡村新业态现在的挑战和未来的前景简单说一下各自的观察和思考。

张照新：刚才听鲁可荣老师、熊春文老师和李小云老师的发言特别受教育,特别是李老师的视角给我很大的启发。刚才我是从政策的角度讲了促进乡村产业发展的逻辑,从我的角度来说,乡村新业态发展困难在哪儿,和我们的理解有关系。刚才熊春文老师讲乡村产业发展历史逻辑,我认为可以从三个视角看乡村产业发展。第一个视角是乡村产业新业态实际上是乡村多元价值的体现,或者是一个载体,因为乡村的价值体现在业态上。第二个视角,乡村业态的发展是乡村的资源与现代要素如资本、技术与城市的理念、建筑、文化、艺术优化配置的过程。第三个视角,从过程、主体的角度来讲,乡村产业的发展过程是各种主体不断筛选、优胜劣汰的过程。从这个角度来讲有很多困难,缺人才、资金、基础设施,缺的多了。我要讲的和李老师讲的内容有点类似。乡村业态的发展是乡村的传统资源和现代要素结合的过程,乡村业态要发展一定要城市的资本、技术、理念进入乡村。但是现在根本的问题在于乡村的改革不到位,集体产权改革、宅基地改革,很多改革制度还是二元结构的思维。城市的人到农村能有宅基地吗?还有产权保护等,这个是一个角度。制度改革不到位是很多城市人才和资金没有办法进入乡村的原因,李老师讲到乡村如果按照现代化角度建,农民是建不了的,现代要素一定是城市人群去做的。第二个是这些困难是优胜劣汰的过程,发展过程当中有些人肯定要失败,失败表示有困难,这个是一个过程。所以我觉得乡村发展产生问题的原因,一是改革不到位,二是在发展过程中很多理念、思维没有转变,刚才李老师讲得特别好,这个是对困难和挑战的理解。关于未来的前景我觉得李老师说得很清楚,乡村是稀缺的,未来多元价值一定会体现的。随着农村规模经营发展,产业会分工分业继续深化,我觉得农业未来是服务型农业,一定是各种现代化服务组织、产业链很多环节都会到农村去。未来消费的升级、技术的引进分工分业一定会持续发展的。

董强(主持人):谢谢张老师,言简意赅地讲出他的观点。

鲁可荣:杭州余杭永安村有乡村运营师,李老师所处的永安村应该说是运营的比较好的。杭州的淳安县下江村,是习近平总书记在浙江当省委书记时脱贫攻坚的村,这个村前年由政府主导请了一个乡村运营师,但是人不到一年就走了,因为觉得没有运营成功。永安村的刘松团队应该说运营得比较成功，更关键的是，永安村的书记兼主任本身是做企业的，他回到村里担任村书记，说要给他配乡村运营师，这个乡村运营师必须懂乡村，是相关专业的，要有实操经验，否则不要，而且乡村运营师和村两委搞不好反而影响不好。在他的坚持之下，刘松应聘，他们形成了非常好的运营模式。

乡村运营过程中，如何把乡村本土性的东西和外部数字化、社会化的手段及引流这一块儿融合起来？像李老师刚才提到的，他的水稻还是水稻，但是加上运营团队的数字化、智慧化场景后，呈现出来一米多相当于 Logo（标识）的形式，是非常有吸引力的。

另外一个义乌的村，他们的村书记学习我们如何在村里办培训学校，我们商量后提出了所谓的学习型经济。这个村比较发达，全国各地的干部们学习培训，要消费，这个是学习型经济，属于新的业态。他借用自然教育的理念，像我前面说的利用村里修高架桥、开幼儿园，把城里的小朋友吸引到村里来，利用商业资本开了一个幼儿园，包括义乌市或者外面家庭条件比较好的反而送到这样一个幼儿园学习，从小体验生态教育。他原来种薰衣草，现在不能种经济作物了，基本只能种水稻，这两年他搞了一种株高很高的水稻，观赏价值比较高。他不断地在开拓，到他的农村来肯定有东西可以学习，不论是培训学习，还是自然教育学习。村里还有银行、老年大学，到农村来所见、所看、所闻都是新鲜的东西。他利用网络、数字化不断开拓学习型经济，比如利用大数据开展了小孩子学围棋的人机对话，不断开拓乡村可以学习的内容、方式，使得乡村充满了魅力，让城里人不断过来。该村书记当时回到村里，坚决不办工业，想要把乡村文化发挥出来。

这两个例子进一步说明，我们的乡村运营到底是运营什么、谁来运营这样一个问题，就这样做一个简单的汇报。

董强（主持人）：谢谢鲁可荣老师，谁来运营，运营什么，讲得非常精练，最后请熊春文老师分析。

熊春文：我最后讲的中国的乡村新业态发展的一个很核心的问题，是产业深耕的扎根问题。中国地大物博，产业深耕面对各个地方非常复杂的乡土民情，以及城市化、工业化的基本状况。扎根这个讲法可能会引发误解，我反对乡村新业态就是外来的产业引进到乡村去，乡村从无到有新增一个产业的这种说法，最重要的应该是这样的理念，就是产业要从乡村自身的条件基础上长出来。我们讲产业，其实产业就是老百姓的生计方式，他们经济生活的一部分，但是经济生活是乡村生活总体的一部分。我很同意刚才李老师的判断，现在乡村产业发展的生长点是因为乡村变成稀缺品。这个是有现实基础的，官方公布中国现在接近65%的城市化率，现代中国绝大部分人的原生体验不再是乡村体验，而是城市体验，甚至是虚拟生活体验，没有人与人之间的基本互动，没有脸对脸的互动。

所以在这个意义上乡村提供了一种现实、有机、生态生活的原型，乡村的价值在这儿，产业紧紧围绕这个，既是挑战也是前景；做好了是一个非常好的未来生活，既有虚拟的、便捷的城市化品质，同时也有有机生态的两栖生活方式。如果这种未来的乡村生活成为现实，说明中国式现代化的路径是值得期待的。

费老在晚年讲过，中国城镇化为什么不像西方的圈地运动，大城市、大工业、大聚集导致单向度发展，是因为中国有很好的路径，就是当时的小城镇建设，是离土不离乡的模式，今天我们讲乡村振兴，是新的城乡中国时期的重新出发，我就说这些，谢谢。

董强（主持人）：谢谢，我们今天的对话就这样圆满结束了，特别感谢张照新老师、鲁可荣老师、熊春文老师，同时感谢李小云老师，感谢唐丽霞老师参与我们的对话。今天的对话非常精彩，期待各位老师继续关注我们这个系列的活动。今天活动到此结束，大家再见。

〈结束〉

六、文化振兴:传统与未来

主持人

唐丽霞:中国农业大学国家乡村振兴研究院副秘书长

对话嘉宾

李俊清:中央民族大学教授、国家安全研究院执行院长

李先德:中国农业科学院农业经济与发展研究所研究员

关　凯:云南大学民族学与社会学学院院长、教授

时　间

2022 年 10 月 28 日(周五)19:00—20:30

对话简要:

乡村振兴国家战略背景之下应如何感知乡土文化?在由中国农业大学国家乡村振兴研究院发起、与全国乡村振兴高校联盟秘书处共同举办的《中国乡村大讲堂》活动中,中央民族大学教授、国家安全研究院执行院长李俊清,中国农业科学院农业经济与发展研究所研究员李先德,云南大学民族学与社会学学院教授关凯围绕文化振兴中乡村文化的内涵和外延及其表现形式、如何保护和传承乡村文化并实现其价值的提升和拓展、乡村文化如何转变为乡村振兴可以充分利用的资源等话题进行了精彩的观点分享与实践对话。本次活动由中国农业大学国家乡村振兴研究院副秘书长唐丽霞教

授主持。

李俊清教授通过对中国文化历史脉络的梳理，重点分析了历史文化在乡村社会治理中的重要连接作用，同时从类型学的角度将中国传统文化大致分为两类：精英文化与大众文化，而大众文化主要是农业文化。李教授指出传统农业文化在现代社会面临着重大挑战，现今的乡村文化脱胎于农业文化，但不等于农业文化，其内涵更加多元，从广义上讲是游子对家乡故土的文化记忆，是对乡土景观和农村文化的怀念。这样的情感是根植在每一个中国人心中的文化烙印，同时也是中国乡村振兴的重要情感驱动力。随着现有乡村文化实践的逐步丰富，不同的村庄禀赋、不同的文化基础，展现为乡村文化的千姿百态，需要更加多元化的群体参与、研究与总结。在针对乡村文化的功能和作用上，李教授指出文化作为观念形态具有多重性，既可以物化体现在建筑、雕塑、绘画上，又可以指导人的行为，同时也可以体现在乡村场域内对意识形态的引领、伦理道德的维系和价值体系及目标的确定之中。在对乡村文化建设度的掌控上，李教授建议政治文化要防止空洞化、社会文化要防止商业化和文化娱乐要防止低俗化与庸俗化。

李先德研究员围绕什么是农业文化遗产向听众介绍了我国国家级与世界重要农业文化遗产的概念和内涵。中国农业文化遗产大概可分为九个类型，包括农田景观类、复合类、农作物品种类、蔬菜瓜果类、茶叶类、林果类、特产类、农田灌溉类和动物养殖类。其中主要强调农业文化遗产当中所蕴含的古老的农业智慧、活态性、对小农生计的辅助作用与可持续发展等特性，特别是农业文化遗产中所反映出的农耕文化和社会组织与当今社会中乡村振兴文化密切相关。用好现有农业文化遗产，应建立在对农业文化遗产的深刻认知之上，以传统农业遗产为基石，因地制宜，拉长产业链条，拓展特色传统农业外延与内涵，与消费者和市场建立有机合作系统。

关凯教授以乡村文化现实状况为切入点，总结了云南省在基础设施建设带动下，从文化性资源到产业性资源的成功转型与变迁历程。关教授认为云南是从生计经济向市场经济转型的成功案例，同时也是对基于多样性的、资源丰富的地方社会和文化资本的成功利用，而拥有多重身份属性的农民的重新集聚方式成为当今乡村社会发展过程当中的关键要素，并正在引导村庄场域内发展的新的裂变。在文化资本产业快速发展的现在，关教授提醒，农村社会发生的功能性衰退，其背后重要原因之一，是非产业化的农村文化正在转型，现代农民已不是自给自足的农民，而是努力融入一个更大的与城市相关的文化系统中，但在这个过程中，他们往往成为现代文化体系中的底层群体。

对话全文：

主持人（唐丽霞）：各位老师、各位同学，大家晚上好！特别高兴在星期五晚上，《中国乡村大讲堂》的对话系列又如期和大家见面。今年国家出台了新的政策文件，以县域为载体推进新型城镇化，城乡融合的发展构建新型的城乡关系成为我们现在谈乡村振兴、乡村发展面临的新的国家背景，在这样的背景下，中国农业大学在云南省做了很多个都市驱动型的乡村振兴创新实验，在怒江、昭通等都有各种社会政策的实验。

在这个过程中我们也发现城乡之间要素的流动，城乡之间发展动能的转变既具有新的特点，也有过去传统乡村资源的要素。城里单向度的流动现在慢慢开始有了双向流动的趋势。这样的发展趋势，实际上既为我们乡村的发展和乡村的转型带来了新的产业选择，也带来了新的发展机遇。

基于此，我们发起一系列政策对话，主要围绕城乡融合、城乡动能双向流动展开。之前讨论过资本下乡、乡村新业态培育等，今天我们来谈谈文化振兴，我们给它取名为“文化振兴：传统与未来”。

文化振兴是乡村振兴五大振兴里重要的目标之一，文化资源也是乡村振兴的重要依托，那乡村文化的内涵和外延是什么？有哪些表现形式？如何保护和传承乡村文化，不断实现文化价值的提升与拓展？乡村文化如何转变为乡村振兴可以充分利用的资源？我们这次的政策对话将围绕这些问题展开。

非常荣幸邀请到三位专家参与今晚的对话和交流。

我们首先邀请的是中央民族大学二级教授李俊清，他也是国务院特殊津贴专家、国家民族事务委员会突出贡献专家、国家民族事务委员会的领军人才，兼任国家社会科学基金的学科规划评审组专家，全国公共管理专业学位研究生教育指导委员会第三、第四届委员。特别感谢李教授接受我们的邀请来参与今天的讨论。

我们邀请的第二位专家是关凯教授，他现在是云南大学民族学与社会学学院的教授、院长，主要研究领域为民族问题、民族主义与族群政治，主持国家社会科学基金重大项目等一系列的基金项目，也特别感谢关凯教授的支持。

我们邀请的第三位专家是来自中国农业科学院农业经济与发展研究所的二级研究员、博士生导师李先德教授。李教授本来是做农业经济学的，之前是特别著名的农业经济学家，他开拓了一个新的领域，现在他是联合国粮食及农业组织(以下简称联合国粮农组织)全球重要农业文化遗产科学咨询小组的副主席、联合国粮食安全问题高级别专家组委员、农业农村部全球重要农业文化遗产专家委员会副主任委员。邀请李教授来参加对话，主要是考虑他在农业文化遗产方面的贡献。前一阵《新闻联播》还专门播放了一条新闻，介绍中国现在农业文化遗产立项的情况。农业文化遗产在文化振兴的新时代可以发挥更大的作用。

特别感谢三位专家接受我们的邀请。那我们今天的对话正式开始，我想问李教授一个问题，我知道您去过很多地方，您有没有发现过文化助力乡村振兴的案例？给您印象最深的是什么？请您跟我们分享一下。

李俊清：谢谢唐老师。在20世纪90年代初村民自治试行条例刚出的时候我写过一本书——《社会主义民主政治的伟大创举——村民自治的理论与实践》。当时“政社合一”体制刚结束，从广罗城开始实行村民自治，联合国等国际组织都很重视，觉得这是依托中国乡村大地的一种新的治理形式，于是我下了很大功夫写这本书。之后较长一段时间，我因为课题研究等时而到农村开展调研，但还没有专门从文化的角度去看农村。

我觉得今天这个对话活动举行得非常及时，而且题目非常好——文化振兴：传统与未来。刚刚开完的党的二十大，在报告里有一个非常清楚的目标，我们下一个百年奋斗目标是全面建设社会主义现代化国家。建设现代化国家有许多工作要做，其中最艰巨、最繁重的任务仍在农村。中央清醒地认识到了这一点，所以乡村振兴特别重要。

那么乡村怎么振兴呢？我们知道从新农村建设到乡村振兴，都是“二十字方针”[①]，但其内涵在不断丰富发展。乡村振兴包括乡村产业振兴、乡村人

---

① 党的十九大报告提出了乡村振兴战略的“二十字方针”，总要求是“产业兴旺、生态宜居、乡风文明、治理有效、生活富裕”。

才振兴、乡村文化振兴、乡村生态振兴、乡村组织振兴五个方面。我们可以看到，原来认为文化是软性的，但这次党的二十大报告把文化与产业、生态、组织等并列，可见中央意识到文化的重要性了。

2021 年 4 月，全国人大通过《中华人民共和国乡村振兴促进法》（以下简称《乡村振兴促进法》），我们实现了第一个奔小康的百年奋斗目标之后，农村脱贫攻坚也就转向了乡村振兴。《乡村振兴促进法》是基础性、根本性的指南纲领。这个法律用一章的篇幅讲文化繁荣，里面第 29 条到第 33 条专门讲繁荣乡村文化政府的责任是什么，乡村文化政策的具体内容是什么，有哪些措施可以保障乡村文化繁荣发展。2022 年 4 月，文化和旅游部、国家乡村振兴局等六部门还印发了《关于推动文化产业赋能乡村振兴的意见》，明确提出了文化产业赋能乡村振兴的总体要求、重点领域、政策举措和组织实施。我们可以看到，从党中央二十大的政治纲领到全国人大的法律法规，再到国务院各部委出台更具体性的政策指导意见，都为乡村文化振兴指明了方向、奠定了基础、提供了保障。

那么，文化为什么这么重要呢？我们经常说中华民族是历史悠久的民族，中华文明上下五千年。这个文明体在这五千年的文明史中其实主要是农耕文明，因为我们进入工业化、城镇化的时间很短，这五千年的文明主要蕴含在乡村里，蕴含在农耕文化里。

我们大量的历史创作、文化景观、乡土建筑，甚至我们的孝道文化，以及我们现在经常提到的“三治合一”中的德治，讲修睦、互助、合作等都是在乡土社会里产生的。我的本科专业是考古学，硕士专业是历史学，到了博士读的是政治学。我们知道中国古代政体是“皇权不下县”，县级以下的乡村社会主要依靠宗族、乡绅等民间组织以道德伦理进行自治，这里的道德伦理主要是传统的儒家文化——天人合一、敬天法祖、慎终追远、父慈子孝、兄友弟恭等。

中国古代过年的时候门上都写对联，一般是“耕读传家久，诗书继世长”。这表明农业社会有两大重要事情，一个是“耕”，一个是“读”。“耕”解决的是物质层面，“读”解决的是精神层面。作为社会人，我们不只是要吃饱，还要解决一系列包括社会秩序、政治架构等问题。“读”其实就是精神文化层面的东西，因为中国古代读不是读的科技，也不是读的社会科学，读的其实是人文。四书五经都是天地、伦理、人文价值的东西，是文化层面上的东西。

五千年中华文化的传统文化大致可以分为两个层面。一个层面是大家耳熟能详的精英文化，诸如思想一个比一个深刻的诸子百家，我们大家都能朗朗上口的唐诗宋词，这些其实都是精英文化。古代识字的人不多，传播的手段也不多，所以文化只在精英里面传播。另一个层面是大众文化，大众文化主要就是农村文化、农业文化。在中国古代，城市的功能各据点不一样，从考古学角度看，唐代的城市不能叫作城市，只能叫城，它是一个城堡，只具有政治统治的功能。市是一个贸易的地方，其实中国的城市具有贸易功能是从宋代才开始的，像大家都知道的《清明上河图》，就描绘了市集贸易的场景。有一位研究者写了一本书叫《坊墙倒塌以后——宋代城市生活长卷》，说中国唐代城市只是政治中心和军事堡垒，中国从宋代以后城市才有了大规模的人口聚集、手工业汇聚及商业贸易。但是小农经济是古代社会的基本形态，所以传统文化主要还是农业文化。

随着现代化的发展，农业文化在不断地消亡。有人说中国每天都要消失80～100个村落。村落消失了，它所承载的文化也就没了，所以这两年国家非常重视。住房和城乡建设部、文化和旅游部、财政部先后出具了6批中国传统村落文化的保护名录，有8 175个村被列入传统文化保护名录。

我们今天对话的题目写得很好，中国的乡村有很多称谓，以前经常说农村，我们知道村是一个人口聚集的区域，农相对于商，它是一个行业、一个产业，所以原来说的农村一定是农业文化。但乡村的乡是相对于城而言的，所以乡村虽然底色是农业文化，但不仅限于农业文化。现在新兴的旅游景观、商业文化、网络文化，包括传统文化的延续等都在乡村汇集，所以乡村文化依附于农业文化，但不等于农业文化。

现在所谓城里人，上面三代基本上都来自农村。习近平总书记讲要让群众望得见山、看得见水、记得住乡愁。其实“乡愁”广义上就是游子对家乡故土的怀念和眷恋，对乡土景观和乡村文化的想念，而且这种乡村文化一定是农村文化。

刚才我说了一个观点，中国人上面三代基本都是从农村走出来的。这也说明了中国的城镇化、工业化时间很短，不像西方已走了几百年的时间。因此，中国人对家乡怀念的这种文化就是乡村文化的重要含义。战国时期，著名爱国诗人屈原在他的《九章・哀郢》里说：“鸟飞返故乡兮，狐死必首丘。”一只狐狸死掉了以后，它的脑袋一定要向着它生长的地方。大家耳熟能详的唐代著名诗人贺知章的诗句“少小离家老大回，乡音无改鬓毛衰”，“乡音无改”其实就是乡土文化赋予的一种文化传承。还有艾青写的《我爱这土地》有两句流传很广：“为什么我的眼里常含泪水？因为我对这土地爱得深沉。”所以古今中外对家乡的眷恋是乡土文化的魅力所在，从乡村流出来的人会对家乡有眷恋，因为他是从这里走出去的，这里是他的根脉。他会感受到为振兴家乡他有自己的一份责任和义务，要发挥自己的聪明才智，运用各种各样的能力去帮助家乡振兴。所以，乡村振兴首先要利用好乡土文化。

当然，现在的乡村文化，既有传统文化的延续，又有我们在革命根据地时候建设的红色文化。中国共产党于 1921 年成立，不同于苏联，中国共产党带领中国人民走的是农村包围城市的道路，农村承载了中国革命，是中国革命的起点，所以红色文化在乡村文化里面也是非常重要的一种文化类型。当然农耕文化依然是主体，就算不叫农村了，叫它乡村，肯定还是农业为主。随着智能化、信息化时代的到来，中国这两年成了互联网大国，智能手机、互联网在乡村也逐渐普及了。网络形成的一些快餐式文化，随着各种各样商品经济的进入，如电商下乡，商业文化也憧憬着传统，二者既在碰撞又在融合。

回到唐老师问我的问题，我确实走过很多地方，就我个人的观察，各地文化助力乡村振兴各有各的招数，因为每个村的地理资源、文化环境不一样。比如说陕西延安冯家营村，它因为陕北秧歌腰鼓有名，现在发展成了“千人腰鼓文化村”。几百年来，人们在黄土高原上扭秧歌，如今这种文化资源已变成一个产业、一个品牌了。贵州著名的旅游景点千户苗寨、肇兴侗寨，都是原来文化理念形成的一种特征。甚至他们的生活形态，包括大家在鼓楼里聚会、讨论问题的文化形态都留下了。还有陕西的华阳古镇、户县的农民画，新疆莎车县的十二木卡姆等，不胜枚举。我走了很多地方，觉得文化千姿百态，每一个村落都有自己的文化灵魂，它不仅仅停留在文化娱乐层面，而是已经转化为我们现实生活中的一种产业形态，在观赏娱乐之余成为一种产业助力乡村振兴。

中国地域辽阔，东西南北文化差异很大，每个地方现在都在释放活力，根据自身的文化特征，形成有自己特色的产业发展方式。文化已经从原来观念形态层面的东西变成我们生活中的实体，成为乡村振兴产业里很重要的一个部分，这是我的一个感受。辽阔的大地上如繁星点点，四面八方都有各自的亮点，都有自己闪光的地方，这确实需要我们去研究、去总结。在下一个百年奋斗目标中，民族要复兴，乡村要振兴，文化在里面起着至关重要的作用，而且我们也有了很好的实践基础，现在需要总结经验，把它发扬光大。

唐丽霞（主持人）：感谢李老师，李老师不管从宏观政策上面的一些考量，还是从乡土文化的内涵、外延，都给我们做了很好的介绍和分享。尤其提到观念形态的变化，李老师您提到的这个问题也是我们今天想要讨论的，怎么把观念形态的文化变成促进乡村振兴或者我们产业发展的实体，承载它的实体能够为我们乡村振兴带来新的动能，形成新的推动力。

刚才李老师提到有 8 000 多个中国传统村落，我们在昆明工作有一个村就是中国传统村落。对于这些传统的古村落，我们不仅要把它保护起来、传承下来，更重要的是让它实现经济功能，把经济功能挖掘出来，这才是文化资源更好地发挥作用的重要方向。

非常感谢李老师的分享，接下来的一个问题是，如果要把这些文化进行赋能变成乡村振兴，您去过的哪些村寨比较成功？做得好的注意点是什么？

我知道农业文化遗产的概念是因为我曾给联合国粮农组织当咨询专家，接触过我们中国的二期项目，里面实际上有一个很重要的板块，就是农业文化遗产，我自己在这个方面没有太多参与，我想农业文化遗产的提法在国内也是这几年开始兴起的，肯定很多人对这个概念、提法不是很熟悉。

您一直在做农业文化遗产评估和研究的工作，请您给大家简单介绍一下什么是农业文化遗产，我们国家都有哪些类型的文化遗产。刚才李老师也提到我们全国各地乡村的文化千姿百态，但有哪些文化能够纳入农业文化遗产的范畴？这是我们第二轮问题，有请李老师。

李先德：谢谢唐老师的邀请，农业文化遗产这个议题现在受到的关注度非常高。昨天晚上我参加了联合国粮农组织开的一个会，他们正在庆祝全球重要农业文化遗产 20 周年。今年 7 月我们在浙江青田参加了一个会，是全球重要农业文化遗产大会，国家主席习近平专门给本次大会发了贺信，里面特别强调了“坚持在发掘中保护、在利用中传承，不断推进农业文化遗产保护实践”。唐老师第二轮的问题也涉及这个，可以看到农业文化遗产受到国家领导人和国际社会的高度关注，因为时间有限我就简单地说一下农业文化遗产。

农业文化遗产实际有两个层面：一是国家级、中国的重要文化遗产；二是全球的重要文化遗产。

我个人感觉农业文化遗产的标准还是挺高的，这涉及我们对重要农业文化遗产怎么定义，涉及标准是什么。联合国粮农组织给了比较完整的定义，是指农村与其所处的环境，长期协同进化和动态适应下所形成的独特土林利用系统和农业景观，这种系统与景观具有丰富的生物多样性，而且可以满足当地社会经济与文化发展的需要，有利于促进区域可持续的发展。听起来比较复杂，简单地说，我们具有古老农耕智慧，并且是一个复合的农业系统。比方说一些熟知的云南红河的哈尼梯田、浙江青田的稻鱼共生系统，还有浙江湖州桑基鱼塘也很有名，也有 1 000 多年历史。

这个文化遗产和联合国教科文组织定义的不太一样，我们农业的文化不管是什么样的，比如云南的哈尼梯田，浙江的稻鱼共生、桑基鱼塘，这些都是一个关联的系统。也有需要付出大量农业生产活动，而且年复一年的，像茶类，有种茶、采茶、制茶等。而像联合国教科文组织说的长城、故宫，基本上是几百年、上千年遗留下来的不能动的砖瓦。

要成为国家级农业文化遗产，根据农业农村部一些相关的文件，有 4 个特性：

1. 历史性。指这个系统以及它所包含的物种、知识、技术、景观，在我们中国至少有 100 年以上。

2. 系统性。具有重要的物质和产品的生产功能，生态系统的服务功能，还有完整的土地水利用系统。

3. 持续性。这个系统通过自身的调节机制所表现出来的应对气候变化和自然灾害的恢复能力。

4. 濒危性。在过去几十年处在不断下降的状态。

联合国粮农组织有一个科学咨询小组，实际上就是一个评审小组，我在这个小组当副主席。我们在评审时遵循下列 5 个评判标准：

1. 文化系统对粮食安全和小农生计的作用。这个粮食是广义的，比如可以是蔬菜也可以是茶，但这个茶能带来收入，改善小农的生计，用来购买他所需要的食物。每个系统会表现出它所独有的作用。

2.农业的生物多样性和多功能性。我们说这个系统不是指某一个东西，说茶不是指茶本身，还有茶树的多样性、茶所赖以生存的周围环境、动植物等，丰富的系统环境可以提供多种功能。

3.相关的农业种植知识和技术。这实际上可以挖掘我们过去比较传统、古老、有智慧的东西。大家可能读过一本书，是美国的一个土壤学家100多年前写的，讲的是东亚，包括中国在内的一些国家对土地的管理。像对水的管理，云南的红河哈尼梯田对水有一个刻木分水，中央电视台专门做过一期节目，讲这个水是怎么分配的。西南以前有几年大干旱，但哈尼梯田运转得不错，就是因为对水进行了精准的分配。刻木分水由当地的长老和用水人协商，根据水的流量和需求在木头上刻，刻的不一样，刻大一点水流就会大一点，很精细。

4.农耕文化和社会组织。这里面和我们所说的文化狭义的理解密切相关，比如说与农业和农村生产活动相关的民歌、信仰、习俗、礼仪等。

5.跟土地利用相关的景观。我们这些景观都不错，像哈尼梯田等之类。

由此可见，要成为全球的农业文化遗产，基本的五个条件需具备。相比于其他地方，这个系统必须具有全球的独特性和典型性。现在农业文化遗产全球有18个，因为这个工作最早从全球开始，过了几年以后我们农业农村部专门在2021年开始启动中国重要农业文化遗产挖掘工作。我们目前评选出来6批138项，这138项农业展览馆两年前专门做过几个月的展览，并进行了分类，当时也出了一个册子，我把分类的情况给大家介绍一下。

我们中国农业文化归纳成9个类型：

1.关于农田景观类。像哈尼梯田和2022年5月20日通过的河北的涉县旱作梯田，这是第一大类。

2.复合类。像浙江青田的稻鱼共生。稻和鱼共同生长、相互促进。

3.农作物品种类的农业文化遗产。比如北京的京西稻、天津的小站稻。

4.蔬菜瓜果。比如安徽有个铜陵白姜的生产系统，现在也正在申报全球的文化遗产。

5.茶叶类。这个类别里算比较多的，我们归纳总结了一下大概有16项，我参加5月的评审及7月的全球大会后，光明网、人民网有一些采访，大家有兴趣可以找一下，采访说得比较全。比如铁观音、福鼎白茶、西湖龙井都属于这类别。

6. 林果类农业遗产。比如河北宣化的葡萄园，在城市中建了一个似“漏斗”形的葡萄架，这在世界上是独一无二的。

7. 特产类。比如宁夏的枸杞种植系统。

8. 农田灌溉类。像非常有名的新疆吐鲁番坎儿井。

9. 动物养殖。2022 年我们刚刚通过内蒙古阿鲁科尔沁的一个草原游牧系统，这个系统人类的干预活动就比较少。

唐丽霞（主持人）：谢谢李老师特别系统地给我们上了一课，普及了农业文化遗产的知识，虽然我跟李老师认识很长时间，也经常聊到农业文化遗产，但今天第一次听到这么系统的介绍。李老师刚刚提到了不少文化遗产种类，大家看看有没有合适的类型可以去挖掘，因为全国的重要农业文化遗产包括全球的重要农业文化遗产，它们所带来的品牌效应是非常明显的，再次感谢李老师。

关老师，您在昆明工作过一段时间，我们知道云南省是我国少数民族聚集最多的省份，有 26 个少数民族，请您谈谈民族的文化和乡村振兴融合成功的做法或者一些案例，给我们大家一些启发。

关凯：谢谢唐老师，回答这个问题之前，我觉得你这个题目很有意思，“文化振兴：传统与未来”，那现实去哪了？我来谈谈现实。

这个题很大，怎么解这个题，如果从民族文化和乡村振兴之间的观念上说，我认为云南做得最好的是文化产业的发展。这些年云南的文化产业有蓬勃的发展得益于一个特别好的物质前提条件，就是这些年我们的基础设施建设，不管是信息化、互联网、高速公路，还是物流、信息流都在持续向好。

云南是一个特别奇特的地方，它是山地，整个植被是立体分布的，而云南的民族也是立体分布的，你看分布图就会发现它是叠加型的。在这样的自然文化环境中，有了高速公路和互联网之后，乡村社会原来的文化性资源——当然不止非物质性的资源，还有物质性的资源迅速转变成产业性资源。资源对文化的影响本身有一个反作用。

我们先讲文化产业的发展，其实云南的文化产业有很多种，一般来说是基于传统的采集、传统的种植业等行业，比如蘑菇、野生菌、茶叶、咖啡这类特色作物等，这些在过去并不是高度市场化的行业，但今天已实现高度的市场化，而且很成功。

另外，它有一些非物质性资源，比如手工业加工技术等，珠宝玉石不用说了，像银器、铜器、陶器等，在传统的岁月里都是民间工艺。但在今天，它通过乡村振兴，形成各式各样一村一业的形态，也形成了很多特色小镇，发展得非常好。

当然云南是个旅游大省，和旅游业相关的我就不单独说了，我讲一点分析性的东西。在乡村振兴里云南有一个非常积极的地方，它的生计经济在农村直接转化为市场经济，这是一个非常积极的经验。

当文化产业发展起来的时候，整个乡村不管是文化、生活、社会、组织结构等都会随之发生变化。但首先是基于本地化的文化资源，比如某种细分的手艺，没有这样的产业基础无法形成产业聚集，不管多大规模。乡村振兴这样就显得比较空洞，因为可能首先要解决人口问题，而现在大多数乡村已经空巢化。所以在云南我们看到核心的问题是云南实际上利用了传统的社会和文化资本。这些资本在现代的条件下很容易转化成一种商业资本，并且非常容易和外部展开合作。比如鹤庆的银器，今天已经办成高度市场化、成规模的一个生意。

这个过程里，当我们讨论文化时会发现，有些重要的文化决策在这里面出现。特别有意思的是一伙人，也就是当地的农民，开始和商业相结合，所以他们变成了兼具农民和商人双重属性的一伙人，而且没有离开乡土。当然在每个村庄里面，在产业集聚里面，它内部的发展也不均衡，我们不能把它想象成均质化的发展。会有一些成功在本地社区里长出来的商人，不管是茶商还是银器手工艺的传承人，实际上集聚了很多的资本。这样的乡村在经济形态上已经大为改观，它已经和我们过去文献里读到的传统社区完全不一样了。

因此，我觉得云南的文化产业是一个值得观察的案例。

唐丽霞(主持人)：谢谢关老师，我在云南工作了两年，我特别赞同关老师提到的，云南其实有独特的优势，就是这种文化的优势使它直接转化成为产业经济。因为疫情的关系，对于文化的典型案例感受并不是那么直接，但今年彝族的火把节——这一村庄里面的文化活动带来的人流量，呈现井喷式的情况，我当时觉得挺震撼。

在这种情况下，我们很多有少数民族文化传统的地带，较为容易实现刚才李俊清老师提到的观念形态的东西。它其实不仅是观念形态，也有一些实体性东西的承载，再加上一些现代性的嵌入，比如基础设施、基础接待能力。这种文化能够让所有的人无障碍地接近它、触摸它，这样其实就是一种文化资本向商业资本的转变，特别感谢三位老师从不同的角度谈到。

在交流过程中我们会发现文化在乡村振兴里面不仅仅是目标，很多时候也是一种手段，是一种资源，是一种承载。在这个过程中文化对于乡村振兴来讲，刚才李老师也提到的，农业产业的确是我们乡村发展和乡村振兴产业的核心依托，但是在文化赋能后，乡村产业业态形式就可能会变得多样化，和市场的连接性也会更强。

在这样的背景下，在这样的过程中，刚才关凯老师也提到了文化和乡村振兴与我们现在的发展，在碰撞的时候它是相互的，它也可能会带来文化的外延和特征的一些变化。怎么用文化去赋能我们的乡村振兴，让它成为乡村振兴产业的基础，有哪些东西是需要注意的？

为什么过去很流行去古城，后来不流行了？经常听到的抱怨就是商业气息有点浓，文化气息被冲淡减弱了。在这样的过程中，我们既要保持文化的传统性，又需要它有现代性，同时不能使它过于现代化。这样一个度在实践的过程中也是很难把握的，三位老师都非常有经验，李俊清老师去的地方也非常多，怎么能够做到既能够保护它传承它，又能让它符合现代人的需要又不完全改变，这个度应该怎么去把握呢？怎么去定义文化内涵？虽然它的外延发生了变化，但是它的内涵实质没有发生变化。

李俊清：谢谢唐老师。这是一个非常难的问题，我感觉文化的功能和作用是多个方面的，文化首先是存在人脑子里的关键形态，但它会物化，会变成指导人的行为，像我们的建筑风格、雕琢绘画其实都是人的关键形态借助外物使它物化。

农村乡村振兴，我们不说狭义的文化，我们说广义上的文化。今天我们强调政治文化是第一位的，要强调意识形态引领，保证建设方向。此外，文化更多在伦理道德的维系，乡村伦理道德靠多年的文化观念，包括价值体系、目标的确定。人之所以为人，往往就是要把我们物质化的生命活出一些意义。

当然在乡村里还有社会关系的调节，这个大家都熟悉了，费孝通先生经典著作《乡土中国》——差序格局、熟人社会，其实也就是靠遗留下来的各种各样文化观念、中心观念、血缘观念、社会交往观念来维系的，文化最基本、最核心的还是要给人们提供精神上的娱乐。

这些东西想要传承和发展，要有产业为依托，以产业为支撑。人要吃饭，离开了产业，空盘肯定不行，问题是这个度如何把握，不要把它变得庸俗化、商业化。就像唐老师说的这个题一样，从传统到外来有这么几种关系，由传统走向外来，我们现在正处于过渡阶段。但我们知道传统和外来会发生碰撞，因为它毕竟是两种不同形态，社会形态、产业形态产生的观念会发生很多碰撞，比如我们现在的商业文化、法律意识、契约观念可能跟原来熟人社会完全靠大家多少年来延续下来在熟人圈子里头一种信誉关系就有碰撞了，甚至有的地方未必就能接上，还会出现一些断流。

唐老师问到怎么能把握好呢，我想这个问题很难回答，我试着反向回答。我们起码不做什么是不是更好一些，比如我们抓乡俗文化在意识形态游离、在伦理道德维系、在价值目标确定方面能不能防止政治文化别搞空洞化。另外，文化教育在于凝心聚力，在计划经济时期，大家团队意识非常强，尽管出工不出力的现象也有，但整体是以集体形式出现的。而我们知道改革开放联产承包以后，乡村开始以一家一户为生产单位，大家觉得集体的作用不那么大了，那么我们是不是还可以通过建构文化共识，用文化观念形态使我们成为一个共同体，凝心聚力。

但凝心聚力在乡村不要搞得庸俗化，我们要维系乡里很好的社会关系，我们强调大家在致富路上不能差，要讲成本收益，但不要超出市场经济的范围。商业性市场经济原则适用在原来乡村社会关系里，人和人帮一下多少钱，有钱干没钱就拉倒，一切就变成冰冷的，这个要防止。

我今年暑期还有个任务，文化和旅游部公共服务司派我去调研一下基层公共文化供给。但我们知道这与农民的精神文化需求还相差甚远，因为它具有多样化、差异化特点。政府提供的往往是兜底的、最基本的、引领的。但是文化舆论这两年有的地方出现所谓低俗化，这个也要防止。

有的农村还有一些攀比和奢侈浪费之风，比如我在福建调研的时候，看到他们有钱了，房子盖很大，四五层那么高。我说："你这能用得了吗？小孩都走了。"他们也不干别的，缺少经济头脑不投资，就是乡土观念互相攀比。他说："我们这的房子不是用来住的，是用来看的，主要是给邻居，给别人看，有面子。"甚至一些农村有黄赌毒现象，这就是因为没有健康的娱乐活动。有的地方物质层面上的问题不怎么突出了，精神层面的引领、保障上的引领需求就会越来越大，如果正当的、好的渠道不能满足，黄赌毒的形式就开始自发出现。

我认为处理好这个关系，既要保持文化的引领，文化意识形态要有关键的形态，不要把它完全商业化，又要有产业来引领、来保障。从反面来讲，政治文化要防止空洞化，凝心聚力要防止庸俗化，社会关系要防止商业化，文化娱乐要防止低俗化。把负面的文化遏制住了，正面的文化就进来了，一定要有正面的引领，但是兜底的、保障性的东西也要有。

这是我关于当前农村文化的一些看法，可能回答得也不怎么切题，谢谢唐老师。

唐丽霞(主持人)：谢谢李老师，李老师从自身文化建设的角度来谈了这个问题。云南有很多自己民族的传统，有自己民族文化的活动，还有传统民间的信仰，包括佛教的信仰，很多村庄都有自己宗教的活动场所，在整个凝心聚力方面也发挥了一些作用。怎么更好地将宗教文化和我们现在所倡导的文化结合起来，也是非常值得思考的。

刚才李先德老师介绍了文化遗产，我们拥有这么多年的农耕文化，因为农业文化遗产还是和农耕文明紧密结合的，所以我们整个农业生产体系其实也没有经历太多的中断，但入选世界农业文化遗产的目前只有 19 项，看上去数量还是非常有限的。今后农业文化遗产是很稀缺的一个品牌，怎么用好这样的品牌，在农业文化遗产保护里面激发一些新的发展机会，包括您提到的像哈尼梯田。其实除了哈尼梯田，我们在云南也可以看到很多其他地方的梯田，规模也很大，但是哈尼梯田文化理念非常响亮，那么这些类似的地方怎么去擦亮自己的品牌，这就是需要深思的了。

刚刚您还提到河北涉县旱作梯田，实际上我在20年前去宁夏调研时，看到宁夏的西海固，还有甘肃的定西，他们的耕作方式也是旱作梯田，我当时在山上看梯田感觉非常壮观。

现在的农业文化遗产，包括您提到的浙江稻鱼共生，实际上在云南也有稻鱼共生的系统，怎么在这种情况下把农业文化遗产的效益发挥到更大呢？

李先德：跟我们的五千年农耕文明历史相比，咱们的评选确实少了一点，当然现在步伐在加快，也在搞普查，尤其是黄河流域、长江流域等，这些都很有历史。回过头来说我们现有的文化遗产，怎么样用好这张牌？怎么样提供一些新的动能和发展机会呢？

第一，深刻地认识这些文化遗产独有的一些资源条件和生态环境，那些优异的，是小众的，不适宜搞大面积的开发，搞同一个模式。这里面我简单归纳了一下，但不全面，就点一下，比如经济价值里面的一些环境因素，空气、水、土壤的质量都非常好。很多地方因为传统的循环农业，污染比别人少，所以在品质上肯定更安全。基于这个我们可以说多样化和高品质农产品，实际上很多地方也在做了，能够提高我们农户的效益。

第二，生态价值，我刚才提到的哈尼梯田的例子，总体上来说它有保持水土、调节气候、净化空气等功能，是农业里面广泛应用的间套作、共生，这是很好的，我们现在也在回过头来找这些优势。

第三，文化价值，实际上文化有两个层面，一个是非物质文化的，一个是物质文化的。非物质文化有关于宗教信仰的，刚才李老师也提到很多，比如民族精神等。物质文化里面还有一些生产技能、农具，所以是两个层面，物质和精神。

第四，教育价值，我们的农耕系统有很多知识和技术，说实话很精妙，只是我们没有充分认识到而已。像浙江的稻鱼共生系统，华南农业大学的老校长骆世明老师了解得比较多，浙江大学的陈兴老师他们写了一篇文章，研究稻和鱼是通过什么机理在共生的，都登到美国的科研院刊了，*PNAS*① 杂志。

---

① 《美国科学院院报》(*PNAS*)是与 *Nature*、*Science* 齐名，被引用次数最多的综合学科文献之一，周刊。自1914年创刊，*PNAS* 提供具有高水平的前沿研究报告、学术评论、学科回顾及前瞻、学术论文以及美国国家科学学会学术动态的报道和出版，是全球科研人员不可缺少的科研资料。

自然科学家有这种研究，说明这里面有很多的智慧。我们去到一个复合的系统里面，小孩子能看见庄稼长什么样，鸡、猪怎么跑，怎么在这个环境下生长，现在搞亲子游这些东西都很时髦。

至于去利用它，我想可以从三个方面入手。

第一，利用特色的优势资源，去发展高附加值的、小众高端的产业。因为环境比较好，不适宜搞大规模生产，像从江搞了“1＋3＋N”，“1”是他们的主导产业，“3”是稻、鱼、鸭，“N”是一些特色产业，比如蔬菜、生禽之类的。

第二，加强品牌的打造。现在国家又提到了新的“三品一标”，文化可以赋能，我们的文化遗产里面有更丰富的内涵。我们可以在这个地域里打造它的形象，可以是健康美味的、原汁原味的，也可以是有地方特色的、有营养的。

当然针对它这里独特的亮点，我们在打造品牌的时候可以设计相应的标识。农业农村部针对文化遗产推出一个计划叫作农遗良品，2021 年又推了一个农遗良品的优选计划。在很多地方他们也在利用文化遗产打造一些品牌，比如江西崇义客家梯田的“崇水山田”，像浙江丽水的“丽水山耕”。

第三，加快农村一二三产业的融合，这个融合我觉得大有文章可做。我们在讲一二三产业融合的时候，大家可以看到一二三产业实际上涵盖很多部门。我们传统的农业只有中间这一块，第二产业比如加工、制造、市场这些，第三产业的文化、物流、餐饮、住宿等，三产融合得非常紧密。我想讲龙脊梯田的例子，它有两个特色的东西，一个是梯田，一个是少数民族文化。形象地说，他们种的不是水稻，种的是风景，当然最后风景变成了经济价值。

因为我带队做了很多这方面的研究，我们有一篇文章也发表在土地利用学科比较顶级的期刊上，当时我们把小农收入里的构成仔细算了一下。来自种水稻的成分只占了 11％～12％，剩下的都是分红、第三产业。这个里面比较有特色的就是一产和三产，因为梯田分了三个景区，每个景区的客流量都是几百万人次。像有一个村叫大寨村，他们引入了索道缆车，当时村民很反对，觉得缆车把他们传统的收益方式破坏了，比如搬运。但是后来他们当地的社区引导员做工作，让村民们不要这么排斥，人来多了就要住、要吃。现在在稻谷成熟的季节、旅游旺季时住当地有特色房间都是 600 元、800 元、1 000 元一晚，我开玩笑说我们研究员最高的标准都住不起他们的客栈。所以相应的服务业都发展起来了，目前成了比较好的例子。当然也要有好的运营机制，企业经营，政府监督管理，还有村委、农民协调参与等，做好利益共享。

另外讲安溪铁观音的茶文化系统，现在我跟安溪做茶的从业者在讨论这个问题时说，茶如果离开了文化它就是一片叶子。要去打造它，像茶叶的种植、茶叶的深加工，除了做传统的茶叶，还有茶产品、茶文化、茶旅游等。安溪这边还专门建立了铁观音的二级学院，政府出了好几个亿，内容有茶的粗制、精制加工等。它综合产值涉茶 280 亿元，如果说我们包装算 10%～20%，那包装这个行业就有几十个亿。还有物流，现在安溪电商在全国排第二位，这非常了不得。当然也要打品牌，不能都卖几十块钱的。2021 年他们组织了一个活动，联合国粮农组织驻中国的代表大使跟我讨论，为什么会有的几十块，有的上万块。我说："你观察一下从种到收到制作，种是什么品种，采用什么方法，在什么地方，有的是国家非遗大师做的。"

还有一个例子就是江西的万年，考古发现它有万年以上的历史。过去我们说粮种文化五六千年，但这个发现又往前推了几千年。所以我说万年这个地方有万年的历史，本身县的名字就叫万年。这个产品右下角写着"万年贡"，5 公斤装售价 1 818 元。当然也有亲民一点的 118 元、368 元，它可以打造出各种有特色的、差异化的产品。这是来自实际的例子，现在做得不错，所以我觉得这里面确实有很多文章可做。因为我自己亲自去过，跟踪了很长时间，并且我们也做了非常细致的研究，这带给我们一些启发。我的介绍就到这里。

唐丽霞(主持人)：谢谢李老师，李老师介绍的很多东西让我们感觉非常熟悉，似曾相识。怎么能够让我们在日常生活里见到、感受到、体验到这种似曾相识，真正创造一些商业价值，这里有很多艰辛的故事、努力的行动，是我们从李老师的片子上看不到的，包括梯田的景观建设。现在处于新时期，因为有一些地方土地类型使用的管制等，可能发展一些一二三产业融合实际上面临很多政策上的约束，一些地方景观是一样的，但土地类型不一样，所以在产业选择上的差异性也很大。

李先德：唐老师说得是，每次成功背后都有很多故事。像大寨原来的村支书讲他们过去的经历，要做出变化，每一个行动的推动都要去说服很多人，要有长远的眼光且脚踏实地。现在看起来讲的是成功的故事，但这里面怎样去协调各方面的利益，怎么样发动大家都去做，还是需要不少努力的。

唐丽霞（主持人）：我们在地方工作时也接触过一些想通过挖掘乡村文化要素做一二三产业融合的企业家，也听过一些企业家讲他们创业的故事、内在的艰辛。我们看到他们的成功会受到鼓舞，但有的时候也会忽略他们为了成功在路上所付出的一些努力。

文化有它的类型，它的外延是非常丰富的，现在很多地方也都在谈文化赋能乡村振兴，包括刚才李老师提到的，我们到丽水还专门调研过区域品牌。当时昆明也想打造昆明的区域品牌，这些区域品牌怎么打造、怎么引领，实际上很多地方都在尝试，有成功的，也有很多失败的。但有的时候感觉成功的也很有偶然性，失败又有很多的必然性在里面。现在很多地方都在谈文化赋能乡村振兴。

我想问关老师一个问题，从您的角度看，乡村振兴的过程中如何定义文化的维度，今天晚上每个老师对文化的理解是不一样的，从李俊清老师到关院长再到李老师，我们在谈文化时每个人心中的文化有很大的差异，差异是存在的，那么如何定义文化的维度？

关凯：是的，差异是存在的。但这个问题我没法给出一个简单的答案，因为每个人看文化的视角不一样，而文化几乎可以涵盖一切。但我可以提供另外一个视角，我们今天在讨论一些问题时，更多是在讨论和文化有关的产业发展，没有回到文化本身。

像我们学民族学、人类学的，我们认为文化就是一个功能，它的核心功能是如何把一个社会、一个共同体组织起来，这是文化最核心的功能。不只是在云南，我们可以看到一些地方它有一个产业依托，很繁荣。但事情永远有另一面，我们今天的主题叫“传统与未来”，真正保有传统文化的人，他们在一定程度上反对商业文化。然而这种抵抗现在已经渐渐淡漠了，尤其这几年我到乡村调查发现和前些年不太一样，这种抵抗已经弱化了。

农民沉默的时代在我看来已经开始了，发展的时代就必然预示着光明的未来吗？我觉得这才是问题，我们今天看到城里人疯狂地往农村跑，为什么？

因为城里物质条件充足，意义就匮乏了，比如现在的孩子从小到大根本就没有等着过年吃点好的紧张感，所有的欲望可以轻易满足，至少基本的欲望是这样的。

然后再说生产能力。今天我们到农村去，我们可以看到很多不会种地的农民，也能看到很多不愿种地的农民。以会不会种地为标准，其实当下的农村有两种农民，“70后”再老一点的人是会种地的，年轻人则不会。在很多农村已经找不到会种地的人了，今天我们讲农村的乡村文化振兴，要振兴什么？非产业化的农村文化有所转型，甚至影响到民族研究，我们到民族地区已经快找不到“民族”了。

我到云南去了一趟金平，我上一次去是1994年，那是一个物质很匮乏但人的精神面貌很好的时候，我有很多照片。今天再去，多了染着头发骑着摩托的帅气小伙，乡村面貌大变。当然这里的文化资本还是比城里好得多，但和1994年相比，村庄的本质特征已经完全不同了。2000年之后，历次人口普查都有大约10%的人口城市化，30年的时间，从百分之三十几的城市化比率发展到2022年百分之六十多的城市化比率，这是多么剧烈的变化，然而压力也是巨大的。我在更多的、具有多数意义的农村看到的图景是，农民屈从于以城市为中心的文化等级分配。他们不再是自给自足的农民，而是拼了命想把自己嵌入一个更大的与城市相关的文化习俗之中，所以他们宁可背负债务也要尽力供孩子读书，尽管孩子毕业后可能面临找不到工作的困境。

现在在涉及农民的产业里，资本的力量造成的后果是很多商业过程事实上都由中间商决策，其实这些决策很多并不符合多数农民的文化标准。但他们受限于信息、商业技能及各种社会资本，尽管所有的东西是他们生产的，但是他们在整个文化等级中的地位相对较低，他们甚至没有信心保有自己原来的仪式，因为如果没有游客参观，这个仪式本身就可能出现危机。

唐丽霞（主持人）：谢谢关院长，的确是嵌入。现在是把乡村文化嵌入城市的消费习惯中，还是把现代信息嵌入传统的乡村文化里，有时在实践中看不到它本质的界限。但在文化的主动性里，保证其内涵的实质，现在其实面临很多挑战。

关老师刚才的感受，因为国内我以前去的民族地区不是非常多，但这方面我在泰国感受非常明显。我第一次去泰国是2003年的时候，在清迈大家在路上穿的全部是傣族的服装。2008年我又去了一趟清迈，同样的地方，但基本上大家穿的是比较现代化的服装。怎么在这样的过程中让它有现代性的介入，又能够保持自己的传统，不仅从研究的角度来讲看到有很多变化，对当地人本身来讲实际上也很复杂。

这些年，我们在地方也能够看到一些年轻人群里有另外的一种现象，比如现在很流行汉服，汉文化在年轻人群里成了一种新的时尚。我们在村子里时经常会看见很多年轻人穿汉服去打卡、拍照，汉服现在慢慢地从过去拍照留念过渡成日常生活的装束。可以看到有些东西在回归，这是在发展的过程中，我们不断面临的一些新现象、新变化。

特别感谢今天三位专家从不同维度谈到文化对乡村振兴的意义，也谈到乡村产业。刚刚每个老师都提到产业是非常重要的，产业的发展可能会为传统的文化赋予新生命，也可能会让我们的文化失去曾经的文化底蕴和特色。在这个过程中怎么平衡传统与未来？像关凯老师提到的，我们的现在其实是连接传统与未来的节点。怎么能够既有文化底色，又有产业发展的新特点，实际上是一个非常值得思考的问题。

希望今天的对话和交流给不管做这方面的研究还是做这方面实践的朋友一些启发，毕竟每个人从交流里获得的思考是不一样的。

特别感谢李俊清老师、李先德老师和关凯老师加入我们的对话，今天这种交流是非常重要的，我也学到了很多东西，对我们在云南的一些工作也有很多启发。也非常欢迎三位老师到我们乡村振兴的实验点上去看，去指导我们的工作。因为在很多地方做一二三产业融合时，以农业为基础，实际上二、三产业都要融入文化要素，这样一个地方产业的发展才能够有新动能、新机遇。

特别感谢大家的参与，也特别感谢我们在线的听众，感谢你们的参与，你们的参与是我们组织这个系列活动最大的动力。谢谢大家，周末愉快，期待线下见。

〈结束〉

七、新型农村集体经济:路径和实践

主持人

董　强:中国农业大学人文与发展学院教授

对话嘉宾

仝志辉:中国人民大学乡村治理研究中心主任、教授

高　强:南京林业大学农村政策研究中心主任、经济管理学院党委书记、教授

高　鸣:农业农村部农村经济研究中心副处长、副研究员

时　间

2022年11月4日(周五)19:00—20:30

对话简要:

党的二十大报告中提出要发展新型农村集体经济。当前,各地村级集体经济发展水平参差不齐,深入讨论新型农村集体经济发展具有重要的理论和实践意义。11月4日晚,全国乡村振兴高校联盟和中国农业大学国家乡村振兴研究院联合举办"《中国乡村大讲堂》政策对话系列——新型农村集体经济:路径和实践",对新型农村集体经济的发展状况和理论思考展开对话。参加此次政策对话的嘉宾有中国人民大学乡村治理研究中心主任、教授仝志辉,南京林业大学农村政策研究中心主任、经济管理学院党委书记、教授高强,农业农村部农村经济研究中心副处长、副研究员高鸣。国家乡村振兴研

究院副秘书长唐丽霞教授出席了此次对话。中国农业大学人文与发展学院教授董强主持此次对话。

高鸣副研究员基于国家政策角度，阐释了发展新型农村集体经济的内涵与路径，他首先介绍了政策背景，然后从产权体系、要素配置和利益联结、组织形式分析了新型农村集体经济之“新”。针对新型农村集体经济的实践路径，他总结了五种形式，并从政策角度分析了如何在新型农村集体经济发展中实现和维护农民的切实利益。首先，要做好相关的改革与立法的顶层设计；其次，推动集体经济组织内部治理结构的优化升级及从综合角度来强化外部支持；最后，要重点增强集体经济组织的统筹功能。在展望新型农村集体经济和乡村的前景时，他提出了四个展望方向：农村经营制度趋于完善，改善乡村治理和实现治理现代化，促进共同富裕，为世界经济发展贡献中国故事。

高强教授以城乡融合发展为背景阐述了新型农村集体经济的功能定位。他认为当前城乡融合发展是不可逆转的历史趋势，而县域城乡融合发展为新型农村集体经济创新发展提供了现实可能性。他主要从封闭性和开放性两个角度对农村集体经济的特征进行了概括。他指出未来的农村集体经济发展机遇与挑战并存。首先，城乡关系的重塑，尤其是县域城乡融合发展带来的推动力，为突破农村集体经济的封闭性提供了更多可能。其次，新型农村集体经济发展面临着理论认知、政策适应、资产经营和治理结构等多方面的挑战。对于如何在新型农村集体经济发展中实现和维护农民的切实利益，他认为要更加关注中西部欠发达地区，充分发挥村级集体经济组织作为政策承接平台、乡村产业发展平台和生态资源资产化平台的功能作用。对于新型农村集体经济和乡村的发展前景，他提出要继续坚持深化城乡联动式改革，以市场化为导向，走渐进式改革的发展路径。最后，他也提醒到在共同富裕目标下，农村集体经济也不宜背负过多的功能和期待，以免制约其发展。

仝志辉教授主要从新型农村集体经济发展政策的理论盲点进行探讨。他认为新型农村集体经济的“新”主要是在集体产权制度改革中再造新型集体经济组织，以村股份经济合作社为基本主体来增强集体经济的经营实力，而发展路径主要是指通过何种集体经济组织形式、运用何种经营方式来实现集体经营。他指出，构成集体经济的关键是集体经营，这种经营并不仅仅是运用资源资产获得收入，而且是全方位的经营，包括对村庄人与人关系的经营，对村庄各类资源的经营。谈到如何在新型农村集体经济发展中实现和维护农民的切实利益，他认为应该发挥集体组织的全面功能。最后，展望新型农村集体经济和乡村的前景时，他认为新型农村集体经济会让集体村社获得稳定性的存在，也会促进具有中国特点的城乡有机融合关系的形成。

最后，董强教授对此次对话进行了总结。他提到通过三位深耕此议题的专家讨论，进一步梳理了新型农村集体经济发展的当前瓶颈，以及在县域为主导的城乡融合中的新机遇，更为深刻地理解了新型农村集体经济发展的理论意义。同时，三位专家围绕相关问题与讲座听众进行了交流。此次对话共吸引了 250 余名来自清华大学、中国人民大学、上海交通大学、武汉大学等国内高校的师生及其他社会人士参与。

对话全文：

董强(主持人)：今天晚上的《中国乡村大讲堂》政策对话系列主题活动，是国家乡村振兴研究院发起的品牌学术活动，今天非常有幸邀请到三位专家，他们分别是：

中国人民大学乡村治理研究中心主任、教授仝志辉；

南京林业大学农村政策研究中心主任、经济管理学院党委书记、教授高强；

农业农村部农村经济研究中心副处长、副研究员高鸣。

我们今天的主题是新型农村集体经济，大家都知道 2016 年中共中央、国务院印发的《关于稳步推进农村集体产权制度改革的意见》当中明确提出，要发展新型集体经济。这个文件出台后，农业农村部、中央农村工作领导小组办公室先后确定了集体产权制度的试点单位。

通过四批试点，集体产权制度的改革取得了实质性进展。刚刚闭幕的党的二十大报告当中也提出要发展新型农村集体经济，从这个角度来看，新型农村集体经济对我们国家的乡村振兴战略起到了非常重要的支撑作用。基于这样的政策背景，我们发起今天的政策对话。

接下来我简要介绍一下来自学术机构、政策研究部门的三位专家。第一位是中国人民大学农业与农村发展学院教授博士生导师仝志辉老师，他是中国人民大学乡村治理研究中心主任、中国人民大学国家发展与战略研究院研究员，同时兼任民政部第三届全国基层政权社区治理专家委员会委员，长期从事农村发展和乡村治理研究，主要的代表作有《农村合作新路：构建“三位一体”的综合合作体系》《选举事件与村庄政治》《农村民间组织与农村发展》。欢迎仝志辉教授的到来。

仝志辉：谢谢董老师的介绍。非常高兴今天能参加这个论坛，谢谢。

董强（主持人）：接下来我介绍下一位，南京林业大学农村政策研究中心主任、经济管理学院党委书记高强教授，他同时兼任了江苏省委农村工作领导小组办公室、省农业农村厅乡村振兴专家咨询委员会委员，江苏省农村改革试验区咨询专家，主要的研究方向是农村政策分析、农业农村现代化、土地制度。他曾作为中央一号文件起草组成员，相关的研究成果获得了国家领导人的重要批示，主持相关的课题 20 余项，发表国内外核心期刊文章 50 多篇，出版 2 本专著，同时研究成果也获得了相关奖励，欢迎高强教授参与我们的对话。

高强：谢谢董教授。

董强（主持人）：下一位是农业农村部农村经济研究中心副处长、副研究员高鸣，他入选了国家级人才计划，兼任中国合作经济学会副秘书长、共青团中央青年中长期发展委员会委员。近年来他在《管理世界》《人民日报》等权威期刊和报纸上发表论文近 50 篇，多篇被《新华文摘》转载，同时主持国家自然科学基金、国家社会科学基金等课题 10 余项，撰写的政策报告获得省部级以上批示 30 余次，同时也参与了国家重要文件起草工作。

高鸣：董老师好。

董强（主持人）：我们接下来围绕这样一个主题，第一轮我想请三位老师做一个主题分享，基于我们讨论的逻辑和各个老师的研究方向。我想第一位有请高鸣老师从国家政策的角度简述一下新型农村集体经济的内涵和路径，接下来请高老师发言。

高鸣：谢谢董老师。

我自己做了简要 PPT 来展示一下我的一些想法和考虑。

第一，感谢我的母校中国农业大学，毕业这几年我看着母校发展越来越好非常高兴，这是第一个。

第二，非常感谢董老师邀请我来跟其他两位前辈老师一起交流和学习关于集体经济的工作。

第三，今天我抛砖引玉来做关于集体经济内涵和路径的探讨。

这是我今年申报的国家社会科学基金年度项目，题目是“关于新型农村集体经济怎么促进共同富裕”，其中一部分是新型农村集体经济的内涵和发展新型农村集体经济的路径。如何去定义和发展它，这也是部里交给我们集体经济课题组和团队去研究的，旨在把内涵和路径摸索得更清楚，接下来的10 分钟我要跟大家简要介绍一下我的思考。

刚才董老师提到说我们国家出台了专门的文件去支持和发展新型农村集体经济，但是在所有文件当中，目前最纲领性的文件就是中共中央发的文件，是关于推进产权制度改革的，2016 年明确提出要发展新型农村集体经济，我们改革的目标是要发展新型农村集体经济，所以在 2016 年第一次出现。

此后每一年都有提及，比如 2018 年习近平总书记说我们要走发展新型集体经济的道路促进共同富裕，我也是基于这点申报了国家社会科学基金。2018 年，中共中央组织部、财政部、农业农村部三部委联合印发了《关于坚持和加强农村基层党组织领导扶持壮大村级集体经济的通知》（中组发〔2008〕18 号），我很荣幸参与了该项政策的制定，提出了每个试点村给予 30 万～50万元不等的资金支持探索新型农村集体经济有效路径。

在此之后，我们每一年的中央一号文件，特别是今年（2022 年）的中央一号文件提到要探索发展壮大新型农村集体经济有效路径。刚才董老师也提到，党的二十大报告提出要发展壮大新型农村集体经济等，也明确列出了发展新型农村集体经济的重要作用。

这是一些简要的政策背景，各位老师和同学肯定会思考，在以前我们有人民公社，在20世纪90年代有乡镇企业，不是都慢慢衰退和衰败了吗？为什么现在还要提集体经济呢？中央政策考量和过去难道会有不一样吗？基于这样的思考，新型农村集体经济新在哪儿？对标2035年要实现农业农村现代化及2050年实现乡村全面振兴，集体经济要做哪些贡献？应该有哪些思路和路径，这是我们要探索的问题。

首先，我要给大家简单介绍一下内涵和界定，关于新型农村集体经济到底是什么意思？到底是什么内涵？我总结了一些专家学者的观点，同时整理了一些文件中的重要语言。

第一，财政部发的文件说要走出适应不同经济资源和市场条件的路子，也就是说，我们现在新型集体经济第一个新就新在它是面向市场的，而不是说“等靠要”——等着国家给，找国家要，靠国家发展，这种“等靠要”的思路。

同时农业农村部在登记赋码的改革当中有一个环节，就叫作“登记赋码”环节。以前人民公社时期，集体经济比较形象的比喻就是“一个和尚挑水喝，两个和尚抬水喝，三个和尚没水喝”，生产者没有主人翁的意识。现在新型集体经济开始搞成员身份确认，以后就把资产推成股份到人，让老百姓当家做主去发展集体经济。

我又学习了前辈专家们的一些观点，他们将产权的制度、现代企业经营管理制度及一些利益分配制度等，都纳入我们的内涵体系当中，所以我讲新型农村经济的新在哪里，总体分为三个方面。

第一个，从产权体系的角度来看，归属更清晰了。

第二个，从要素配置和利益联结方面来看，农民和成员捆绑得更为密切了，利益联结表现得更为清楚了。

第三个，从组织形式上，现在很多地方成立了经济合作社和股份经济合作社，这都是新型农村经济组织的有效载体。

综上，集体经济应当是指以集体经济组织为依托，集体资产量化到成员，内部治理结构完整，兼具经济实力和治理效益的农村公有制的经济形态，这是我给它的一个界定。

在这样一个前提下，既然有新型的农村集体经济，就有传统的农村集体经济。有什么不同，因为时间关系我就不展开来说了，简单来说，就是从产权体系、组织形式、经济实力和治理结构的维度，将新型农村集体经济和传统农村集体经济区分开。

第二，我要跟大家讨论，刚才仝老师提到的，新型农村集体经济的实践路径有哪些。2018年我在集体经济处工作过一年多的时间，对集体资产的管理、集体经济的发展都有一些了解，也调研了很多的地方，现在除了因为有一点高反我西藏没有去过外，其他省份的村我都有去过。我也总结了一下新型农村集体经济的实践路径。

其一，经营性的集体经济，有很多的地方，产权改革完之后有了集体经济组织，能独立开展经营活动。比如我们现在搞三产融合，在促进三产融合的过程中我们集体经济组织就可以参与到观光旅游等新业态，这里的市场风险是由集体经济组织承担的，要自负盈亏。经营性的集体经济对条件，比如村里面有什么资源，或者有没有人才，或者优势是不是在城郊村等，要求比较高，这是第一种模式。

其二，联营性的集体经济，这种集体经济就比如你这个村有资金我这个地方有技术，他有人，我们三个联合起来搞一个联合社，是这种形式。这个形式有什么好处呢？就是可以整合多方的实力和优势，去实现利益的共享和风险的共担，但发挥的社会效益就比较有限，因为他是多个主体参与的。联营性的集体经济适合我们以前的贫困村、贫困县去做，因为他们有大量的扶贫资金，我有钱，扶贫资金还在村和县里面，但是我不知道怎么去帮村里的时候，这时我们发展联营性的集体经济可能会起到一定的作用。这里有两个例子，我就不展开论述了，通过联合促进集体经济的增长，农民收益得到提高。

其三，租赁型的集体经济，这种租赁型在江苏、浙江等地带有比较成熟的形态。打一个比方，村里有500万元的资金，比如我是江苏的，我在江苏的某一个村里，村子是传统的农村，周边没有什么可以盘活的东西。有了这个钱，我可以去南京市或者是苏州市中心买一个门面房，以集体经济组织的名义去收取一定的租金来保障集体经济的发展和正常的运转。这是一种传统的租赁形式，是一种比较新型的业态。比如城郊村，或者是城中村，可以建门面租给大家，租给别人，这是比较常见的集体经济的有效载体和路径。

其四，服务型的集体经济，联合一些合作社去推广一些他们提供的服务。比如提供人力支撑，提供农技服务，或者提供一些必要的服务，收取一些服务的费用，从而去壮大我们的集体经济，这也是最常见的集体经济形式。

其五，我们现在比较常见的就是党建型的集体经济，为什么说是党建型的，在调研的过程中，很多地方有组织部门去引导发展集体经济。现在很多都是组织部门牵头，农业农村部是指导部门，他们牵头以后，很多把党建融合进来了。比如像福建的一个地方，他们将宁德退居一线的公务员命名为集体经济的指导员，放在一线的村里面，通过党建型的集体经济吸引更多的人才去支撑集体经济的发展。

我总结的新型农村集体经济的实践路径有这样五方面，它有哪些优势，哪些不足，有哪些适应的条件，因为受限于时间我就不再赘述，仝老师我就分享这么多，请批评指正。

董强(主持人)：谢谢高老师。我觉得他基本上把我们新型农村集体经济的基本内涵包括我们现在的发展路径呈现得非常清楚，我们接下来基于这样的讨论起点，有请高强老师从城乡融合发展的进展视角分析一下我们现在新型农村集体经济的状况，接下来请高老师发言。

高强：谢谢董老师。前面高鸣老师把基本概念、政策内涵讲得很清楚了，我在他的基础之上不用费太多的口舌讲这个问题。

接下来我讲的可能或多或少代表江苏一些相对发达地区的情况，不一定全面，有一些认知不一定准确。等一下仝老师最后讲，如果有讲得不对的地方可以再指出来。同时我也感谢母校的邀请，我是2007年人文与发展学院社会学专业硕士毕业的，后来就到人大上仝老师的课，高鸣也是我以前的同事，我们亦师亦友，交流很多。我对这个题目很感兴趣，虽然这两年没有做系统的研究，但是思考没有停止，也会经常去调研。尽管可能有些研究的题目不是集体经济，但是到了农村、到了社区一定会涉及集体经济。

我今天要说的就是城乡融合发展进程中的新型集体经济。我们现在看城乡关系的演变，可以体会到城乡融合发展是不可逆转的，乡村振兴又是全面推开的我们既定的战略，在国内大循环和畅通城乡经济循环这样的宏观背景之下，农村集体经济想要发展，一定要顺应历史进程，历史的进程就是城乡融合发展的进程。

在这个进程当中我们要看新型集体经济功能定位、本质属性、发展途径、未来发展走向等，我觉得是这样一个整体定位，所以我想从两方面来考虑。

第一方面是封闭性，第二方面是开放性。应该说封闭性是本质属性，如果没有封闭性也就无所谓集体，都是个人的，或者都是公共的。所以肯定是有封闭性，有群体的边界，这个边界就是我们集体的边界，所以基于封闭性产生的特殊性我觉得可以从三个方面来理解。

第一，特殊的法人。这个刚才高鸣老师已经讲得很清楚了，虽然没有从法人的角度来讲，但是我们讲的农村集体经济组织一定有特殊法人属性，有这种既不是共同拥有，也不是按份共有，也不是总有的属性，也就是集体所有制。集体所有制经济，包括村级集体经济、乡镇一级的集体经济，也包括跨村和跨区域的集体经济，从广义上讲，也包括合作经济，但是我们今天讨论的重点还是集体所有制经济。集体所有制经济里边有旧的集体经济，有新型集体经济，刚才高鸣老师已经把什么是新型集体经济讲得很清楚了，我也认同。他从产权属性、治理、利益分配这三个维度把新型集体经济的内涵给大家做了梳理，我想这个本质是来源于特殊法人的属性。

第二，特殊的产权。这个特殊的产权就是天然具有封闭性，要有明确的边界。我们这一次推行清产核资和股份合作制改革，股份量化就是为了划清边界。我们历史上通过改革开放先划清了集体与集体的边界，划清了国家和集体的边界。原来人民公社大一统没有集体不集体，先划清了集体和国家的边界，然后我们又推进划清集体和集体的边界，就是哪些是这个村集体的，哪些是那个村集体的，确定整体所有权边界。这次更多的工作在划清成员和成员的边界，这个集体我们都知道，但是具体是哪个成员我们是不清楚的，所以我们要量化资产，要界定成员。我们要把这个成员界定清楚，把成员和成员的边界划分清楚。这背后其实核心反映的是我们处理国家和农民的关系、农民和农民的关系、成员和成员之间的关系，背后是这样的逻辑，所以特殊的产权不仅是财产权利，也包括民主权利，包括乡村治理方面的内容。

第三，特殊的功能。我们之所以关注集体经济发展，提出要促进新型集体经济发展，是因为它具备特殊的功能。当然集体经济可能会有弊端，比如产权不明晰，不能充分地参与竞争，不能破产，不能被清算，社会负担沉重等，这都是不完全市场性的体现。但是集体经济也具备特殊的功能，具有特殊的优势，如果不具备这些优势，我们就没有必要发展壮大集体经济。我自己的理解是，在注重公平方面，它能够支撑共同富裕，也可以称之为有公平的效率。它公平性的效率较高，还有一些兜底保障的功能。比如，有一些事情国家可以投入，社会资本也可以投入，但是乡村公共品的供给可能在国家财政的支持下由村级组织来具体提供，或者是采取多种方式联合的方式更加有效率，或者更加节约成本，或者更加能激发农民的主动性。

这是一个角度，当然也有其他的角度。最近有好多老师在探讨生态资产，集体资产属于生态资产的一种，它的不可分性是对共同富裕目标的有效支撑。我觉得这个也是很有意思的研究领域，如果集体经济具备的这些特殊功能实现的话，就要求集体经济必须具有开放性，也就是要面向市场，面向市场就必须开放，但产权又是封闭的，所以在开放和封闭之间新型集体经济怎么发展是讨论的重点方向，或者说是绕不过去的角度。

在城乡关系政策里我们确定了县域城乡融合发展。统筹城乡发展、城乡一体化已经提了很多年，从城乡二元、城乡分割，再到城乡一体化。过去我们提的是城乡融合发展，现在我们强调县域城乡融合，把它划定在县域可以说是为新型集体经济发展突破封闭性、实现开放性提供了现实可能。至少在县域内实现集体经济的发展、成员权优化配置，是基于中国国情现实性可能，而且从深化改革试点做法来说，有一些基层探索事实上已经突破了集体边界。比如宅基地改革方面，浙江象山的农房可以县域内配置，进而实现宅基地权益配置。宅基地使用权是成员权主要的组成部分，至于其他方面，随着土地流转的开展，土地经营权早就突破了集体的边界。

集体股权在财产权方面已经突破了，因为有的人虽然在北京，但他也可以享受村里集体股份的收益。但是民主权益的实现，或者其他方面还没有实现，我觉得这些是我们要探讨或者研究的重要内容，就是城乡关系的转变导致的集体经济带来由地域性的合作向人格性的转变，由封闭性向开放性的转变，由功能复合型向功能优化转变这样几大变化。

当然，上述变化也会给集体经济发展带来挑战，我觉得最突出的，第一，认知性的挑战。怎么看待集体所有制，怎么看待集体经济，这可能要突破一些思想认识。第二，经营性挑战。集体经济不能破产，不能被清算，如果投资公司要上市可能还要退出股份。第三，治理性挑战。治理性的挑战很复杂。比如村级组织之间功能复合和人员（非成员股东、非股东成员、农村社区成员、集体成员）之间的治理性挑战，还有政策适应性挑战。我们的政策体系既有政策支持体系，也有政策规范体系，能不能做出适应等，这些都会带来多重挑战。

当然有一些典型的区域，比如“村改居、合村并居、集中居住”等地区，实践上给我们提供了现实观察的可能性，我觉得基于调查开展这方面的研究也是比较有意思的。

最后，总的方向我也认同是市场化改革，但它的基础是以封闭为基础，是以明确产权边界为前提。但是产权一旦明确之后就要打破，这个打破不是所有权层面的打破，是经营层面的打破，是以开放为目标，遵循市场化、渐进式改革这样一个总体方向。这是我的一些粗浅认识，供大家讨论和批评。

董强（主持人）：谢谢高老师，我觉得高强老师在高鸣老师的基础上把新型农村集体经济认知，特别是在城乡融合背景下带来了什么样的契机和机遇，讲得比较清楚，尤其是有谈到对产权明确之后的打破，或者叫成员权配置边界突破，只有这样才能更好地适应市场经济发展需求。

在这样一个过程当中，不可避免也会存在相关的困难和挑战，总体而言，这些都是在发展进程当中的挑战，相比过去已经有了更好的外部推动集体经济发展的契机。在两位老师的讨论背景下，让我们把讨论深入理论层面，接下来请仝志辉教授就新型农村集体经济发展政策理论盲点进行阐释，有请仝老师发言。

仝志辉：我觉得今天这个讨论是非常有意思的讨论，我一直在思考这个问题，形成确定的想法还谈不上，但是对现有的政策有一些疑虑和在现有政策中感受到了一些矛盾。刚才发言的两位比我对新型农村集体经济具体的路径和实践有更多的了解和研究，他们做得比较早，在这方面的实际接触和讨论到的主题都比较多。

在我看来，咱们今天对话的主题“新型农村集体经济：路径和实践”，这里的“路径和实践”带有很强的政策性。为了使得我发言的内容紧密联系这个主题，我把发言的题目定为“新型农村集体经济发展政策的理论盲点”。我先把这个题目包含的意思讲一下，说一下我为什么要提出这样一个问题。

新型农村集体经济发展政策，我指的是在具体探索新型农村集体经济发展路径或实现形式时的各种具体政策，可能就表现为刚才高鸣老师讲到的各种发展模式，这些政策在地方政府的文件当中都有提及。我的发言想表达的是，发展新型农村集体经济的核心或着力点应该是发展集体经营。发展集体经营是发展新型农村集体经济对农村发展可以发挥更大作用的基础方面，也是发展新型农村集体经济的政策着力要突破的方面。我今天就想讲一下“集体经营”的含义，说明发展集体经营是发展新型农村集体经济的核心内容，而它和目前各种促进政策的目标和做法有所差异，这种差异体现出了各种促进政策在理解新型农村集体经济方面的理论盲点。

我也从发展新型集体经济的动议来讲。这一轮发展新型集体经济是指在集体产权改革的背景下，通过再造新型集体经济的组织载体，主要是以村经济合作社、村股份经济合作社为载体，尤其是以村股份经济合作社为载体，来增强集体经济实力，表现为村集体经济收入的增长、对村民收入的带动和直接的分红。但依照这样的主旨来发展新型农村集体经济，来探索新型集体经济的发展路径，主要想通过哪一种集体经济组织形式，运用怎样的经营方式来实现集体经营呢？

对此，我们的农业农村发展政策一直在探索。2008 年党的十七届三中全会通过的《中共中央关于推进农村改革发展若干重大问题的决定》在论述“稳定和完善农村基本经营制度”时，曾有如下表述：“统一经营要向发展农户联合与合作，形成多元化、多层次、多形式经营服务体系的方向转变，发展集体经济、增强集体组织服务功能，培育农民新型合作组织，发展各种农业社会化服务组织，鼓励龙头企业与农民建立紧密型利益联结机制，着力提高组织化程度。”

直到今天，我们的政策提出“构建新型农业经营体系”的时候仍然也要说到“统一经营和家庭经营”，“统一经营”的含义和十七届三中全会文件的表述一样，也包含了各种新型经营主体，它们是在农户基础上的扩大，以及以农户为基础的合作社等。但是，它们仍然被称作“统一经营”。“统一经营”里面涵盖了集体经济的经营方式，所以才叫“统一经营”，但它是意义扩大了的“统一经营”。目前意义扩大版的“统一经营”和改革开放之初提出的双层经营体系中的“统一经营和家庭经营”不同，那时的“统一经营”只是集体经营，是指集体经济组织进行的经营，而不是像现在的说法，把很多不是由集体来实施的经营形式也称作“统一经营”。当然，目前扩大版的“统一经营”和人民公社时期的统一经营更不一样。

“新型农业经营体系”说的统一经营，是以农户为着眼点，把发展农户的联合合作作为统一经营，是为了形成多元化、多层次、多形式的经营服务体系。但是，这样含义的“统一经营”和改革之初“农村基本经营制度”中说的“统一经营”的含义不一样了。“统一经营”对于集体经济来说，在这里既是发展集体经济的手段，也是集体经济可以采用的一种经营方式。但它并不专属于集体经济组织。在对改革和完善“农村基本经营制度”进行设想时，在对构建新型农业经营体系进行部署时，“统一经营”慢慢走向了扩大版，变成了单家独户的家庭经营之外的其他所有经营形式都成了“统一经营”，“统一经营”不再是它最初被定义的时候所说的那样，是由村集体经济组织承担的集体经营。但我不得不说，这个“统一经营”的含义有模糊的地方，因为集体经营和“发展农户联合和合作”的含义并不一样。

在2016年中央关于稳步推进农村集体产权制度改革的文件当中，对农村集体经济的定义是“农村集体经济是集体成员利用集体所有的资源要素，通过合作与联合实现共同发展的一种经济形态，是社会主义公有制经济的重要形式”，把“农户的联合和合作”加进去了。虽然这给我们解释新型农村集体经济组织带来了新的可能性，但是，也给理解集体经济的本质和集体经济组织的本质带来了不小的困扰。

我所说的“新型农村集体经济发展政策的理论盲点”与此有关。我今天想提出的“理论盲点”指的是，“统一经营”和“农户的联合和合作”是否可以画等号。农户的联合和合作，将各类家庭经营之外的经营形式，基本上都囊括进来了，这些(经营形式)都作为新型农村集体经济的要素——这使得集体经济和集体经济组织的本质更清晰了，还是更模糊了？

新型农村集体经济的发展路径，就是在以上一种大的政策论述下，试图以村股份经济合作社为主要载体来增强集体经济实力的各种努力。因为政策中存在上述的理论盲点，新型农村集体经济的发展政策就表现为单向的、单一的促进集体经济收入增加的政策。这是我提出讨论新型农村集体经济发展政策理论盲点的最根本原因。

什么是村股份经济合作社大家知道，我就不具体讲了，刚才高强教授也讲到了它的一些要点，如对内部成员相对较平均的股权的封闭性，对成员资格的一些限定等。现在发展新型农村集体经济在各地的政策当中都主要是用这一主体来做的。但是，我这里想提出问题，什么叫发展集体经济？用这样一种组织形式（指村股份经济合作社）来发展的经济就是集体经济？还有没有别的组织（除了 2016 年中央文件中说的经济合作社和股份经济合作社）？现实中，用它（指村股份经济合作社）来发展集体经济有很多的形式，比如出租集体的土地获得租金，或者是出租集体的一些经营性资产获得固定的租金，或者是把集体的资产入股到其他的经营主体当中。这些经营活动都是以村股份经济合作社为基本主体，将它作为集体经济的代表去做的。还包括去从事新的产业项目。在这些过程当中，村股份经济合作社是一个代表集体经济的组织，而所谓发展集体经济，最主要的衡量目标是集体经济的收入。现在考核集体经济发展有量化指标，其中一个指标就是对每一个村庄提出要增加收入，分不同年度覆盖到所有的村，让它们的集体经济收入破零，收入不断增加。

这些发展集体经济的努力有以下三个特点。第一，追求集体收入的增加和农户的分红，发展集体经济就是追求经济指标。第二，发展集体经济发展得好，就有集体经济强村，发展好坏完全按照经济指标去衡量，形成各村集体经济发展上的一种竞争。第三，发展集体经济强调经济收入的增加，从理论上说发展模式就是无限多元的。这些特点在一定程度上模糊了集体经济发展的焦点。

今天设想真正在理论上确立集体经济，通过法定的组织发展集体经济，是把集体经济组织作为一个经济组织来看待，要建立集体经济这样一种新的经济形态。可集体的起源并不是这样的经济组织的追求，在我国社会主义革命和建设的历史上发展集体经济一开始是多元的目标，从初级社、高级社到人民公社，是一个追求综合发展目标的农村新的组织的建设。集体经济的综合性功能的本质在今天是否要保留，这是新型农村集体经济发展政策应认真考虑的。

校正以促进集体经济组织增加收入为目标的存在偏向的新型农村集体经济发展政策，需要重视其理论盲点。我强调的新型集体经济应该具备集体经营,而集体经营有三个特点:第一,集体经营的基础是集体土地所有制;第二,集体经营的目标是集体经济的稳健和可持续的发展;第三,集体经营的目标不仅仅是经济目标,而是有多元目标。集体经济的集体经营具有的本质特征可以概括为,在集体土地所有制的基础上追求集体经济的稳健和可持续发展,其目标不仅仅是经济目标,还有多元的目标。

这样的集体经营是怎么来的呢?我认为首先要理解集体和集体经济的特殊性,而集体经济的特殊性和它的发展历史有关。我认为集体有中国自己的本原。我们中国的村庄(村落)当中,虽然在中华人民共和国成立之前,土地制度不是集体所有制,但是有村庄的公益活动,有村庄的公共管理。村庄是一个紧密的共同体。这种村社传统被中国共产党做了创造性的强化,打造成集体这一新型组织,集体是对村庄进一步的组织化。

那么集体经济实际上是集体这个组织的一种存在形式,它为了维持自己的存在需要创造一些经营活动,做一些经营成果的分配。但这也只是集体保持获利以维持存在的一种方式。它的目标实际上是经营整个村庄,是对整个村庄人与人关系的经营,对村庄各类资源(劳力、土地、资金等)的经营。这是集体经济的特殊性,集体经济是通过集体经营获得存在的,而集体经营是综合性的、全方位的。

今天农村各类资源的流动、土地产权多层次的分化,以及农民手里资金的流向多元化,给集体经济实现这样一种综合发展目标带来了一些挑战。经营集体和经营整个村庄需要创新集体经济具体的经营形式,如果失去了整个村庄共同体以可持续发展为目标的经营活动,集体经济的集体经营仅仅作为村庄内部农户经营活动在村庄层面的一个补充,那么集体经营就不可能成为整个村庄经营基础上经营的主体内容。明确这一点,对于弄清集体经济发展的指向及村集体经济如何加入整个农业全产业链和整个农村发展的立体格局都有基本意义。

我就分享这么多。

董强(主持人):仝老师从动态的角度给了我们新型农村集体经济组织新的视角,集体经济组织动起来的时候,我们怎么去看待这样一个新型农村集体经济组织,我觉得仝老师提出一个概念,就是集体经营应当动起来及我们怎么让它动起来。

我最近几年一直跟着李小云老师做基层实践工作，基于国家集体产权改革政策，我们发现其实各个村里都有合作社，但是看不到怎么基于合作社把集体资产界定成农民的资产，去把它运作起来，或者说给农民带来收入。我觉得很多中西部地区，这样一个组织没有很好地发挥作用。刚才其他老师介绍的经验可能有东部、中部的，基于三位老师讨论的观点，我想引出一个问题。

新型农村集体经济在城乡融合背景下，在乡村振兴背景下，怎么实质性地实现或增进农民的利益。我自己在西部实践的村子里那个合作社，从头到尾股权证书都在村干部的手里，有时候有一些政策性优惠比如说贷款，他就把股权证书拿出来，把钱落到这个地方给农民发了，收又收不回来。三位老师能不能从乡村振兴角度，从以县域为主的城乡融合角度，谈谈新型农村集体经济怎么去实现，增进农民的利益。

高鸣：这个问题就是通过产权制度改革或者集体经济的发展，如何去实现和维护好农民利益。围绕这个问题我简单介绍一下，如何把集体经济和老百姓的利益更紧密地联合起来，我自己有这么几方面的思考。

就像刚刚董老师说的，要结合我们自身的情况。因为我长期从事政策研究，所以我想从政策的角度谈一谈，如何去推动集体经济组织，或者集体经济的发展成果怎么向农民倾斜。首先在我的视角里有四大重点任务是当前我们要做的，我简单给大家介绍一下。

第一，要做好改革和立法的顶层设计。现在农业农村部正在推动集体经济组织立法工作，要赋予它特殊法人的地位。要有顶层设计，要用法律去支持。不要到时候老百姓，比如有些地方反馈说，我是外嫁女，我的权益受损了，我没有拿到我自己想要的收益；或者有些地方产生了腐败行为，集体经济分红没有分到我这里，我没有法可依。现在只有一些政策规定，这可能会给当地司法部门带来麻烦，这是第一个，维护农民权益肯定要做好立法工作。

第二，要推动内部治理结构优化升级。比如印发农村集体经济组织示范章程，为什么要做章程呢？因为只有章程公开透明，老百姓的权益才不会受损，老百姓知道自己有多少股份，知道村里有多少自己的资产，知道每一年能获得多少分红，通过这个章程老百姓知道自己有哪些权利。

我们部里正在推新型农村集体经济组织财务会计制度，现在集体经济组织财务会计制度上一版还是二三十年前，可能跟我们现在的集体经济组织财务制度不太一样。村集体经济组织的资产到底是什么样的，有没有存在流失的情况，必须要掌握得非常清楚，这是第一个小方面。我们应该加快构建资产监管平台，去监管农户的资产不被损失。资产一旦被损失、被侵占，这意味着什么？意味着老百姓的权益受损了，你吞食我10元，我就少了10元，这是第二个小方面。

第三，要不断完善提取收益分配制度。要因地制宜去提取公益金、公积金。可能这个比较细了，比如说今年我这个村挣了200万元，我在分红之前要先提取百分之多少的公益金、公积金去修路、修灯，去搞村里的公益事业建设。有些村在建设过程中没有按照规定来，直接提取全都公益金、公积金拿去修路、修灯，老百姓并不知情。在乡村治理当中、在集体经济组织内部治理当中存在这样的问题，所以要推动优化升级。一是要促进集体经济组织跟农民的利益捆绑，就一定要为老百姓提供更好的支持，比如给他们先修路做基础设施建设。二是应该去带动产业的发展，集体经济组织应是领头雁，现在农业农村部正在做头雁培训项目。要带动集体经济薄弱村长久的致富，要有一些外部支持。要给村子派能人，因为乡村振兴关键在人。三是要强化减税，比如集体经济组织今年挣了100万元，收走40万元的税。这40万元是给了国家，但同时农民的利润也在减少，农民的分红也在减少。所以农业农村部正在跟国家税务总局商讨推动税务减免问题，这是我的第三个思考。

第四，要增强统筹功能。现在合作社没有做到全覆盖，专业合作社不带有些人玩。但是集体经济组织是全民成员所有的，它是能带所有人玩的，能将普通的小农户带去现代农业高速发展的轨道当中。所以要增强统筹功能，把所有人带进去。集体经济带动了农民的增收，同时能带农民致富，比如公益基础设施建设、人居环境的整治、乡村振兴的资金等，对集体成员来说是一个非常大的帮助。

所以政策研究者或者说政策制定者应该去推动这四个方面，去巩固和完善集体经济，去保障农民的权益。董老师，我的观点就这些。

董强(主持人)：谢谢高老师。我们接下来有请高强老师分享一下您的观点。

高强：好的，我也谈一谈自己的想法。如果聚焦在广大中西部地区、经济欠发达地区，集体经济的存在感确实很弱。发展集体经济的前提是实现和维护农民的利益，前提还是权益实现的问题和发展的问题。如果没有集体经济的发展，也无法传导到农民利益上，所以实现是前提，实现的基础之上再看分红体系、内部治理机制是不是完善。所以我们的核心是探讨经济薄弱地区或者欠发达地区村组织如何发展集体经济。

从维护角度，一个是经济权益，一个是民主权利，再一个是权益的实现。这些离得很远，相当于我们谈无权的抵押、担保、有偿退出，这个方面的话题和欠发达地区离得很远。我们不能绕开这一部分不谈集体经济如何发展，谈的核心还是集体经济如何发展。从发展的角度看，农村集体经济组织是一个平台和载体，把这个平台和载体打造好，我认为还有其他三个平台加持。

第一个平台，是政策承接的平台。像刚才董老师讲的承接补贴，高鸣讲的修路，或者是公益性的基础设施建设，这些要靠村集体经济组织作为一个组织载体去承接。为什么要它承接？因为首先它有一部分收益会留在村内部，其次它会降低成本。这个事情可以由社会资本来做，可以由外界来做，或由企业来做，但村集体经济组织有它的优势。

第二个平台，是我们一直讨论的产业发展的平台。整体乡村产业的定位和发展，村集体经济组织在当中可以直接经营，也可以参与经营，还可以提供资源，也可以通过其他服务方式做好产业发展平台的载体。我们所有的关于乡村产业振兴的政策，都要考虑融入集体经济组织发展的视角，看它能不能参与，在哪些环节参与，参与之后有没有优势，能不能降低成本从而更好地配置村内资源。如果有这种可能，那么就要把它纳入进来，凡是涉及村级资源的动员、村级资源的配置，肯定绕不开村集体经济组织，怎么发挥产业发展的平台是一个主要方面。

第三个平台，是资源资产化的平台。这是未来空间最大的平台。所有欠发达地区都是生态资源富集的地区，都是绿水青山的好地方，这些地方虽然交通不便利，但是一定有好的空气和好的自然资源。自然资源有没有价值？我们认同他有价值。那么有没有市场价值？现在不确定。市场价值能不能转化？现在来说还很难着眼于未来，核心就是将村集体经济组织拥有的自然资源、生态资源，变成生态资产，这是未来潜力和空间最大的一个。我们现在做得最多、最好的是政府产业发展的平台，未来潜力最大的是这样一个平台——生态资源的价值实现平台。这就要发挥村集体经济组织作为资产所有权（不包括矿产）主体的功能，做到生态价值转化。

再补充一点，我在江苏调研时发现，村集体经济组织收入很多，有的收入超过一两百万元，这在苏南地区很普遍。但是他们的成本也很高，村里面可能收入 200 万元，它支出也将近 200 万元，甚至是超过 200 万元。所以说集体经济的发展，一个是增加收入，一个是节省成本，降低它的公益性负担，这也是维护农民权益。我的理解就是这几点。

董强（主持人）：谢谢高老师。我们接下来请仝志辉老师就这个问题来谈谈您的观点。

仝志辉：刚才两位老师谈得很全面了，我从我的角度来讲一下如何维护农民的利益。在我看来，发挥集体组织的全部功能和维护农民利益是高度一致的。集体组织把集体的功能发挥出来，包括以下几个方面。

第一，对集体所有的资源、资产的有效利用的功能。怎样发挥好集体所有的资源、资产的作用，在这个方面我们还有很多事情没有做。在利用集体资源的时候，我们有一些法律政策对集体所有的某一些资源的利用方式进行规范和限制。这些规范和限制有些是合理的，如农地农用，这是对农用地用途的合理管制。但是，对于集体建设用地的使用就有很多不合理的限制。集体建设用地是集体所有的，但是各种政策使这一村集体本来有的资源不能被集体使用，而是被村庄以外的其他主体利用，集体的所有权落空。在市场化条件下，没有通过对集体建设用地实际的使用来获取所有者权益，这是对农民集体最基本的伤害。没有了集体所有权，集体也就成为一个虚化的主体。集体必须有自己能够控制的资源和资产，或者凭借自己对资源、资产的所有和控制来和外部的主体进行合作，来分享对资源有效利用所获得的收益。

第二，集体是对它的成员个人的资源、资产充分利用的一种组织形式。集体加以利用的资源包括两部分：一部分是集体所有的资源，另外一部分是作为成员个人拥有的资源和资产。后者因为成员个人有集体成员的身份，这部分由成员自己所有的资源和资产在集体当中可以得到更有效的利用。比如农村老人他没有到城里打工的技能，或者是他的身体有残疾，在其他经济组织内部他没有创造财富的能力了。所有的成员都有自己的按照市场的标准来说非标准化的资源和资产，这部分资源和资产无法进入市场创造收益，在外部市场看来非标准化的资源能加入集体的发展，能够创造收益，这是对农民利益的保护，不一定通过集体内部的保障实现。比如对残疾人，集体给他创造他力所能及的劳动机会，通过内部创造一种资源利用体系来让每一个人所有的资源都能够在集体当中得到利用。这对于中西部地区市场化程度不高的村庄就更有意义了。

集体内部充分利用两种资源后对外就有了利用价值。最简单的例子，分散的土地没有外部主体，把它在集体内部做整合规整，这样土地就有了基本的市场利用价值。集体可以通过内部土地整合或其他各类资源的协调形成内部的对价关系，来让每种资源拥有者都能获得经济利益和福利保障。这个是集体的第二个功能，这个功能现在强调得不多。如果没有集体，我们农村很多资源就不能得到利用，因为有了集体这些资源才能被利用，包括集体的一草一木，还有各类人力资源。在中国这样一个人多地少的国家，或者说资源有限的国家，一个小的共同体内部对资源充分利用以后，就可以做到一方水土养一方人。在集体化时期，国家不用负担集体很多，今天国家有实力了，充分把集体调动内部资源和利用内部资源的能力发挥出来也是集体存在的价值。集体是让农民能够得到从底线的保护到长远安定的未来的一种很好的组织形式。

第三，集体是使得农村世代有人居住，这些人还可以得到有序发展的一种保护性组织。集体是不会破产、无法解散的社会组织形式，这对保护农民利益来说是非常根本的。农民和市民不同，他除了是一个国家公民，还是一个集体成员。当然，市民也可以是一个在地化的社会组织的成员，但这样的社会组织和一定地域空间的土地的联系没有村集体那么强，甚至没有联系。这个集体成员是他（指“农民”）从出生到死亡一直具有的社会身份，这个社会身份给他（指“集体成员”）带来的是多方面的利益，是集体成员之外的一般国家公民所不享有的。为什么农民可以有这个利益呢？原因有二：其一，他是公共产品生产者，他是农业从业者。其二，如果他不作为具体的农业从业者了，他作为集体成员，是农村地区的居住者，他的居住行为也具有生态价值，他让一个地方的人与自然的关系得到良性维持，他在农村居住就是对国家的贡献。鉴于农民的这两种身份，实际上他需要有保护性组织。集体作为农村世居者的保护组织，这就是集体的第三个功能。

集体组织的第一个功能是经济上的，第二个功能是内部资源动员和充分利用本地资源，第三个功能是它对于农民这个群体的保护功能。农民如果直接面对外部市场，是比较弱势的，成为集体成员以后，他就有了特别安定的未来，这个对于中国来说是特别重要的。

集体组织如果能够发挥上述三方面的功能。那就能做到：第一，一方水土养一方人，中国可以让一方水土养一方人，在流动和安定之间有一个很好的平衡，避免大规模流动带来的社会问题和社会治理难度；第二，一方水土富一方人，相对地富一方人就是我们现在强调的集体经济这个词特别想去实现的东西。

我觉得对于集体组织的价值还应该进一步深入去理解，我就讲这几点。

董强（主持人）：谢谢仝老师，我觉得今天您最大的理论贡献就是把一个“新”字给我们讲得特别透彻。您刚才的发言把这样一个集体真正的内在价值也剖析得非常清楚。

我们接下来还有一个问题也请三位老师来分享一下你们的观点。这个问题也是展望性的问题，请各位老师从各自专业视角去分析一下新型农村集体经济，包括集体产权改革和乡村前景之间的关系。前面几位老师也谈到了，集体经济在不同时代背景下、不同历史阶段，有进步的方面，也有不足的方面。我想请三位老师想象一下，基于乡村前景，尽可能把制度上、文化上的，传统方面的束缚剥离，想象一下集体经济跟乡村前景能发生什么样的化学反应。

我们先请高老师。

高鸣：刚才董老师说畅想未来，我觉得有这样几个点，产权制度改革、集体经济、乡村未来发展。我说一下这三个点的脉络，首先，产权制度改革的目标是要发展壮大新型农村集体经济，集体经济发展壮大是为了什么？是为了让我们乡村越来越好，这是脉络，我们要在在这个脉络下充分畅想。我曾经写过一篇文章是关于面向 2035 年基本实现农业农村现代化远景目标下新型农村集体经济应该是什么样的，结合刚才仝老师和高强老师提到的问题，我认为新型农村集体经济有这样几个方面。

第一，它会把农村的经营制度完善，现在有些想不到的，或者我们没有考虑到的，当前政策没有涉及的东西都包含进来，这对乡村发展有制度层面上的优越。

第二，在乡村治理上和治理现代化上，因为有集体经济组织这样的组织载体，接下来不管是 10 年、20 年、30 年，都可以通过这个载体，推进经济治理和乡村人文治理、“三治”结合[①]等。

第三，我们总提“三农”短板，我认为促进实现共同富裕目标最有效的路径就是发展集体经济，特别是要在农村实现共同富裕。现在很多私营或者个体经营户很担心共同富裕是不是打乱我重新分，但中央实际上并不是这个意思。在农村集体经营里头，更多体现在去帮助弱者，可以给他们按照集体经济组织的制度管理提取应付费用，保障弱势群体或者贫困群体。保障他们的收入也就是共同富裕的有效实现路径。

第四，为世界经济发展特别是农村的发展贡献中国方案和中国故事。为什么这么说？说到集体经济，可能全球也就我们独此一家，像德国的，还有苏联的方案模式跟我们现行的新型农村集体经济都不一样。所以我认为接下来集体经济的发展会为 2035 年基本实现农业农村现代化、到 2050 年实现乡村全面振兴贡献中国故事，而且对促进整个乡村未来发展和实现乡村现代化有比较好的经验作用。董老师，我的观点就这些。

董强(主持人):谢谢高鸣老师。接下来请高强老师，发挥一下您的想象力，比高鸣老师再进一步。

高强:我觉得关系到我们认不认同乡村存在的价值，如果我们认同乡村存在的价值，我们就要认可刚才仝志辉老师讲的共同体的功能。这种共同体的功能我把它理解成有限的公共性，在有限公共品供给上，村级组织有它特

---

① “三治”结合是自治、法治、德治相结合。构建自治、法治、德治相结合的乡村治理体系，是推进国家治理体系和治理能力现代化的乡村场域。

殊的优势。

这个和我们一些政策目标，比如党的二十大提出来的乡村具备基本现代生活条件等，它不是一个经济维度的，而是综合维度的，是生产、生活、生态多重维度，也就是现代生活条件。在现代生活条件具备和提供上，村级集体经济应该有它的特殊性，但从目前来看，想达到的和我们目前还是有很大差距的。

我也认为还是要深化改革，现在的集体产权制度改革只是前半篇，做了一些认定性的工作，真正往前推进的、深层次的、改革性质的东西还没有做，仍没有完全展开。这种改革最近有一些提法是城乡联动式改革，我们原来叫深化农村改革，后来说不够，要深化农村的综合改革光靠农村的综合改革不够，我们要在城乡融合下深化城乡联动式改革才能破除解决。

我最后再补充一句，我想到日本有非常强大的农业协同组织[日本农业协同组合(Japan Agricultural Cooperatives)]，同时日本也有“集落营农”[①]这种共同体属性的地域组织。对于东亚小农社会来说，对于中国而言，村集体所有有可能有它的合理性，就补充这一点。

董强(主持人)：谢谢高强老师。接下来请仝志辉老师分享一下您的猜想。

仝志辉：第一，我们从集体经济这个话题出发，集体经济在这个焦点上进一步的政策创新和持续性的实践，有可能复兴或者创新集体这个特殊法人或者一种特殊类型的社会组织的存在价值。它会复兴集体，但是这个集体有过去传统集体化时期的一个背负，它会带来很多问题。集体在现有的法律政策当中不利于复兴，随着集体经济组织立法讨论的深入，我们需要的不只是扩大集体经济的组织立法，我认为要对集体村舍进行持续的探讨实践和不同经验的交流，推动集体村舍这样一个组织形态获得长远的存在。

第二，集体经济会成为整个农业农村现代化过程当中不可缺少的中介和主体力量，在农业和整个产业链以及社会化体系过程当中不可缺少，在农村发展的不同阶段不可缺少，在城乡关系的逐步融合过程当中也是不可缺少

① “集落营农”是指以集落为单位，就农业生产经营过程的某个或全部环节开展共同服务、统一作业的组织经营体。

的。这个前景是集体村舍在中国农村获得稳定性的存在。

第三，集体的存在使得一个有中国特点的城乡关系最终形成，它不是传统的城市化——逐步缩减农村，而是乡村和城市的有机融合。正是集体的存在，让这个前景有可能：一方面是由于我们的村社传统；另一方面是因为中国共产党对趋势创造性的把握。我们也会有主体性，重大时刻政策选择的方向还是非常重要的。因为它会有一定的积累，如果错过一些情况，更良性健全的功能会面临一些困难。

董强（主持人）：谢谢仝老师，三位老师给我们呈现了未来乡村，以及未来乡村集体经济的景象，最后我们留一点时间给我们参与的老师、同学、朋友一些提问的机会。我们先从仝志辉老师开始，第一个问题，如果在农村居住有生态价值，那是否应鼓励城里人到农村居住？

仝志辉：实际上由于集体的存在，村庄人的居住必须保持一定的生态性，因为农村的生产条件和生活条件有整体性特点，个体破坏生态的行为会产生比较大的外部性。等集体村舍的底盘稳固时新村民再入住，才是一个很好的时机。比如你去农村开农家乐，二三十年在农村居住，这种农家乐仅仅是便利了你收入的增长，是较少一部分人受益。如果没有集体，这种情况很容易异化，就比如说农家乐行为的公共管理活动，它需要一个规划，这是需要集体村社出面的，这体现了资源的整体性。没有集体村社，就会导致城里人私自去建房或者是干别的什么，就会对我们农村的生态造成破坏。

董强（主持人）：接下来请高鸣老师回答两个问题。第一个问题是农民共同富裕的最佳路径是发展新型集体经济吗？能不能介绍一些全国的典型经验。第二个问题是村级合作社能否实现企业化的运营和运作？请您简要回答一下。

高鸣：村级合作社是否能实现企业化运营和运作，首先这个是可行的，很多地方有现存的一些典型做法。但是当我们在做管理工作时，将股份经济合作社完全变成企业公司去运作，容易出现被工商资本侵占集体资产的问题和现象，所以我们参与一些政策讨论的时候，就有两个点值得注意。

第一点，签订专项合作。就是说我村集体拿资产的经营权来跟某一个公司合作。

第二点，签订专项合同。村集体经济组织很多还成立子公司，以村集体再成立公司，将集体资产的经营权放在子公司参与一些经营，我看到很多地方是有实践和探索的。

至于农民共同富裕的最佳路径是不是发展新型集体经济，我也回应一下，刚刚高强老师也提到了，畅想实现"三农"的振兴和共同富裕，乡村的全面振兴，并不是说集体经济是唯一的路径，也不是把它们绑架在一起，或者一定要怎么样。但是集体经济确确实实在保障我们贫困、弱势群体上有很大的帮助，对促进共同富裕有显著作用，是在这个机理上实现的形式。

目前没有办法去确认它是最佳的路径，当前我看过很多文章，一些前辈的文章，比如陈锡文老师，他们都提到集体经济在促进共同富裕上是一个有效的路径，但是不是最佳的，要用数据去论证它。我觉得江浙这些地区都做得比较不错，我还没有去现场调研过，所以我没有办法给您一些具体的建议，如果我调研发现了，我再给这位老师或同学反馈。我就说这么多。

董强(主持人)：接下来请高强老师回答两个问题。第一个问题是在乡村调研的过程当中，很多的村支书，愁资金，愁产业，党的二十大报告提出要依靠新乡贤，高老师能不能介绍一下这方面的政策文件。第二个问题是村集体的经济支出很多，负担很重，您觉得哪些方面是村集体更应该支出和负担的？

高强：中央政策提出来依靠新乡贤，但也提出来依靠科技创新，依靠别的方面，所以这两个问题不是一个必然的逻辑。当然农业农村部有很多的政策，各个方面都有，但不是所有的村都有机会，其实村的真正发展我觉得不能说是依靠政策来了才发展起来的这种发展。政策只是起信号的作用，没有政策也能发展，这才是一个真正的发展。农业农村部的相关政策代表政策的导向和支持的方向，不是那么多村都有机会，这是我讲的第一点。

第二点，这个问题提得非常好，这种现象在发达地区非常突出，就是一些城乡流动、人员交叉混居之后带来的村级层面的支出。收入的范围和支出的范围边界不匹配，就是我之前说到的产权和治权不统一，我和我的博士生有一篇文章也讨论了这个问题。农村基本公共服务的提供应该是财政负担，可以由村级组织来维护，但是村里面没有这个钱就应该从财政来出。这都是从城乡一体的视角看待，从公民到公民的权利的角度来讲的。

第三点，由村里面支出的部分，村集体经济组织可以提取一部分公益金、公积金用于村级公共服务供给。但是农村集体经济组织是一个经济组织，村委会是一个社会自治组织。这样把两类组织的定位明晰了以后，村级支出的范围、支出的责任也就相应地明确了。这背后反映了一个逻辑就是财政应该承担更多的农村社区基础设施和公共服务的支出责任，我主要是想强调这一点。

最近有些财政遇到困难了，疫情影响下一些农村基本公共服务还是要靠村集体经济组织，它还是要承担这个功能，而且收入越高的，承担的比例越重，承担的支出越大。怎么看待这个问题，我觉得大家也可以讨论讨论。比如，集体经济组织支出产生的公益性负担就要求进行税收减免，如果不享受税收减免，公益性负担的责任承担比例就要降低，这个是相互挂钩的。

董强(主持人)：谢谢高老师，接下来请仝老师回答两个问题。第一个问题是如何看待少数民族地区农村集体经济组织中农民的参与？第二个问题，现阶段乡村振兴考核是以行政村为单位，而集体经济有收入的大部分是自然村，村地山林都是在自然村的集体，行政村和自然村两个集体经济能否有合适的方式结合？

仝志辉：集体经济在不同资源禀赋的村，发展的空间存在不一样的地方。少数民族地区的部分村庄，获得更多的集体收入，给村民分更多的红利，肯定有做得好的，有做得差的。但是我说的集体经济发展的程度不能仅仅以这个为指标，农民所求的不仅仅是这个，对于他们来说这个集体实际上也不存在。集体在很大程度上是组织人与人的关系，我说的集体经营是对全要素的、对经济关系和社会关系的经营。当然在集体经济的场合下这样讲可能有一点扩散了它的含义，但是村干部做的事就是这个。至于少数民族地区我觉得国家有更多的责任去帮助他们，他们也有进一步去培育自己的内生动力、更好对接这些资源、产生更大效能的责任，这是第一个问题。

第二个问题，说到自然村的集体经济和行政村的集体经济这两级的关系，不同的地方不一样，各种不同的形式都在涌现出来。现在甚至有乡镇范围的集体经济，集体经济的规模会随着形式的发展变化。但是土地所有权是不是要由组变到村、由村变到乡，这完全是在不变动土地所有权的基础之上创造更多的集体经济的经营方式，通过成立联合的股份经济合作社，或者在部分经营项目上合作，以及在我们说的集体经济视野下和农业全产业链这样一种综合经营组织框架之下运作。它有多种的可能性，所以不应该把这个问题极端化，而是要看它的各种实践形式来阐明它的具体机制。

董强（主持人）：谢谢仝老师，还有最后一个问题，如何厘清集体经济组织与村两委组织之间关系和功能交织的问题？仝老师您回答一下。

仝志辉：集体有经济的、社会的、文化的功能，甚至在某些公共事务中承担公共管理的职责。它是不是分组在不同的组织，要依照不同地区的情况去看，对此我也有自己的想法——村集体的设置应该有相当大的地方性和多样性，这实际上对我们是一个挑战。组织的立法如果要设定一些模型说谁优谁劣，最终选择一种，这是不合适的。

如何能选择多种立法对我们立法方式和执法方式是一个挑战，尤其是对基层组织的立法。我们在村委会组织法上有过失败的教训，法律的单一化、绝对化的思路已经出现问题了。现在在集体经济组织法当中如何体现集体经济组织的多样性，我觉得是一个挑战。如果有了集体经济组织多样性，那么有的地方甚至可以合起来。形势上是合起来的，但是有些地方是分开的，如何开拓这个局面需要法律学者的加入。

我其实是代两位高老师回答，因为他们刚才讲的我也体会到很多，学到很多。我想我讲的这个精神说不定他们也认可，但是如何实现可能表现在表面上又有很多分歧。我不能说代表他们讲，我是讲我个人的观点，但我想这里面有我们共同的一些认知。

董强（主持人）：谢谢仝老师，今天的对话非常精彩，这种精彩来自我们三位老师长期深耕于集体经济主题的研究。最近我也拜读了三位老师的文章，通过今天的对话，每位老师都在这个议题上，对学术的积累和思考进行了非常精彩的分享。再次感谢三位老师对我们学术活动的支持，同时也欢迎我们两位校友能够继续关注母校学术工作，同时也欢迎仝老师多多参加我们学校的相关工作。

最后，感谢来自全国各地，长期关注我们学术活动的老师、同学、朋友，我们今天的活动就到此结束，谢谢大家。

〈结束〉

八、闲置资产盘活：政策与路径

主持人

陆继霞：中国农业大学人文与发展学院教授、国际发展与全球农业学院教授

对话嘉宾

刘守英：中国人民大学经济学院党委书记兼院长、教授

钱文荣：教育部长江学者特聘教授、浙江大学中国农村发展研究院院长

罗必良：教育部长江学者特聘教授、华南农业大学文科资深教授

李小云：中国农业大学国家乡村振兴研究院常务副院长

时　间

2022 年 11 月 11 日(周五)19:00—20:30

对话简要：

党的二十大报告提出要全面推进乡村振兴。在实践中，一些地区和村庄通过村庄闲置资产盘活的方式，探寻乡村人才振兴、产业振兴等乡村振兴的新型路径。本期政策对话邀请了三位专家围绕“闲置资产盘活：政策与路径”主题，就乡村有哪些可以利用的闲置资产、如何进行闲置资产盘活、当前政策在闲置资产盘活上有哪些要求、未来在闲置资产盘活方面政策上有哪些调整方向等问题展开对话。本次对话由中国农业大学人文与发展学院教授陆继霞老师主持。

罗必良教授首先阐述了新中国成立以来中国农村土地制度的发展脉络。他认为集体建设用地这部分的制度变革国家已经做了一些探索，但在实际运作的成效方面还要进一步放大，或者说再确权。目前农村三块地从产权的角度来讲，大部分指向资源使用权概念；从资产盘活的角度来看，没有赋予资产的权利和财产的权利，还有进一步突破的空间。他认为农村发展的重要潜力应该是盘活乡村资源，尤其是土地资源，并在此基础上做大县城与中心镇。其中，一个关键是要培育和引进企业家。盘活就是没有市场要创造市场，通过法律来赋权，通过平台来赋能。乡村振兴必须要跟县域城镇化，跟县城和中心镇的发展结合起来，放在一个更大的范围来谈。对我们国家农村资源的盘活应该分类考虑，应该强调的是，保留未来资产就是保留向未来投资的能力。未来的乡村振兴表达在县域经济和县城拉动两个维度上，不是就乡村说乡村。

刘守英教授认为，中国的土地制度很特殊，一是农地的使用，二是农地的用途转换。从农地农用这个层面来讲，集体所有、农户承包、经营权的转让，这些权利安排已经是跟中国比较适应的制度安排。目前三权已经分离，但新的经营主体现在并没有进来。农地转用，也就是征地后用作建设用地，跟国有土地同权做改革。过去宅基地是没有财产属性，但现在又有三条分支允许宅基地有偿使用，在现实中也很难推进。地权的价值实现跟乡村功能有关系，一些农村的需求还面临发展障碍，原因是需求产生的这些变化并没有得到功能上的认定。他认为，村庄需要重构，要改变传统自然村落，适度地集中形成一些新村落。在中国城市化的格局里面，县城应该是联通乡村和城市最重要的枢纽。当前县城的样子，跟我们上一轮城市化的扩张模式有关系，省城基本上就是房地产的城市化加一些园区。

钱文荣教授认为，从资产盘活的角度来讲，农地本身带来的收益比较低。浙江农村最近这段时间耕地抛荒的现象是增加的，浙江农村的市场也有，大产权登记、确权、办证都做了，但到了真正实施的时候，面临更细的产权细分以后的事情，抵押、担保等很多更细的问题。现在宅基地流转做得比较好的基本上都是做农家乐和民宿。住宅要变成民宿会涉及两个问题：一是能不能突破一般的租赁期也就是 20 年的租赁期；二是能不能进行改造。要解决流转和经营过程当中一些具体的问题。他认为，虽然对农村经济来说可能并不是最主要功能，但是农村要承载粮食和主要农产品的供给功能、解决留在农村的农民的收入问题，还有传统文化的文化功能、生态功能。

李小云教授认为，20 世纪 80 年代的时候乡村承载着国民经济发展和老百姓吃饭两个功能，今天的乡村发展是社会问题，不是经济问题，乡村发展产业从根本上来说还是要靠城市与工业化。今天的乡村闲置资产问题也不是一个资产的问题，如果没有城市化与工业化推动，土地是不值钱的。农村也并非没有市场，它是有一定资产的。李教授认为他在云南做的实验就是资产盘活类实验，这是在自然环境好的、有文化传统的、将来能留下来的村庄里做，让村庄、自然环境能保留下来。中国式现代化需要城乡融合和以城市化为主体的现代化。

对话全文：

陆继霞（主持人）：我是中国农业大学人文与发展学院、国际发展与全球农业学院的陆继霞，今天我们非常荣幸地请来了三位重量级学者，他们是中国人民大学经济学院党委书记兼院长、教授刘守英老师，浙江大学中国农村发展研究院院长、教授钱文荣老师，华南农业大学文科资深教授、国家农业制度与发展研究院院长罗必良老师。

今天我们要讨论的主题是“闲置资产盘活：政策与路径”。大家都知道在过去几千年里面，土地一直是中国农民赖以生存的重要基础、生计来源。费孝通先生在《乡土中国》这本著作当中有过论述，说中国社会的基层是乡土性的，乡下人离不了泥土，土是他们的命根子，直接靠农业谋生的人是“黏”在土地上的。在过去的将近 100 年时间里面，中国的农村、农民和土地之间的关系，农村的社会结构及农民和村庄的关系都发生了重大变化。在变化的过程中，核心的要素是工业化和城镇化的影响，目前，我国城镇化率已经接近 64%，也就意味着全国有将近 64% 的人口居住在城镇地区，在农村的大多是留守人口。在这样的情况下，党的二十大报告提出要促进产业振兴、人才振兴、生态振兴，要解决好这个问题本质上是解决好人和土地的关系问题。谈到土地，农村土地有农地、集体建设用地，还有宅基地。宅基地流转政策出台比农地相对晚一点。在这个过程中，我国出台了哪些政策，这些政策在全国各地落地是怎样的，在现实中还有哪些困境，有哪些问题要解决，还需要哪些政策要素供给来推进宅基地的盘活等，需要我们探讨的问题还有很多。

今天我们邀请了三位学者围绕这些问题来进行探讨。各位老师在中国农村土地制度领域已经耕耘了几十年，非常资深，所以想先请各位老师给大家介绍一下中国农村土地制度变革或者改革的基本脉络。罗老师，请您先讲。

罗必良：改革开放以来，中国土地制度，尤其是农村土地制度发生了非常重大的变化。我们知道，最早“打土豪，分田地”建立的是土地私有制。20世纪50年代中期，通过合作化，走集体化的道路，到建立人民公社，由原来的农村土地私有制转化为土地的集体所有制。集体所有制在我们国家总是跟集体化、公社体制联系在一块，这种集体劳动生产的特性，缺乏有效的监督与考核，因此这样的组织方式或制度设计带来的效率并不高。所以，1978年党的十一届三中全会召开以后，我国开始实行土地集体所有、家庭承包经营的土地制度。实际上家庭承包经营的时候已经带有两权分离的特征，集体的所有权和家庭的承包经营权分离。后来，随着劳动力的不断流动，有了另外一个权利的分离——承包权和经营权的分离。原来农户的承包权和经营权是捆绑在一起的，现在把经营权单独分离出来盘活土地。换一种说法，以我们今天的话题来讲就是以经营权的方式来盘活农村或盘活农地经营，这是一个部分。另外，在农村，除了农地，还有两大块地——宅基地和集体建设用地。宅基地主要在村内流转，当时在市场开放方面还没有大的动作，那时是“一户一宅”，这基本是由农民居住权决定的。集体建设用地这部分国家已经做了一些探索，包括同地同权同价，允许在一定程度上、在保留集体所有制的前提下来有效盘活农村资产，在全国范围内已经提出了基本的政策导向，但在实际运作的成效方面还要进一步放大，或者说再确权。确权包括农户身份的确权，也包括集体建设用地、宅基地等使用权的确权，在这个基础上怎样进一步挖掘制度红利，使农民获得更多的资产性或财产性的收入，这是我们今天非常关注的一个话题。

陆继霞（主持人）：特别感谢罗老师。罗老师是中国最早提出农地制度的三权分置、农地规模经营和服务规模经营等重要思想的学者，刘老师有什么要补充的吗？就农村土地的问题，我知道您在制度层面和实践层面都有很多见解。您就罗老师讲的制度性脉络，能不能谈一下在现实当中为什么农村土地制度改革非常的重要？在现实层面有哪些力量、以什么样的方式来推动着制度性的改革？

刘守英：刚才罗老师实际上讲了基本的制度发展脉络。中国的土地制度很特殊，一是农村的土地使用制度安排很特殊，二是土地的用途转换也很特殊。我们现在讨论农村的土地问题，很重要的是讨论这个土地是不是一种资产，这种制度的特殊性对土地资源和资产的特性有什么样的影响。资源要成为资产，首先，土地的权属和安排决定了它的资产特性。如果这个权属、权利没有界定，那土地的交易价值就没办法体现；权属关系如果得不到保护，这个权属也是没有价值的。我们讨论农村土地问题的时候，很大一部分讨论集中在这两种特性上：一是农地的使用，二是农地的用途转换。农地农用的问题在于，怎么更有效地去使用土地这个资产、规模是不是能增加、规模增加以后的效力到底怎么样，这是其中一个讨论路径；另一个是农地非农化使用的权利安排。主要就这两部分。

现在讨论农地的时候，要注意的一个问题是到底如何认识农地本身的财产特性，现在整个权属安排和农地农用的权属安排还有什么问题，另一个问题是农地转用的权属安排有什么问题。这是两个层次的问题。

从农地农用这个层面来讲，集体所有、农户承包、经营权的转让，这些权利安排已经是跟中国比较适应的制度安排，那么现在要做什么呢？就是分析解决农地农用中碰到的问题，当前制度安排下分离的各项权利——集体所有权、承包农地权、经营权三者之间有什么问题。首先，这里核心的问题是，当你要把集体所有的土地作为一种资产去使用的时候，集体所有权本身的权利在这个过程中可能是一个问题。让集体去整合土地，集体也不一定做得好。其次，是经营者，经营者现在面临的问题在哪里？目前，三权已经分离了，但新的经营主体现在并没有进来。到底是权利的问题还是农业回报的问题？农地转用涉及的问题，农地转用，也就是征地，然后用作建设用地，跟国有土地同权做改革。现实中，集体建设用地这个制度设计在农村并没有出现期望的效果，集体建设用地最后能作非农使用，用来发展产业。这是不是权利安排不彻底导致的？比如农村本身就没有发展产业的政策安排，那这个权利给农村有什么用？宅基地同样存在这个问题。过去宅基地是没有财产属性，但现在又有三权分置允许宅基地有偿使用，在现实中也很难推进，这到底是什么原因？这里面都有一些基础性的问题要研究。钱老师和罗老师他们现在还在研究。

罗必良：必须弄清资源与资产的赋权问题。目前，农村三块地其实更多的是从资源使用层面来给权利，把它作为一种财产或资产的形式就给得很少。所以我们在讨论资产概念的时候应该集中在如何突破不恰当的限制或管制，赋予更多的权利。所以我在想，三块地大部分给的是资源使用权概念，所以从产权的角度来讲是清楚的。但从资产盘活的角度来看，没有赋予资产的权利，更没有赋予财产的权利，这是不够的，还有进一步突破的空间。

钱文荣：一个可能是权利问题，另外一个我感觉是市场问题。土地本身没有市场，所以资产的价值就很难体现。

罗必良：市场是结果。前提是赋权，赋权才能赋能，赋能才能盘活，盘活就是市场发育。

陆继霞（主持人）：您说得对，之前很多关于三权分置的讨论都是农地这方面的。宅基地的三权分置还是近几年的事情，我也看到钱老师正在进行这方面的研究，所以能不能从您研究的成果给我们大概介绍一下刘老师提出来的一些问题。

刘守英：这个要一块地一块地来说。就刚才罗老师说的，农地怎么成为一种资产，宅基地怎么成为一种资产，建设用地怎么成为一种资产。原来按资源的特性去建立的产权，现在如果把它作为一种资产来做权属的安排那是不一样的。

钱文荣：我感觉这两年的改革当中，农地方面有一个很大的问题。从资产盘活的角度来讲，实际上农地本身带来的收益比较低，我在调研当中发现现在对农地所谓的违规使用，比如规定种粮但你不种，对这方面管得很严；但他要是干脆什么都不种，我们对他好像也没有什么办法。我们现在看到的这个问题，就是前两年农民种东西还有一定的收益，现在他感觉收入低了，干脆不种；但是他也不流转，因为流转有很多的担忧。所以以我们在浙江的调查来看，至少最近这段时间耕地抛荒的现象是增加的，像这些问题就比较难处理。

三权分置中，浙江农村这两年在盘活产业基地方面做了很多事情，市场也有，但实际上我们现在碰到的问题就是大产权登记、确权、办证都做了，到了真正实施的时候，更细的产权细分以后的事情没有得到重视。比如说我租你房子 20 年，我能不能够抵押，这个问题始终没有解决。只要不能抵押、不能担保，这些事情不能做，后面的就很困难，其实本质上它还不是资产。

刚刚刘老师讲的经营性用地入市其实也碰到类似的问题，就是我给了你权利，人家企业不要。不要的原因有可能是这个地本身的位置不好；也有可能是他觉得受让国有土地产权清晰，受让农民的地，过两年农民说不定来跟你闹了。同时，同样面临着抵押、担保等问题，所以我觉得这里还有很多更细的问题要解决。

陆继霞(主持人)：刚才钱老师有提到，在浙江，宅基地三权分置有很多创新，您能不能谈一谈您发现的创新点。比如，现在全国各地都面临这样的一个情况，农民挣了钱，然后把房子盖起来了，把钱变成了砖头，现在李老师做的实验就是在怎么能让砖头再变成钱。在浙江，您研究的区域，他们有哪些实践上的探索？怎么去把村里闲置的砖头、房子，无论是农户手中的还是村集体手中的，把它盘活？让它变现，有没有一些好的做法？

钱文荣：现在宅基地流转做得比较好的基本上都是做农家乐和民宿，所以我说首先得有市场，因为这个地方如果适合发展乡村旅游业，就有可能实现宅基地的流转。原来的住宅假如说要变成民宿的话，会涉及两个问题：一是能不能突破 20 年，以前一般的租赁期就是 20 年，很多人都说太短；二是能不能进行改造。现在基本上如果我想把一个房子拆了重新造，没有哪个地方是允许的，但是我可以和三四户人家联合，让农户把房子全部租给我，然后我适当地进行改造。租一个房子搞三个房间，对于下乡、返乡的创业者来说是不够的，农户自己经营是可以的。在这方面有的宅基地政策是不允许的，其实在不影响整个村庄规划的情况下允许做一些改造，我觉得这方面政策需要有一些突破。原来这些房子都是承载住宅功能的，三权分置以后人家基本都是用来做经营的，对整个房子的结构、面积都会产生一些新的需求，包括抵押贷款等，有一些地方在做试点。按照我们原来的制度，抵押以后到最后还不了钱了，就把这个房子收回去。原来农民的房子是根本不可能的，现在变成经营性住宅以后，一方面他确实需要利用这个来获得一些租金，这方面这两年都在做。要解决这些更细的一些事情，而不是停留在大的确权、登记、颁证、允许流转等方面，关键我觉得还是要解决流转和经营过程当中一些具体的问题。

陆继霞(主持人)：谢谢钱老师。罗老师，您在四川崇州那边也做了很多年，从农业共营到全域共营，从1.0版本到5.0版本的实验，您那边我看也有一些关于宅基地整合的工作，您能给大家介绍一下在崇州开展的工作吗？那里是怎么进行宅基地整合的？

罗必良：崇州也好，浙江也好，它们都有一个很特别的背景，离城市近，本来经济就比较发达。崇州是成都市下面的一个县级市，双流机场到崇州就一个小时的路程，成都人喜欢出去玩，喜欢农家乐，所以就很方便。浙江也是，与长江三角洲快速发展有关。如果把在这些地方的一套制度体系在全国推广使用确实有困难，但崇州的探索有一定示范价值。崇州的主要经验就是以土地股份制集中土地与村庄资源形成规模化经营，以职业经理人或村庄运营师推进组织化经营，以多样化的社会化服务与分工经济促进专业化经营，由此构建了“共建、共营、共享”的运作模式。其中，企业家的引进与分工深化是盘活资源及其资产的核心。

崇州还有一个非常重要的发展前提，就是城乡双向要素流动要比别的地方更畅通，用比较委婉的话说就是这个市场非常发达。你不能用结果来倒推。说城乡流动，但是有些东西要去扶持很困难，比如广东，经济够发达，号称全国最大的经济省，可是前不久我们看到一个数据，广东的宅基地如果要进行有效整理的话，它可挖掘的建设用地潜力大概在130万亩。从土地盘活的层面来说，130万亩是个什么概念？一亩地的建设用地指标的价格可以达到几十万元呢。可是这么多地都是闲置的，为什么闲置？广东不发达吗？所以我觉得这是一个值得重视的问题。

2020年，我国乡、村、组三级集体经济组织资产总额（不包括土地等经营性资产）已经达到7.7万亿元，每个村平均拥有资产超过1 000万元，户均超过2.19万元；全国闲置的宅基地至少达到3 000万平方公里；还有闲置或利用率极低的农民房屋、碎片化的集体建设用地，特别是丰富的自然生态与人文景观，这些更是不可估量。盘活这些资产，对于推进乡村振兴，对于实现农民走向共同富裕，是意义非凡的。因此，如何全方位开发农村的土地、生态与人文资产，形成有效的交易平台与价值实现机制，是个值得研究的重要问题。

所以我在想，为什么有些地方本来有发展潜力但没有发展起来？我觉得存在三个方面的原因。如果说按照给我提的问题，应该采用什么样的方式来盘活，或者说它需要的基本条件是什么。

我想第一个是开放村庄。村庄的产权是封闭的，因为所有的产权界定都是集体所有制框架下的成员权，对外的是排斥的。由于集体产权是村庄集体范围内的所有成员共享的，村庄之外的主体不可能获得占有权，且由于交易的管制也难以获得使用权。产权交易的封闭性才是关键问题。当然，这些从产权界定的层面来说没有问题，但从赋权的角度来说，则是不完备的。因为村庄集体没有赋予农民开放的交易权，交易的对外排斥，显然不可能有效盘活资产，必然导致租金耗散与潜在收益损伤。相对来说，农地经营权问题不大，外面的人可能也来租地，但经营宅基地和农民的房屋就是不允许的。比如，宅基地只允许村民内部进行交易，这一点对于保障农户住房来说当然是好的，但是从放活、盘活，尤其是通过盘活闲置宅基地来实现农民财产权利来说，还是不够的，包括宅基地的流转、置换，甚至于有些地方做的指标交易，这个都还不够。所以，我认为第一个应该是把村庄盘活。

把村庄盘活，但当地又没有好的发展空间，怎么盘？所以我认为第二个应该是把县城、中心镇做大。我们知道，现在很多农民工开始返乡了，尤其是一代农民工，二代有部分也开始返乡了，返到哪里去？回到传统的村庄有难度，所以我想县城是值得去琢磨的。中央提出来以县城为载体的新型城镇化，让农村产业聚集。在新的产业、业态发展上不要“撒胡椒面”，把原来的集体建设用地，把空心村中一些农民不可能再返回去的宅基地适当地集中，把县城做大，把中心镇做大，这样有效地吸引新的业态，这样能够使农民就地、就近就业，与此同时盘活农村的这些土地。所以我在想能不能把县城做大。

第三个就是得有企业家群体，没有企业家群体是做不成的。我们应该有一个倒逼机制，让企业家进来，因为企业家会发现机会，发现它的运营空间，有一个倒逼机制可以采用外部的竞争方式。我要强调的是，仅仅留守的农民是无法有效盘活农村土地与资产的，关键是建立农村土地股份合作社，引入职业经理人（尤其是回乡返乡的经营性人才），形成农业代耕（外包与托管）、资产代营（代理人市场）的服务交易，它们是三个重要的平台。合作社是资源的集合平台，职业经理人是管理交易平台，专业化服务是资产价值的实现平台。

浙江大学的郭红东教授跟我多次提到山东的曹县，他说山东曹县就是搞电子商务，形成了一个非常庞大的演出服装产业。这就是有了机会，有了企业家群体或者经营主体的进入才能盘活土地。包括刘守英教授曾经研究过的北京郊区用地，那是因为北京很多人到农村去租地，到周围的村上去租地，它才能被盘活。所以我在想是不是盘活要素、盘活资源，包括我们在崇州做的实验，首先要允许企业家进来，保持一个开放的状态，这样才有资源的盘活。我是这样想的，也不一定对。

陆继霞（主持人）：谢谢罗老师。刚才老师们都提到了一个很重要的问题，就是宅基地的盘活其实还需要很多条件，比如刘老师提到了关于物权的问题，钱老师提到市场的问题，罗老师又提到了村庄和县域开放、外部的竞争、资源供给等问题。刚才咱们举的例子讲的是一些在地理区位上有一定优势的地方，对于其他一些普通村庄和进城的村庄，在宅基地盘活方面有哪些不同吗？除了我们刚才谈到的这几个要素。

刘守英：现在整个乡村面临的问题是乡村到底要干吗？除了刚才讨论的这些定义，地权的价值实现实际上跟乡村的功能有关系，如果乡村没有发展的功能，它怎么可能去实现价值呢？实现不了价值，界定不界定产权又有什么意义呢？发达地区也好，欠发达地区也好，现在的乡村跟原来的乡土社会相比有很大的变化，它在变动。有的地方是人在动，有的地方是需求在变化。现在整个中国乡村的功能到底允许它做什么？现在来看无论是发达地区还是欠发达地区，对乡村的需求是有的，有人会去乡村。但人在乡村能待下来吗？我们对于乡村的认识可能还相对固定。尽管目前在推动乡村振兴，但乡村的功能还需要进一步激活和发展。我们赋予乡村功能，乡村可以发展吗？20世纪80年代的乡村之所以一片生机，是因为乡村是有发展功能的。我们走到现在，乡村如果没有发展的功能，怎么可能去提升它的价值呢？不能提升它的价值的话，最后权利的这些安排是没用的，这些制度在乡村有和没有都差不多，所以我觉得目前最大的问题是在这儿。

如果我们现在对乡村的功能没有明确定位的话，其他的权利安排就不会起作用。我们现在看到的发达地区，就更明显看出有需求。比如刚刚钱老师说的，像乐清、湖州的这些地方，都是原来浙江后发地区，目前显然已经开始发生变化，还包括小云老师在云南做的实验，都是依靠需求。需求出来后为什么这些地方还面临障碍，实际上是因为需求产生的这些变化并没有得到我们对它功能上的认定，基础性制度安排上的这种改变，包括城中村、郊区，甚至传统的农村都有这个情况。整个中国社会在变化，但是乡村现在的功能没变化，对乡村赋予的功能没动，那整个制度安排就不可能有效。

从20世纪90年代以来，新的一轮农地三权分置，集体建设用地允许入市，宅基地搞三权分置，这些制度安排都做出来了，但是这个价值怎么体现出来？或者价值出来以后怎么得到保护？这些实际上是比产权安排、制度安排更重要的问题。所以现在乡村振兴提出以后，作为一个战略，非常重要的就是乡村本身到底能干什么，不能干什么。如果乡村没有发展的功能，那乡村的资源就不可能成为资产，成不了资产，整个把它作为资产的制度安排也不会有效果。

从发达地区讲到落后地区，落后地区就没有需求吗？不是这样。四川那些地方，云南、贵州、广西，那些曾经的村庄繁荣是怎么发展出来的？显然是因为它属于资产。只赋予土地以资源的功能，怎么可能变成资产呢？所以做任何产权安排都无效。

陆继霞（主持人）：特别好，谢谢刘老师，其实您把这个问题的讨论带到了一个更高的层面。就您刚才谈到的这些问题，我在想另外一个问题，刚才几位老师其实还是在谈乡村外部和乡村内部关系的问题，也就是乡村有这样的发展需求，在乡村振兴过程中我们需要盘活这些闲置的资产。

从外部来讲，不论是在外面务工成功的或是希望返乡的人也好，还是不属于村庄集体经济组织的成员，纯粹是村庄外部的人员到村庄内部来居住也好，还是说来经营一个新的业态，进行产业经营也好，这中间可能还是需要政策上给予一些新的支持。我们在 2019 年中央农村工作领导小组办公室和农业农村部发布的《关于进一步加强农村宅基地管理的通知》里面谈到了一些内容，我想对于我们刚才讨论的这些问题，哪些方面是已经解决了，哪些方面还没有触及，或者说需要未来在政策方面解决刚才我们讨论的这些问题，需要去破解或者再加强哪些方面，罗老师您能谈一谈吗？

罗必良：这说起来有点复杂。其实中央层面也在提盘活农村资产，我们是鼓励的，也是支持的。党的二十大报告也强调要发展乡村特色产业。从特色产业角度讲它就是一个资产盘活概念，从产业发展来说，也强调发展新型农村集体经济，因为这些都是集体资产，还要赋予农民更加充分的财产权益。什么叫更加充分？是更加多还是更加充分呢？这都是值得去进一步研讨的事情。政策要破解或者要进一步去解决问题，我想应该分两个层面谈，一个是从产权界定，一个是从产权实施。产权界定是给了农民什么样的权属，给了什么边界。刚才刘老师也谈，我们给农民的权利是一个什么样的权属，边界在哪里。说宅基地有使用权，经营权可以交易，那使用权可不可以交易，交易到哪里去？是交易在村子里面吗？我原来老开玩笑，在农村里每个农户都有一块宅基地，只能在内部流转，这不就是人口增长的原因吗？这怎么可能有市场。你多生一个儿子，多买一块宅基地，他们少生一个儿子，多生一个女儿，再把女儿嫁出去，多一块宅基地，这能成事吗？这不是有效的市场交易。

所以我在想到底应该给他们什么样的权属，给什么样的边界，因为这些权属不仅仅是要讨论给什么，更重要的是这个权属是否可以交易。包括小云教授在云南做的实验村，我觉得很漂亮，有咖啡屋、民宿，你能不能卖？如果只指望人家旅游去住，没人去怎么办？所以从这个方面来讲，有市场当然是一个角度,没有市场没法盘活它,盘活了就是没有市场,也要创造市场,发现一个新市场本来就是一个创新的维度。是不是开放,可不可以交易,这就涉及产权实施了。产权实施由谁来实施?农民来实施,还是集体组织来实施?农民有实施的能力吗?或者说把农村人组织起来以集体的形式实施,会不会出现内部人控制,资产的经营比一块农地的经营是不是要难得多呢?从这个方面来讲,从产权的界定来讲,需要法律赋予它更完整、更充分的财产权利。显然,充分的权利必须包含交易权不受过多的限制或削弱。

从长期盘活来讲,关键在于它可不可以交易,有没有平台。所以我总说要法律来赋权,从长期界定角度来讲,平台来赋能。刚才守英也谈到乡村功能的开发,这些功能是针对市场需求而言的,谁能发现这个市场?谁能把这种功能跟市场对接?首先必须赋予乡村更多的功能,你不能老限制乡村。再就是到底有哪些功能?这个功能是谁发现的?是在发现了市场激活的情况下去开发这个功能的,这指的是企业家的职责。包括小云在云南做的实验,你们都已经带有半个企业家的性质,因为你们在帮他们寻找新的发展路径、开发路径或者功能的开发,进行拓展的空间。我们如何能更好地来运作呢?我们需要企业家这个群体,我指的企业家不仅是从经营角度来讲,还包括从制度设计、机制设计层面,所以我们需要运营企业家,需要组织类型的这些企业家。

我就说这么几句吧,实际政策层面还有很大的拓展空间,但是这需要更多的实践探索。

陆继霞(主持人):罗老师刚才提到的问题,我们现在正在尝试做的,也是李老师带领着我们一个团队在做的,就是关于乡村 CEO 培育的项目。我们把资本从城市引进来到了乡村,发掘刘老师讲到的乡村功能,希望它能够一二三产业融合。我看罗老师一再提云南的项目,要不李老师您回应一下吧。

李小云:我是这样想的,这个主题讨论得有点太大了。我们回到这么一个逻辑上,20 世纪 80 年代的时候农村人口大约 90%都在农村,农业经济占国民经济的比重在 35%左右,所以那个时候乡村承载的功能,第一是国民经济发展的功能,第二是老百姓最基本的吃饭功能。今天乡村只有 7%的 GDP,所以现在乡村的问题不是经济问题了，经济如果还靠乡村，那就是一个落后的经济了。所以今天讲乡村，语境变了，不要把它扯得太远了。我们今天说在乡村发展产业，欧洲各国、韩国，尤其是英国，20 多年了，我没看到过任何一个发达国家能把乡村经济搞起来，所以说从根本上来说还是要靠城市，还是要靠工业化，讲别的问题都不是在发展乡村经济这个角度。如果把互联网公司弄到乡村，那不就跟城市一样，这不是一个含义，我觉得这是一个问题，不一定对。

第二个问题，今天讲的问题实际上是乡村里还会有一些人留下来，这些人留下来以后，我们今天讲的乡村振兴的问题实际上在某种程度上是西方人讲的扶贫的问题。我们中国人讲的扶贫是狭义的，国际上乡村里留下的人是弱势群体，他怎么生活是一个社会问题。今天讲乡村是讲社会问题，不是讲经济问题。我目前在浙江郊区萧山做工作，天天去那边村里跑，土地撂荒了，你 1 000 多块钱就包出去，这里的人不感兴趣，村子里全是做鞋的，没人对土地感兴趣。跟过去完全不一样。

刚才必良讲的我是仔细听了，讲得非常好。我在乡村里做的事，我到乡村去讲得非常清楚，能给村里留下的人一点活头，让他能够利用闲置的资产盘活挣点钱，让他的生计搞起来，就是这个意思。

从这个角度来讲，实际上今天的乡村闲置资产问题也不是一个资产的问题，即使给权益，大山里的房子也没人买。很多人问这个土地资产有多大，我说，这个资产有多大，在日本，10 万块钱一栋的好房子没人买，不要以为中国的房地产放开了、给权益了就会有人买。浙江可以，那是城市化的推动，如果没有城市化推动、工业化推动，土地是不值钱的。第二个问题也不是没有市场的问题。有部分是有市场问题，有市场的地方，地的价格一定是高的，所以我觉得这个问题我得讲清楚。

第三个问题，我在云南做的事情叫资产盘活，这个资产盘活其实是做实验，让村庄、自然环境能保留下来。不是所有地方都搞，没用的地方，都是乱砖头的地方，我为什么要搞？我是在自然环境好的、有文化传统的、将来能留下来的村庄搞。英国、德国，任何地方都有这种村庄留下来，不是所有村庄都要建。中国式现代化还得是城乡融合的，还是以城市化为主体的现代化。

刘守英：我打断小云说的这个事，让乡村发展很多产业，发展很活的经济，我觉得这是不可能的，这不是乡村在一个现代化过程中的功能，所以乡村不是让它变成发展很多经济的地方。现在我们要应对的是乡村人数减少。人少了以后，整个乡村剩下来的人，还有未来也会有一部分进来的人，像小云这种，比如说像我。这个村庄实际上是要重构的，就刚才陆继霞讲的费孝通讲的那种村落里面去做改变是不可能的，实际上是面临整个乡村的重构，这里面比如说一些老人，一些新的人，未来要把他落到哪，这是未来要变的事。

如果所有的人在外面挣到钱都回到原来他的小村落，把自己的房子修一下，盖得很漂亮，整个村庄还是原来的形态，人地关系还是原来的形态，产业也还会是原来的形态，这是没有希望的。现在乡村里走的人还不够，将来人还要走，留下来的人让他体面地待着，包括本村回来的人，也包括外面进来的人。村落未来应该要做重构的是什么呢？要改变的是传统自然村落，适度地集中形成一些新的村落，形成这些新村落的过程中，人，包括他的土地、宅基地、建设用地的使用、产业，这些东西就会发生一些重大的变化，我们要在这种思维下再慢慢往前走。现在我们是让人走了，又让人家回来，地又动不了。人回来，盖房还会在那地方盖，宅基地也动不了；整个村落形态动不了；这些东西是我们在实验、在思考的时候实际上要做的。所以我讲乡村的功能、土地的功能是这个意思。

未来，比如说你进到村里，看到村道很漂亮，也不是说要搞很多产业，人有老的，也有新的，这个产业也涨起来了，农村土地的使用跟人地关系也发生了变化，是需要做这些变化，而不是把很多产业搞到乡村去。把人都搞到乡村去，然后在乡村去折腾，这是绝对不可以的。

罗必良：我插一句，为什么我支持乡村振兴必须要跟县域城镇化、跟县城和中心镇结合起来，是因为如果没有适度的人口集中，乡村要消亡的，很多人进大城市又进不去，为什么不可以做一下县城呢？我不知道守英是怎么想的，我小时候在农村觉得最大的城市就是县城，觉得能够去县城是很厉害的。现在包括教育、医疗，很多人结婚的第一个条件就是在县城买一个房子。建房子得有地，那可以从农村的宅基地、建设用地，尤其是宅基地，适度地集中。所以我在想乡村振兴应该是放在一个更大的范围来谈，不是就一个村子的角度来讲乡村振兴。我一直认为，县域经济就是农民经济，整个县域经济就应该是农村经济。

刘守英：我有一个还不成熟的问题，我们搞了这些年以后，县城为什么会变成现在这样是要反思的，它不是原来讨论的大中小的问题。

罗必良：你刚才提的这个问题，我还真想过。我们原来讲省城、直辖市、地级市，是一个独立单位，是独立的一级行政，县城不是，县城在整个县范围内，说不好听的，就是一个集贸市场的概念，它没有独立的县城公认概念，不是独立的城市功能。所以县城为什么老衰败，这么多年越搞越熄火，就是这个道理，所以县城的兴衰表达的就是一个广义村庄意义上的输赢。

刘守英：县城在中国几千年里面的功能，原来是有它的合理性，它是一个农业社会最稳定的治理单位，几千年的传统都是这样的。现在我们要思考的一个问题是，我们讲城市化继续推进，城市化继续推进以后，县城在一个城市化的社会或者在农业社会里面所起的功能、作用、地位到底应该怎么去定位。

我原来的思考是，城市化以后，省城、大城市发展起来，人就到了大城市，现在我觉得这是有问题的。可能在中国城市化的格局里面，县城应该是联通乡村和城市最重要的枢纽，而不是说县城只是农业社会里基本的治理单位，应该是城乡在城市化过程中最重要的一个枢纽单位。县城为什么搞成这样子？我觉得跟我们上一轮城市化的扩张模式有关系，省城基本上就是房地产的城市化加一些园区。小云，是不是这样的？

李小云：守英，你要注意一个问题，刚才必良讲的县城的问题我特别同意，那个时候县城的功能和今天不一样。我们有一个问题是，随着城市化的推动，我们 500 万人口以上的城市居住了 7.5 亿的人口，这说明城市化的虹吸作用还在继续，那现在县城的建设不是按照城市化，是按照行政区。1 000 多个县城减到 500 个，那县城这个所谓的连接城市与乡村的功能就有了，就不会和大城市竞争了。现在是行政制度把它拉着不让它发展。

刘守英：然后我们把土地指标、行政的权利都给谁呢？我刚才为什么没有点出它的毛病，是因为它有房地产、有产业，但是你看我们的地基问题就非常大，我觉得城镇化中地基问题最大的就在这。地基把土地吸走了，把土地抵押卖钱卖走了，地方就没什么产业。

罗必良：为什么有一段时间很多县想把县改市，是因为改到市级就有这个权力了，县是没有这个权力的，县就是一个村庄意义上的总和。

刘守英：没错，县应该是一个城乡的枢纽，那实际上对于县本身作为城乡融合的功能是要重新定位的。

钱文荣：县一级要发挥这样的功能的话，我觉得有一点很重要，你刚才提到地市这一级要进行改革，就是它以后不再领导它下属的几个县，市不再管县，县独立出来变成一个市。

罗必良：我们国家的城市是一个等级产权制度，从省城到地级市再到县，县就没戏了，那底下的乡镇就更不用说了。

刘守英：浙江这个问题就比较小，但是其他地方城市化的结果就非常明显，就是按等级配置资源。

钱文荣：对，因为浙江当时是省管县，地不管县。

罗必良：没错，就是这个原因，所以才走到前面去了。

李小云：我们的国家引导式发展是一个非常好的机制，但是在这样一个结构里就会导致资源不是按照市场的配置，而是按照行政。这样必然会导致刚才讲的，需要县城发挥作用的时候它发挥不了作用，反而变成一个巨大的负担，包括公共服务各方面都非常差，不断地建设县城没有经济效益，不建设县城会产生社会共性问题，所以这就造成今天城市化一个非常大的困境。

还有一个问题就是乡镇，你们看看乡镇普遍经济比较落后。这样的城市化带着这样的乡镇，那是更大的问题。所以现在去建乡村，我在乡村里建乡村很多人有误解，我不是所有乡村都建的，没有必要这样做。我只是做一个例子，做一个实验。照理说是应该建乡镇、县城去，让这些地方更具有吸纳人口的作用，这样就比较好了。现在搞得大家花了钱跑乡村里修路，你修那么多路，将来那个乡村没有人了，公共投资全部都浪费了。

陆继霞（主持人）：我不好意思打断你们了，我还在学习。你们在土地制度这方面耕耘了几十年，从理论到实践都是相通的，了解非常深入，而我从理论到实践一直都在学习的状态，所以我真的更愿意听老师们来讨论，就没有打断你们。我觉得刚才老师们谈到一个非常重要的观点就是，可能原来说农村，我们把它放在村的层面上，后来又把它放到“乡村”里面，可能有一部分可以纳入我们讲的乡这样的乡村，就把它的范围稍微扩大一点。但是刚才几位老师都提到了一个问题，就是我们讨论乡村振兴的同时，还需要考虑县域的发展，要整合、统筹起来，给它进行功能上的定位，给它一些放活的政策。

另外刚才老师们还谈到一点，如果想要盘活我们认为可以作为资产的三块地，或者聚焦到宅基地，那么这里边其实有一部分人，就是老师们提到的走出去又想回来的人，他们是不是能待得住；还有一些在村里压根不想走的人；也有一些生在城市、长在城市、工作在城市，现在又想到乡村的一些人。日本现在也有一些青年，有一个乡村振兴行动，就是鼓励这些城市的青年人到乡下去。

在这个过程中，我觉得在云南昆明我负责的那个村里还有一个很现实的问题，我们在搞乡村振兴实验的时候，有一些人继承了祖业的宅基地，宅基地的所有者——具有占有权的农户，如果这个人还在的话，他继承房屋后，子女在城市生活或者工作，他可以去重新翻建他的房子，但如果这个人已经不在了，即使他的子女有继承权，也不可以再动这个房子。一些从外边来到村里的人想要把这块地盘过来那更是不可能。

另外，宅基地什么都做不了，只是一块地方上一个老旧破的房子，基本上就是一个在村里很扎眼的状态。在这种情况下，我想听听老师们的意见，未来我们有没有可能从政策上打开一个口子，针对这部分闲置的、老旧的房子

(已经定为危房,不能再动,原房主也已经不在了)。这些在城市中生活的子女不愿把它还给村集体,村集体有意要把它收回来,但是这些人不想还,这种情况是一个非常尴尬的状态。这种状态和我们刚才所讨论的那些从外边来到这个村想发展新型的产业、业态的人,不管是农户还是进来的人,他所遭遇或者面临的问题还是不一样的。这其实给我们提供了一个新的案例,就是怎么样去破解这些问题,在未来政策上有可能去解决这些问题吗?我想听听老师们的看法。

罗必良:我觉得文荣可以谈一谈,我记得浙江曾经做过一个工作就是土地置换,农村的宅基地可以去城里换住房。

钱文荣:这个事情,我觉得从本质上来说,不管是继承的还是自己的,按照原有的宅基地制度,这个房屋的所有权是他的是没有问题的,首先要认可他的权利。然后,我觉得有多种制度可以解决这个问题。如果这个地方已经有比较多的人有这样的情况的话,这个问题好办,就是刚才罗老师讲提到的,浙江省曾经有一个地方是整村拆迁,以一换一,以农村的一个平方换到小城镇的一个平方。甚至有一个乡镇,整个乡镇的房子全拆了,在城镇里找一个地方,全部集中到城镇。这么大的拆迁按照我们一般的理解来说一定会产生很多矛盾,甚至很多地方会出现群体性事件,但这个地方没有出现任何的农民上访或者群体性事件。原因在于哪里?第一,他们早就不想住在这个地方了。第二,在这个过程中,对于政府来说,通过这样的整治,建设用地指标多出来了。对于农民来说,能从农村住到城镇,而且还拿到一笔钱,都是互利的。但我觉得这种模式也不太可能推广,可能只适合于大部分人已经走掉的空心村。

另外,我觉得还是应该市场化,就是允许流转。刚才我讲的这个例子只是一个极端案例,更多的地方我觉得允许流转就可以了。实际上,不少村庄现在宅基地流转的情况还是不错的。刚才很多老师都提到农村的功能问题。实际上只要这些地方的文化资源、生态资源都在,是有人愿意来做的。甚至我们发现有一个地方有人做了一个共享小屋。自己家里的人住到城镇以后,家里的房子也挺好的,如果城里面有人愿意住到这里来,这个房子就给他住。

或者有更多的人，定好你几月来住，我几月来住。这样的共享房屋在农村也已经出现，反正这个房屋是我的，你们只要给我多少钱就可以来住，我也可以交给村里来经营等各种方式。所以我觉得把权利界定清楚以后，这个是可以做到的。

我顺便讲一下，刚才提到整个资源盘活的过程中，我觉得农村现在有几大功能还是要承载的。从我们国家来说，虽然对农村经济来说可能并不是最主要功能，但是农村的这块地有几个功能。第一，要承载粮食和主要农产品的供给功能，这一块现在压力非常大。第二，解决留在农村的那部分人的收入问题。现在我们至少还有5.6亿的农民居住在农村。而且这5.6亿农民中有2亿左右处在相对贫困的阶层，相对边缘的群体也有2亿人左右。这部分人未来收入肯定是一个问题。第三，乡村还有文化功能和生态功能。

从这个角度来讲，我们在谈盘活资源的时候，眼光只对着宅基地是不够的。比如，文化资源能不能实现保护和开发的结合？以前很多地方只重视保护，没有开发，最后也保护不好。也有的地方把文化产业放这以后，把原有的文化破坏掉了。这个文化资源其实也有一个盘活的问题。

生态也是同样的。我们现在讲绿水青山就是金山银山，但是在这个过程中，比如说水，只放在旅游业是不够的，能不能有补偿？我前两天去了一个乡镇，自己镇里搞的项目，对水质进行检测，哪个地方流出来的水好就给补偿。诸如此类的文化资源、生态资源我觉得总体上现在重视不够。如果把这些资源做好，对于盘活宅基地资源可能也是有好处的。

最后，我觉得宅基地资源也好，集体经营性用地资源也好，之所以现在不能盘活，实际上我觉得从政府的角度来讲，现在还是在讲美丽乡村建设。投了很多钱，刚才李老师也讲到了，我们进行基础设施建设、道路建设，投入很多，但实际上最后很多东西都浪费了。所以，在整个乡村建设当中，能不能把生态资源、文化资源等各种资源结合起来，从原来的美丽乡村建设转变成乡村经营这样一种理念。让该走的人走进城，融入城市，罗老师刚才提到的有些来创业的人、企业家可能就过来了。形成这样一种体系以后，我觉得才能真正地盘活资源。总体而言我觉得农村问题是一个综合资源的问题。

陆继霞(主持人)：谢谢钱老师又给我们提了一个新的思路，就是在考虑一个问题的时候要把它综合性地整合起来考虑。您谈到的盘活文化资源和生态资源的问题，确实非常非常重要。不能就盘活而盘活，要考虑到综合性要素的开发。那接下来的时间留给观众，看同学和老师们有没有什么问题可以在聊天框里打出来，也可以打开麦克风直接说。

罗必良：在大家还没有提问的时候我先说两句。我觉得对于乡村来讲，对我们国家农村资源的盘活应该分类考虑。比如中国农业大学人文与发展学院做的这些工作，我觉得在某种程度上也算盘活资产，但我觉得更多的是保留未来资产，是保留向未来投资的能力。因为他保护的是特色村庄、特色文化及特殊记忆，所以我觉得它是一种未来资产的盘活方式。把它留下来，不要让这些村庄消亡，我觉得这也算是带有一种情结，是一种未来的投资方式，中国需要这样的村庄，需要保留这样的记忆。这是第一种情形。

第二种情形是休闲类，包括钱老师刚才说的共享村落、共享房屋。有人愿意回家，包括前面提到的即使在外面依然想回到老家种点地、住一段时间，这种带有休闲的特征，很难成为产业，但是如果做成农家乐、民宿等就可能会成为产业。但是有一个前提，它必须靠近大城市，或者是成为旅游的打卡点，这就是投资非常高的事情。我觉得可能有大量村庄最后就消亡掉了。

从这个方面来讲，人往哪里去？虽然我们早期从农业的角度来讨论人往哪里去，未来从村庄的方面也要讨论这个话题。人往哪里去？肯定是往城里走，往县城走，往中心镇走，往中心村走。发达地区的农民可能越来越倾向于往中心村或者中心镇走，因为这些地方离城里很近，又非常发达。越是落后的地方可能越要往城里走，尤其是鼓励去县城。所以从这个方面来讲，未来农民进城，在这样的前提下，宅基地就盘活了，这样矛盾就减少了，农地就盘活了，规模经营就有希望了。农民进入城里就业，因此，产业也就盘活了。包括从事农业的生产性生活服务，包括宅基地、建设用地也就盘活了，因为要把县城做大，县城发展产业肯定比村庄要好得多。从园区的角度、规模经营的角度、园区产业规模的角度来讲，未来可能是一个分类概念，这需要时间。总体而言，我认为未来的乡村振兴是从县域经济的维度来说的，是从县城拉动的角度来说的，不是就乡村说乡村，我利用大家在打字提问的时候补充这几句话。

陆继霞（主持人）：谢谢罗老师，我看到聊天框里回应了您谈到的，就是考虑建设一些未来乡村。第一个问题请罗老师讲一讲县城该如何定位，我想刚才罗老师应该有谈到这个问题了，您再补充一下吗？

罗必良：我觉得县城应该跟我们一般的城市管理体制不一样。我们国家的城市是管城的，不管村，只有县城和乡镇这一级（乡镇严格来讲不算城市），县城的定位应该是农民的城镇，定位为城乡融合的交互点。从这个方面来讲，未来的建设用地的异地交易应该有恰当的导向，你不能总往县外跑，都被大城市拿走了不行，我们县城要留足资源。对于县城，说得简单一点：第一，是农民的城；第二，是城乡融合的城；第三，是中国城市等级体系里面最重要的一个节点。我就这么定位它吧。

陆继霞（主持人）：谢谢罗老师，另外一个问题他没有指明哪位老师，或许钱老师可以回应一下，他问根据试点的情况，农村集体经营性建设用地入市是否促进了乡村的产业振兴？

钱文荣：农村集体经营性建设用地入市，做得好的地方不太多，不太多的原因是集体经营性建设用地入市受到很多条件的制约。之前我们做试点的时候，集体经营性建设用地入市只限于存量。就是原来有这个存量的地，才有可能入市，并不是农地转变成非农经营性用地的时候直接以集体土地入市，那这样本来就不多。有很多原有的农村集体经营性建设用地主要是 20 世纪 90 年代或者 21 世纪初的时候贷给一些乡村企业，或者贷不下去了留下来的地，很多地位置并不好，所以说从需求的角度来说并不大。

集体经营性建设用地还面临一个问题，对于需要用这块地的企业家来说，他们比较喜欢买国有土地，不太喜欢买集体土地。他们认为买集体土地会有很多后遗症，比如万一过了两年，我企业办得很好了，个别农民想要更多利益来跟我吵架怎么办，这是实实在在地在调查当中发现的，买国有土地他们认为就没问题。再比如，买了集体经营性建设用地以后，这块地能不能成为真正意义上的资产，像抵押、担保以及未来如果公司要上市，会不会有影响。至于能否促进乡村振兴，允许它直接入市总是比不允许好。有一个镇可能有很多地已经入市了,对整个乡村振兴还是有好处的。这里我觉得主要处理好两个利益:一是如何保护农民和农民集体利益,怎么来分配的问题;二是要保护购买这块地的企业家的利益,我觉得这还是很重要的。

陆继霞(主持人):谢谢钱老师,陈晶晶有一个问题,基于她在重庆城口的一个项目,这个问题是一栋房子的使用权能不能卖给 10 个人,也就是通过重庆农村产权交易所卖给重庆市的 10 个市民,有可能吗?

钱文荣:这估计比较困难吧,这栋房子有 1 个产权证还是 10 个产权证,这里要进行产权分割。

陆继霞(主持人):应该是一个,讲了这个房子有 20 年的转让。

钱文荣:她是 20 年的使用权是吧?

陆继霞(主持人):使用权。

罗必良:那是租的概念,不是买卖的概念。包括土地,原来说你拿的是租金还是佣金,你是租赁还是买卖。

陆继霞(主持人):我刚才看到大家又提了很多问题,老师们可以简要地回应一下。有一个问题是当前我们国家可以说是实施了最为严格的耕地保护政策,对农业用地规划非常谨慎,例如对设施农业用地等严格限制耕地非粮化用途,发展乡村经济会涉及产业升级肯定会占用耕地。

罗必良:这个前提是假设每个乡村都有发展的希望,每个乡村都有发展产业的机会。不同村庄发展机会不一样,很显然,发展机会好或者说有更好的产业发展机会的地方,他的用地是可以适度进行调整的,一些衰落的或者说一些空心的,他的指标、资源可以适当集中。现在,农村的土地利用,尤其包括宅基地、建设用地利用率是极低的。乡村的空心化或集体建设用地碎片化，导致利用率非常低，所以我们说需要盘活土地也包括这个层面，而且问题是要有用地指标，用地指标应不应该在县域范围内统筹，我说统筹城乡融合也包括这个范围。

陆继霞(主持人)：谢谢罗老师。乡村的闲置资产里面有很多教育资产，比如闲置的校园、校舍、校地等，但实际上闲置校园、校舍的确权也很复杂，如何盘活闲置校园、校舍，有没有一些案例可以分享？

罗必良：至少我看到的好的案例非常少。我个人认为盘活其实很容易，县城、中心镇、中心村要做大的话，肯定是要建校舍，村庄就会被兼并。乡镇适度集中，人就会适度集中，那教育就能办起来。教育资源要丰富起来，这些资源从哪里来？不可能重新划一块地，所以都要占用原来的地。这方面的教育投资就应该包括这块土地的投资或者是土地的购买，要用指标的，这就可以进行交易了。为什么说必须要以某个东西进行要素资源的集中，这种集中不是调拨，而是要通过交易的方式来实现。所以这样既盘活了资产，又改善了使用效率，还推进了人口城镇化，而且减少了人地矛盾，一举多得的事情。

钱文荣：我补充一句，现在很多地方农村人口少了以后，原来的校舍荒废掉了，有两个办法来处理。一个是跟刚才罗老师讲的一致，因为这块地本来就是建设用地，所以现在很多地方通过国土整治的办法，整个整治以后，建设用地指标多出来，这个建设用地指标用到哪里是另外一回事，关键是处理这个村整治以后多出来的地，村里面享受多少权益。这个地本身是可以统筹的，这样一来资源就可以优化配置。

罗必良：曾经我们在广东做了一件事情，广东省政协作为一个重大的提案来讨论，当时我也承担了其中的一些工作。打个比方，从我这个地方的村庄来讲，人走了，我想把地进行整合、整理，整理以后我把地放到哪里去。在广东佛山发现，这里是可以卖指标的，我说卖指标不就是一次性的收入，为什么不以指标入股的方式呢？我说我在一个村有 500 亩地，我把 500 亩地放到这个工业园区里面去，我以后分红，我们一起来做。当时我说我们可不可以以两种方式，一种是卖指标，一种是我们一起联合。我说这也叫新型集体经营组织，也是一个说法吧。

钱文荣：浙江嘉善县做了一个叫“飞地抱团”，就是把所有村的指标最后放在某一个村，因为这个村交通条件特别好，离上海半个小时的路程，在那个地方搞一个工业园区，这个园区就是各个村拿指标入股的一个股份公司成立的园区。这是我要讲的另一种处理办法。

罗必良：我们讲新型集体经济，这应该是一种非常好的方式，因为都是农村集体所有的。

唐丽霞：昆明现在也在做这个，就是刚才钱老师说的“飞地抱团”的这种方式，除了建设用地指标，基本农田指标、耕地指标也可以交易，其实也是现在村里集体经济收益很重要的来源。校舍这个问题除了刚才两位老师说的，其实还有一个方面。很多学校在改革的过程中，校舍就不属于村集体了，成了当地教育部门的了。虽然校舍在这个村庄的地界上，但是校舍土地的权属、校舍本身所有权属于教育局。

罗必良：教育局怎么会拿到这块地呢？

唐丽霞：房屋跟土地是分离的，权属分离。所以现在很多地方的农村在利用校舍的时候遇到这样的困难，因为校舍本身不归村集体所有，归教育局所有。

罗必良：我们国家对农村投入了大量的基础设施，中央就有一个规定，基础设施投到农村为农村集体所有，为什么是教育部门，这需要进一步理顺。

唐丽霞：对，在昆明一个村子里面，当时有一个学校，那个学校已经不存在了，我们希望把校舍改造成停车场，因为当地要发展农旅，但后来改造不了，就是因为权属不清楚。对于教育部门来讲，把权属让渡给你的时候，他会担心他的国有资产流失，因为资产是登记在他的领域，所以现在的确是很复杂。

罗必良：这需要在政策上面去厘清。

陆继霞（主持人）：谢谢，其实我们本来还想多问一两个问题的，但是时间确实比较晚了。我们越讨论越发现从学理上、从理论上要解决的问题更多，真的是特别精彩的一次讨论，我们时间安排一个半小时真的是有点短，这样讨论下去可能三个小时也讨论不完。在这个过程中我们发现，原本想聚焦在一个问题上，但讨论着发现可能和其他县域发展的问题、产权界定的问题，还有城乡所谓的融合、助力，放开、放活一些乡村资源的问题，很多问题其实是联动的。

我们越讨论就发现这里面要解决的问题越多，我想这也给我们未来的研究提供了很好的启发，感谢三位老师，讨论得特别精彩。同时，我想这次讨论也给其他学者、同学们未来的研究指明了方向。而且三位老师非常非常资深，他们多年来一直在这个领域里进行研究和实践探索，发现出值得研究的一些真问题。当然也包括李老师在云南省做了很多年乡村振兴实验的探索。所以我想我们今天的讨论真的特别精彩，也特别难得。

陆继霞（主持人）：刘老师，您再跟我们说两句吧，刚才钱老师和罗老师讨论得很热烈。

刘守英：这一类的讨论，我们实际上还是要就一些现实发生的问题做一些有针对性的学理性分析，因为整个乡村现在的问题已经不是某个单项的问题了，现在是一个系统性的问题。我们在整个思维、认识方面对整个城乡的格局要有一些基本的共识，这样才能做一些比较有意义的讨论，我觉得挺好的，受益非常深，谢谢。

陆继霞（主持人）：感谢三位嘉宾，还有李老师、唐老师，也感谢今天来参加讲座的所有老师和同学，这次讨论非常精彩，也期待下一次。下一次有机会能够请老师们到我们学院现场来讲授，非常期待现场的交流，谢谢大家，周末愉快，那我们今天就到这里，再见。

〈结束〉

九、乡村振兴下的农民参与：困惑与机制

主持人

董　强：中国农业大学人文与发展学院教授

对话嘉宾

杜志雄：中国社会科学院农村发展研究所党委书记、研究员

王春光：中国社会科学院社会学研究所副所长、研究员

赵旭东：中国人民大学社会与人口学院教授

李小云：中国农业大学国家乡村振兴研究院常务副院长、资深文科讲席教授

时　间

2022 年 11 月 27 日（周日）19：00—20：30

对话简要：

党的二十大报告中提出全面推进乡村振兴。乡村振兴战略之下的各项政策都强调要发挥农民的主体作用。但在现实中，农民主体作用的发挥并没有达到预期的效果。11 月 27 日晚，全国乡村振兴高校联盟和中国农业大学国家乡村振兴研究院联合举办"《中国乡村大讲堂》政策对话系列——乡村振兴下的农民参与：困惑与机制"，就农民的主体性问题展开多学科讨论。参加此次政策对话的嘉宾有中国社会科学院农村发展研究所党委书记、研究员杜志雄，中国社会科学院社会学研究所副所长、研究员王春光，中国人民大学社

会与人口学院教授赵旭东，中国农业大学国家乡村振兴研究院常务副院长、资深文科讲席教授李小云。国家乡村振兴研究院副秘书长唐丽霞教授出席对话。中国农业大学人文与发展学院董强教授主持对话。

杜志雄研究员从农村法律法规和政策的视角阐述了农民参与的现实状况。他指出，党的十九届五中全会将乡村振兴战略的重点工作归纳为乡村产业发展、乡村建设、乡村治理三个方面，每一方面都涉及农民参与的问题。他认为从政策文本看，在强调农民的主体性与参与性上是有所区别的。涉及权利的赋予、处置与调整的，更强调农民的主体性；涉及利益增进、改善与调整的，则强调的是农民的参与性；既涉及权利，也涉及利益的，则同时强调农民的主体性和参与性。他认为目前农民参与不理想的原因可以归纳为：农民法律意识不足——有权利不行使；一些政策、法律法规缺乏相关明确界定——想行权无渠道等原因。在展望未来乡村农民主体性发挥的前景时，他指出乡村振兴战略为乡村的变革及其过程中农民主体性的发挥带来了机遇、空间与资源。

王春光研究员从社会学视角分析了乡村振兴背景下的农民参与问题。他认为乡村振兴本身是自上而下实施的，这会导致农民的需求和政府的一些举措存在差异。首先，现行法律法规对农民权利的保障与实现不足。其次，村民自治体系受过度行政化的影响。再次，乡村需求弱化的问题。最后，乡村机会和资源缺乏再叠加上利益共享不足的问题。谈到未来乡村中农民参与，他认为目前大部分村庄受现代化冲击很大。他认为农民有自己的生活逻辑和习俗文化。所谓的乡风文明并不需要外部去界定，而应尊重乡村本身的文化。他认为现代化与传统对接的思路应该是还权赋能于农民，尽可能按照他们的逻辑去运作，减轻农民进入现代化时的阵痛。

赵旭东教授从人类学的视角回顾了历史进程中的农民参与。他提出，农民参与这个概念本身就是我们外部给予的。作为乡土生活的一分子，农民实际上一直在参与的过程当中，农民的参与只有在享有选择权或者自主性的时候才会表现出来。当前，在一些行政管理较为集中的地区，高度行政化的管理方式越来越趋向单一化，这种单轨制的趋势可能会削弱农民的自主性，并使地方自治变得模糊。鼓励多样性，而非单一化的模式或许是破局之关键。每个地方有自己的特点和应对不确定的方式，标兵模式并不能刺激农民的内生动力。关于农民参与的未来前景，他谈到农民新的生计模式，是新的自主性的表现。同时应该重视文化属性这条主线的发展，有助于增强农村的文化自觉，同时也为城市提供了一个在现代化喧嚣中自然的存在。

李小云教授结合自己在云南河边村的乡村振兴实验分享了对农民参与的学术理解。他认为乡村是个元问题，乡村本身特性、乡村文化、乡村景观、产业发展和社会关系都应该是一个整体。这一乡村整体在赶超性外部干预下就会出现紊乱，农民主体性问题就是这一紊乱的具体表征之一。在外部向乡村提供政策或者资源的同时，需要给农民赋权增能，通过传统与现代的非暴力有机衔接，补上乡村现代化进程中的断裂带。

讨论最后，董强教授感谢四位专家的精彩分享，通过不同学科视角的诠释，能够从历史纵深和全景视角深刻理解农民参与在当下乡村振兴中的重要意义和可能的实现路径。此次对话共吸引 300 余名国内高校师生及其他社会人士参与。

对话全文：

董强（主持人）：线上的各位老师、各位朋友、各位同学，非常开心能主持“《中国乡村大讲堂》政策对话系列——乡村振兴下的农民参与：困惑与机制”。我们非常荣幸邀请到四位重量级专家、学者，分别是：

中国社会科学院农村发展研究所党委书记、研究员杜志雄老师；

中国社会科学院社会学研究所副所长、研究员王春光老师；

中国人民大学社会与人口学院教授赵旭东老师；

中国农业大学国家乡村振兴研究院常务副院长、资深文科讲席教授李小云老师。

今天的对话围绕这样一个主题：农民参与。在这个主题下，各位学者都有自己的学科视角，基于我个人的学科视角，我先开个题。之前唐老师也介绍了为什么我们要讨论农民参与，其实农民参与背后的学术议题就是农民主体性，在国家大战略进入乡村或者要对乡村进行现代化的过程当中，农民的主体性如何去培育？怎样去提升？怎么能让他们有参与发展的自发行为，这值得讨论和思考。之前我们在李小云教授的带领下，在云南的实践当中其实也会遇到相关的困惑，农民参与的积极性调动的确是非常困难的。

今天四位老师的讨论，其实就是对理论上和实践中农民参与相关问题的分析和回应。首先，有请杜志雄老师从农村政策的视角简述一下乡村振兴背景下农民参与的相关政策机制。

杜志雄：非常高兴来参加中国农业大学国家乡村振兴研究院举办的《中国乡村大讲堂》政策对话系列活动，关于农民参与的问题，对于我们"三农"研究人员来讲，都遇到过，是很棘手的问题。对这个问题本身，我本人研究得不是很多，但是我也愿意来参加这样一个对话。因为我认为这对下一步深入推动乡村振兴，对真正解决问题，是非常重要的，也是根本性的问题，对于我们"三农"研究人员来讲都是意义非凡的。

我们在讨论这个问题的时候，从农村发展的视角来看，首先要解决的是在乡村振兴背景之下，农民能参与的内容到底是什么？农民以什么样的身份参与？在哪里参与？这是我们要搞清楚的问题。

现在提到乡村振兴，一般是五大振兴，党的十九届五中全会以后，中央把乡村振兴归纳为三个大方面的重点工作：一是乡村产业发展；二是乡村建设；三是乡村治理。

我们今天所讨论的乡村振兴背景下的农民参与，主要就是在这三大领域里面或者这三个重点工作里面农民参与的问题。这与相关的法律和政策里面讲的农民参与所强调的重点还是有差别的。

在乡村振兴的三大重点任务推进过程当中，农民需要参与，农民必须参与，这是有法律保障的，与之紧密相关的有《中华人民共和国宪法》《中华人民共和国乡村振兴促进法》《中华人民共和国民法典》。从法规的角度，比如国家"十四五"规划及 2035 年远景目标规划中，都有明确的规定说明和条文保障。在促进农业农村现代化的规划及 5 月刚刚出台的《乡村建设行动实施方案》等中，都对农民的参与问题进行了界定。在相关的政策文件里，自 2017 年提出乡村振兴战略以来，每年的中央一号文件都会或多或少强调在某些方面的农民参与问题。除此之外，还有其他相应的政策文件，如 2020 年年底发布的《中共中央 国务院关于实现巩固拓展脱贫攻坚成果同乡村振兴有效衔接的意见》。

在法律、法规、政策三个层次的文件里面，对农民的主体地位和参与问题都有界定，但又有所差别。进一步来看，农民的主体性和农民参与这两者之间，事实上有所差别。我的归纳方法是，凡是涉及农民权利的赋予、处置和调整的，都是强调农民的主体性。从语言的角度来说，此类条文包含直接强调农民主体地位或含“不得违背农民意愿”等相关意思的语句。而涉及农民利益增进、改善和调整的，一般来说更多强调参与性。在众多文件里大家可以看到，尤其是阐述乡村产业发展问题的，都会反复强调农民的参与问题，比如发展合作经济、发展集体经济、打造全产业链等。若是在政策文件或者法律法规里，既涉及农民的权利问题，又涉及利益问题，那么此种情形则既强调主体性，也强调参与性。

乡村振兴的三大任务里，强调乡村治理的时候，特别强调主体性；而强调乡村建设和乡村产业发展的时候，有些地方强调主体性，有些地方强调参与性。我之所以做这样一个区分，是为了在进一步研究参与性的时候，有更好的界定和分析。

这些年以来，我们在强调农民的主体性和农民参与性的过程当中，有很多不如人意的地方，无论是农民的主体地位落实，还是参与程度落实都不是很理想。对此我做出以下分析，之所以效果不理想，主要由于替农民做主，代农民决策，过度使用了农民作为集体成员的一些权益和资源，农民的集体利益分配不充分等。

我将原因归纳为以下几个方面：

其一，尽管大家的法律意识在不断增强，依法治国普遍提倡，仍有一部分人，特别是农民，法律意识不足，对于法律赋予他们的权利，事实上利用得并不充分。

其二，虽然有政策和相关法律法规具有保障农民主体地位、让农民充分参与的相关要求，但对于这种要求缺乏程序性的规范和具体的安排，农民想参与，不知道应该如何参与，这种现象较为普遍。

其三，农民自身的权利意识和参与意识不强。在很多项目推进和执行过程当中，农民并没有太强的参与意愿，这也是非常重要的一个原因。

其四，农民参与的形式上存在诸多问题。第二点强调了参与程序的问题，对此还有所采取的参与形式的问题。比如现在普遍使用的积分制办法，它的分数怎么界定，本身就不够合理。诸多问题导致农民的动力不足、热情不足。

其五，一些乡村干部和项目执行主体认为只要做到为农民好就行，农民是否参与不重要，好的结果最重要，于是他们在推进一些项目的时候，主观上就不是很注意保障农民的参与度。

我觉得从我们现有的法律法规和政策的视角来看，关于农民参与乡村振兴的政策要求及政策机制，是明确的、健全的，但是在实践中有不足，其原因是多种多样的，也是非常复杂的。

以上是我结合相关的法律法规和政策做的开场白，提出来跟大家一起讨论，谢谢。

董强（主持人）：感谢杜老师！杜老师刚才从政策、法规的角度，系统梳理了农民主体性和参与性的区别、实际中农民参与的效果及其原因，以及参与的方式方法等。在杜老师的观点分享基础之上，我们接下来请王春光老师从社会学的角度讲一讲。一年前我有幸听过王春光老师的观点分享，之前王老师就对乡村振兴战略推进下农民参与问题有了较多的思考，时隔一年，期待王老师能够从理论上给我们更多深刻的阐释，接下来请王老师分享。

王春光：感谢邀请，很荣幸能够参与《中国乡村大讲堂》政策对话系列活动。刚才杜教授已经谈了他的一些看法，特别是农民的乡村振兴参与在法律法规和政策层面的解读。对此我进行补充，政策都是国家自上而下发动的，老百姓对乡村振兴，从实质内容上说是有需求的，他们确实需要乡村发展起来，收入增长起来，自己家乡有产业，有就业，有好生活。而国家或政府在乡村振兴当中的做法跟老百姓实际的多样化需求内容有很多不一样的地方。农民的参与的确是他们主体性的主要表现，但我们还要考虑的是实际的参与总会由各种的参与形式表现出来。

当下农民参与上出现了很多困惑，有些农民的法律意识较为淡薄，但是政策、法律法规对农民的权利规定方面本身也是有缺陷的，比如推进市场经济，市场经济中老百姓自己有处置权，现在的土地、房子等受到很多政策制约，租赁也受到很多限制。会有人说，城市的房地产可以随意买卖，那农民集体土地上的房子为什么不可以进行交易呢？实际上农村市场机制还是不健全的，很多要素配置受到限制，也就有了相关权利的限制，农民的财产、资产等要素没办法利用起来，又怎么能够享受到参与的好处呢？这是第一个问题。因此这几年进行了一些改革，但是改革也存在一些问题，我们提倡民主协商合作，村民自治。但是，在一些地区，高度行政化导致村干部主要精力用于应对上级任务，这种情况下，他们很难有时间和精力与村民协商合作，共同建设村庄。既然村干部不关注村民日常的事情，村民也就不会再关心村里的事务，这是双向的，由此村民对公共事务出现了冷漠化态度，这是第二个问题。

第三个问题在于需求。过去，农业不赚钱，农村留不住人，农村承载不了那么多人的就业、发展，所以大量的人口外出。青壮年外出以后，村庄的事务主要就是围绕老年人和部分留守的儿童，那么就缺少了做事的主力军，缺少人来实施开展这些振兴的事务，参与需求就处于弱化的阶段。

第四个问题，关于能力、资源、机会、政策。来自政府的资源其配置是有限的，而我们政府现在是要打造典型，每个地方都有典型，一般是一个乡有一个乡村振兴示范村，这是政策资源集中在这个村打造的。政府在打造典型村的时候也是看这个村自身的资源等基础条件的，而周围的村庄如果本身就比典型村缺少相关的资源和条件，那么就很难去模仿典型村。很多人说资本下乡是跟农民抢利益，实际上资本也不愿意下乡，因为资本下乡带有很强的风险。那如果在外打工的农民自己回来创业，第一他看不到前景，第二很多政策支持是不够的。比如我在农村搞加工，我要用建设用地，搞厂房，厂房从哪里来？没有构建好政策资源体系，他们怎么返乡创业？再加上农业产业的整个社会服务体系、市场服务体系不完整，会由此产生很多问题，种种要素都约束了乡村振兴的发展。乡村振兴不可能一两年就能完成，它是个长期过程。长期过程需要各种条件和资源的挖掘，现如今农村还需要再释放一些资源出来。

第五个是利益共享的问题。有人说农民进行土地流转，既有流转的租金，又可以打工，拥有两笔收入。实际上这个说法是有问题的，因为流转的租金本身较低，很有限，一亩土地流转 500 元、700 元或 800 元就是很好的了，这点钱对他们的收入来讲是很有限的。打工的话，农村里大都是老年劳动力，因为雇佣条件的限制，他们是享受不到打工机会的，所以利益分享依然是很重要的收入部分。我觉得要尊重农民自身的利益选择，给他们创造一些机会，告诉他们在村庄里可以做些什么，在政策上、资源上给予相应的支持。我们走访的时候发现很多约束和困惑，由此要求我们对于乡村振兴要多做一点，充分发挥农民的积极性。我觉得资源配置有限，政策制约多，再加上农民与市场的对接缺乏机制，于是就产生了很多困惑。现在政府、学者都在乡村振兴上下功夫，但是大部分农民没有兴趣和热情，因为他们看不到这个做法能给他们带来什么样实际的好处。

董强(主持人)：感谢王老师！刚才王老师从社会学的角度，围绕农民参与和农民主体性进行了分析，从中我们可以看到农民参与受到资源不足、政策支持有限的客观条件影响。资本本身也不愿意下乡，使农民缺少选择的机会。赵旭东老师在费孝通老师的指引下，对于乡村建设的历史进程有着颇深的研究。那么接下来让我们回望历史，请赵老师做一些有纵深感的阐释分享。

赵旭东：前面两位老师已经讲了很多关于乡村的理论和实践的内容，我觉得都是很有启发性的。农民的参与问题是现在乡村较为核心的问题，也就是农民主体性有无的问题。

如果从原始的意义上看，农民的界定就是立足于、依赖于土地或者乡土生活的人，其本身就是各类乡村发展事务的一分子，不存在他们还要去参与的说法。所以参与概念是外界赋予农民的，我们从外部的视角着眼，然后要求农民参与到自己的生活里头，所以这里的表述实际上是体现了学科的外部视角。这种视角当然也并不是完全有误的，乡村本身的诸多问题的确影响到了农民的参与热情。刚才王老师和杜老师说的各方面的问题，都是历史上积累下来的，即中国近代以来每次大的变化，实际上都跟乡村有关系，影响着乡村。鸦片战争以前，乡村进行的更多是农民暴动或农民反抗下的朝代更替；而近代以来，乡村往往是通过不断地改造引发一些转型，到今天仍未停止。这其中隐藏着一个很不容易解决的问题，即乡村未来前途的问题。如果站在世界的发展轨迹上，可以发现我们国家乡村的发展其实是被其他国家甩在后面的，西方很早就通过转型乡村、海外贸易、城市发展等把乡村的一些问题转化了，但是我们的乡村转了很久，面对的问题仍旧存在。这就说明这个问题对我们来说仍是非常重大的问题，所以历次的乡村问题都需要关注。

乡村振兴和以前乡村的改革开放，甚至是更往前的乡土中国的讨论，都是一脉相承的，体现了土地关系带来的社会结构特性。不像工人在工厂上完班后回到家里，工厂需要想方设法增强工人对工厂的向心力、自主性。农民的家就在乡村里面，不参与是不可能的，只是说我们所讨论的农民参与所涵盖的对象有区别。农民有选择的机会，参与的热情才会表现出来。如果大家去研究改革开放之初的农民参与，就会发现那时候他们是非常积极主动的。改革开放之后，乡镇企业、承包制等，这些都不是国家政策自主发明和给予的，是人们倒逼国家政策给予的，企业的发展也是这样，那时农工关系的发展充满了自主性。现在农村里一些富裕的人，他们都有这样一个类似的经历，就是怎么样通过自己的选择去创业然后摆脱贫穷，成为一个企业家，每个发展起来的村子中都会有这样的人和故事。换言之，农民的参与应该是自然而然产生的，是跟他们的生计，跟他们的生活息息相关的。如果政策的发展方向离他们的生计、生活很遥远，就会给农民参与带来很多问题和距离感。比如盲目地把城市的一些项目放到乡村里，直接把教育、工业、文化等很多方面都下放到乡村，使得主动参与变为被动接受，有时还是与实际情况背道而驰的被迫接受，这就是在打破乡村自身的自主性。

费孝通先生曾讲到的双轨制值得我们反思。刚才我听王老师讲行政化，实际上我觉得他所讲的行政化的意思，是说现在越来越像单轨制的上下关系的发展，这样的好处当然就是大国体制会带来很多重要的改变和收益，而人们的自主性就会被压低，动力、活力减弱。在这个意义上，我们应重新思考之前那些经过很长时间形成的双轨制的地方自治或者地方事务自治的能力，研究他们自身的自主性意愿究竟源自哪里。

我认为乡村的事情，有的时候是很简单的。中国有句俗语叫作“一亩地，两头牛，老婆孩子热炕头”，体现出了很清晰、很普遍的生活发展逻辑，即农民的生计依赖。如果没有生计依赖，没有乡村里可以带动大家的抓手产业，农民的很多自主性也就没有了，这种情形下农民为了生存只能自己去寻找生计，去城市里打工，到其他地方去发展。我今天早上看到一个视频，有一个河南农民家的大白菜烂在地里头，一车菜最终才卖 30 块钱，他坐在地里头哭。这个视频对我有很大冲击。实际上在 21 世纪的今天，仍会出现城市里菜价很贵，而农村里菜烂在地头的情形。我认为传统时代是不会发生这种情况的，那时候的农民一定有他自己的消化渠道。而现在因为各种因素的影响，基层的自主性能力发挥在减弱。这一点引起我们对表层问题背后的文化里根深蒂固的深刻因素的思考。

我们一直讲在中国“上有政策、下有对策”，这也是没有办法的现象。对于乡村而言，它要以适合自身的方式发展，就会采取各种手段应对单一化、标准化的政策环境。所以怎样能够实现在遵守社会的结构性特点基础上同时包容地方性，这是未来很重要的一个思考点。目前我们所有的规划，包括乡村振兴、建设美丽乡村等，有一些过程很难说是农民自己主动要求的，反倒像之前的承包责任制可能是真正由他们自己发明出来的。这体现出实际上我们的社会调查是落后的，我们的社会调查总是在问题出来之后，很少去发现可能的机会和潜在的动力，或者从农民的视角看问题，缺少对农民群体智慧的发现。对于社会调查，我们可能有太多的设限，使得我们忽视了最有影响力的视角和真正的理性。

为什么斯科特《弱者的武器》中提到的问题，没有在中国自己的学者里提出来，这说明我们在调查上仅仅是做了一个包装。我觉得费先生当年讲“小城镇大问题”，实际上是具有前瞻性的。他看到这样一个小城镇问题本身隐含的价值，就像我们今天看到底层社会的自主性究竟会表现在什么地方。我觉得还是长久历史文化积累下来的东西值得我们更多的注意。一个家庭成员只要对这个家有重要作用，他就会很认真、积极地经营家族关系、人情往来，这是中国人基本的价值观念。一旦失去在家庭中的存在感，他就会产生一些忧虑和惰性，不再积极参与家庭建设，缺少自身价值的实现和归属感。以上逻辑同样适用于整个乡村的发展建设，很多人最初去冒险，走出乡村寻找生存机会其实都跟参与意识有关系。

在改革开放之初，实际上是放任了农民自己去闯，他们也闯出了一条出路。现在看费孝通先生讲的温州模式、苏南模式，那么大的厂子最初就是从很小的厂子办起来的，现在甚至能够变成跨国企业。那么我们为什么忽视这些宝贵的内在潜力，而仅仅强调外部的、国家的，甚至是单一性的力量呢？标兵意识指一个地方干出来一种模式，其他地方进行模仿，然而实际上很多地方最后会不了了之。对此我觉得多元才能造就一个共同体，而不是只靠单一化的力量。每个地方都有自己的特点和应对不确定性的独特方式，所以我们需要注意到多样化，注意到农民应对乡村风险和不确定性时的自主性或自觉意识。政策是真正去理解当地人有创造性的想法和智慧而发展衍生出来的，这就是从农民中心和从自我中心出发的区别。

董强（主持人）：感谢赵老师！赵老师从历史纵深的角度给我们解答了人类学视角或者从乡村的历史来看的农民参与。农民的参与和其切身利益、文化特性以及与社会生活有没有连接好有很大关系，如果连接得不好，外部的规划就不能激发出农民自身的主动性和能动性。谢谢赵老师，您讲得非常透彻。接下来请李小云老师进行分享。

李小云：今天晚上的对话对我的启迪较多，基本上涵盖了社会学、人类学、经济学，学术级别很高。旭东所讲的乡村的意义是个语言问题，不能过于深究。乡村的核心在于首先要有人，农民一定要和土连着，失去了与土的连接，就不是农民了。乡和城一定是不一样的，乡村的整体体系包括人的精神、乡村景观、乡村文化、乡村的经济生产、村民的社会关系等，如果这些不能构成一个整体，乡村就会出现问题。旭东在十多年前就写过一篇文章——《乡村成为问题与成为问题的中国乡村研究——围绕“晏阳初模式”的知识社会学反思》，把这个问题说得比较清楚了，与我们今天所研究的密切相关。

春光从人类学、社会学角度的讲述也是比较清楚的。我自己也是一个乡村问题研究的学生，在实践的同时也在思考。实践的东西是比较难的，不像笔写下的文字还可以擦除，一件事一旦做到一定程度就不容易撤销了，会产生诸多问题。写的东西可以琢磨，一遍又一遍擦掉重写以达到更加完美的程度，而实践的东西需要先不断地琢磨与把握再去实施。春光和志雄讲得非常清楚，乡村里能动性、主体性的问题都不太一样。当客观条件并不能让农民拥有能动性，却非要让他们成为主体时，矛盾就会由此产生。以河边村为例，权力下放到现在，村子已经自己搞了 8 年，前几年我们会做一些主导，最近这三四年完全靠农民自己来，主体性便油然而生了。对于这些由于后发性、赶超性外部干预而产生的非自发性转型下不和谐的问题，我们选择把拉断的东西再连接上，弥补上赋权、参与的空缺，提供资源，然后留下很大的空间让村民自己去弥合。例如，我们村集体赚了 16 万元，村主任把钱倒腾出来借给了有投资需要的村民，在外界看来像是贪污，在村民看来或许可以接受，这关系着我们对公共性的看法。到现在为止，河边村出了那么多问题，反反复复地出现合作社里一些人不干了、过一阵子又干了的情形，这个过程也完全不在我们预设的逻辑里，但是我觉得他们折腾我们，比我们成天大搞乡村治理来折腾他们要好多了。董强会说别管他们，不干就不干了，这是他们自己的选择，该怎么样就怎么样，散不了。所以这就说明了在实践的过程中，有些部分不需要完全握在我们的手里。

基于整个乡村振兴的社会结构，现代化对它的冲击很大。乡土文化植根于乡户的生产系统，现代化进程下完整地保留乡土的原始内容和逻辑非常困难，但若是没有了这些乡土根基，将现在的契约制度等新式规划带进去，农民是不予认可的。所以我们现在最大的挑战就是如果乡村能够存留下来，如何让乡土的东西也能存留。现代化本身会促进其走向终结和消失，在这种背景下我们如何把它留下来需要深刻的思考。留下来以后这就是个传统的东西，怎么把这个传统的东西改造成现代的东西？我有一个非常粗暴的、不科学的提法，即传统和现代有机对接。那么通过传统和现代有机对接，能不能对现代化过程中资本主义在后发性国家和地区扩张以后在发展中国家普遍造成的破裂，这样一个既有原发性又混杂着后现代元素的危机对社会的结构和系统造成的巨大的紊乱进行干预呢？

整个乡村体系本身带有自发性，但是整个发展过程就是一个极具干预性的东西，所有内容都是一靠科学、二靠政策产生的，所有这些东西对社会的影响都特别大。那么我们怎么能够让传统和现代有个非暴力性的转变，进行有机的衔接和过渡，从我们的主张上来看，难度很大，实践上就更不用讲了。资源充足的地方不会考虑这种事情，而是对产业大搞特搞。但是我们在村子里头就非常小心谨慎，很多新的东西不轻易开搞，就是希望能够找到最合适、最和谐的道路，说起来容易，但事实上难度特别大。

董强(主持人)：感谢李老师！我们进入第二轮的对话。接下来第一个问题是请三位老师结合自身的专业视角，分析乡村振兴为农民主体性的发育带来了什么样的机遇。第二个问题是请展望一下未来乡村农民主体性的前景。还是按照刚才的发言顺序。

杜志雄：从政治制度和政治文本的层面对农民的主体性和农民的参与问题深究源头，我主要是从这个角度来谈。刚才各位老师所谈的，我基本上都认同，总的来说，农民的主体性是内生的还是外部赋予的，这在今天是一个非常重要的问题。

我们现在要讨论的是乡村振兴给农民的主体性发挥和参与进程产生了什么样的影响，带来了哪些机遇。根据大家刚才的诸多叙述，事实上可以找到很多案例。现在有很多村庄没有任何的项目走进去，也没有我们所谓的政策走进去，如果它是在一潭死水的情况下，农民的主体性，无论是内生的还是外部赋予的，事实上都是得不到呈现的。所以我认为乡村振兴是在政府主导的基础之上才有的社会的各种力量，包括我们作为学者的力量，进入乡村，才有了后续实施普遍性的制度或选择性的发展项目的情景的发生。那么如果一个地方没有某种契机的话，它可能是难以改变的。正是乡村振兴的项目或者其他一些社会发展力量进入某些乡村，才使得这些乡村的改变成为一种可能，也为农民主体性的认知及参与程度的提升提供了可能。

要想改变一个人对生活的态度，首先要改变他的生活。对于农民而言如果没有他们主体性体现的场所，没有参与的机遇，他们的主体性是激发不出来的，参与也只能成为一句空话。机遇能带来一种变化和变革，带来一种在变中发展的诸多可能性。最重要的机遇就是发生机制在乡村里出现，这是第一。

第二，我一开始就声明了，我在这方面没有做过太多的研究，但是大家所讲到的问题我都有感受，也有困惑。就像今天的题目一样，我们究竟应该怎么办？如果我们不搞乡村振兴等，它又会是一种什么样的情况？这里出现了公共资源如何有效利用的问题。我记得 2011 年的时候，我们参与吉林农业现代化规划项目，当时我主要负责农村基础设施，提出了一个不合时宜的想法，那就是在县一级建立乡村的基础设施建设基金，这个基金用到哪、怎么用，由农民从自身需求的角度来决定。建立基金以后，设立一个专家项目评审组，完全根据农民的需求来做工作，比较类似于当时欧盟设立的乡村发展计划的做法，但并没有得到采纳。我们现在是否可以采取这样一种方式进行有效动员，从而使得我们的乡村由现在的政府主导性变化成自发的发生机制。我觉得这是涉及根本性的问题，这也是我的困惑，趁这个机会向其他几位专家求教。

董强(主持人):感谢杜老师！接下来请王春光老师做发言。

王春光:刚才大家谈的我很有收获。旭东教授提到自主性、选择性，我特别赞同。刚才小云教授讲到了现代化跟传统的关系，小云，你现在在河边村，那边应该没有这种情况吧？

李小云:只有少数比较完整地保留了乡村特点。

王春光:我觉得现在大部分村庄受现代化冲击非常明显，包括观念的冲击，还有人才结构的变化，治理机构、治理方式的变化。乡村还是比较自治的，就像旭东教授所讲的之前的双轨制，行政少介入，让村庄内部自理。现在基本是行政主导型的治理，但是有没有复原的可能呢？它是有内生的一些潜力在的，特别是在东南沿海地区，乡村原有的文化底蕴非常浓厚，旭东可能更加了解，人类学更重视相关文化遗产、遗迹的保护。复原的内生动力机制在增强，那么这些机制能否给予它们一定的保留空间，保护传统的一些内容不被取缔呢？比如有的地方禁止了七月十五放河灯，实际上放河灯是很悠久的传统，表达的是对祖先的怀念，贵州很多地方都有这些习俗，我们能否尊重、保留这些习俗？其实乡村振兴也要搞乡风文明振兴，如何振兴不应该由外部来界定，而应听取当地人普遍、自主的意愿。

除了意愿听取，还应增权赋能、还权赋能，不要剥夺或者限制农民的权利。农民不是完全非理性的，他们也有自己生活的计划、自己的核算、自己的逻辑，几千年的延续和发展正是他们智慧的证明，要相信农民，保护他们对财产的权利、对就业的权利、对发展的权利。要赋能、还能，同时政府也要继续有所作为，因为在现代化转型过程当中，跟上技术发展和现代组织技术的要求，依然需要政府的支持和带动，而且还需要一些社会组织的支持。小云教授带领的团队，带去的不仅仅是资金资源，更多的是组织能力和信息、观念。在传达这种观念过程中，在不同群体之间肯定会有冲突产生，但这个冲突是很正常的，尤其是大的社会转型过程当中，传统跟现代的碰撞，人与人交流沟通之间产生的冲突。但是我们依然可以在冲突中进步。乡村完全保留是不可能的，但是我们尽可能在合理的情况下按照农民的需求来运作，不要强求他们按照我们的规划和思路发展，特别是不能用外部其他人或地区的规划来改变他们。我们在乡村现代化过程当中，如果一直以改造者居高临下的姿态对待农民，就会走向极端和失败。

我非常赞同小云的话，让农民折腾我们，可能比我们折腾他们更有意义，补充到现代化转型理论当中，那就是减少农民在转型当中遭遇的痛苦、镇痛，所以说政府要放权、还权。此外，要从资源政策优惠方面，使农民的能力得到更多的提升，这种意识是很重要的。

董强（主持人）：感谢王春光老师！您为现代化和传统之间的对接提供了思路。最后请赵旭东老师做发言。

赵旭东：刚才两位老师都说了问题和展望，我们对乡村研究都有兴趣，但总感觉这是一个很难处理的主题。费孝通到晚年的时候，逐渐转向文化的理解，他从志在富民转化到志在文化自觉的兴盛，也不是说研究方向发生转变，而是问题意识重点的转变。乡村的命运如果是必然被现代化代替或是拐弯抹角地走向消失的话，那么靠什么引起乡村的自我转变呢？实际上是文化上的自觉。刚才春光讲了一些文化属性，我们不能完全从外部的视角去着眼，因为终究是农民切身地长期生活在村子里，他们的一些想法一定有其地方性逻辑或乡村文化的奥义。我们还是应该更多去挖掘乡村的文化属性，使他们的意义能够被发挥，价值能够被承认。这样一个互相承认的环境氛围，不仅应该存在于城市的空间里，也应同样地存在于乡村里面。

改革开放以后，农民的自我创造达到一个高峰，带来中国工业化的乡村转变。到了改革开放之后新的发展阶段，更多的选择出现了，包括文化的属性、价值的认同、生活方式的选择。新一代农民和上一代有所不同，也许他们不认同祖辈的创业模式，可能也会有新的生计模式，这个生计模式，也会成为他们新的自主性的表现，这种自主性应该得到包容。

总之，乡村就是我们在土地上的集体，所有规划的前提是给他们自我发展的空间。如果过度地代替他们做选择或者阻碍他们的创造能力的发挥，最终这个规划也不会产生实际的效果，而农民也完全可以离开土地，去选择别样的生活。如果乡村振兴最终的归途是消灭乡村，那么它的意义也就失去了，所以我们的着力点应切实在美好乡村生活本身，不仅是生计基础的定位，更重要的是有文化意义上的启示。乡村的发展注意点，反过来也给城市的人们一些教义，我们可以拥有怎样的生活。在这个意义上，我觉得可以畅想更多未来的前景，感受乡村的自然和人文历史发展的意义和美好。体验生活、体验大自然可能对在当下城市生活的人群或者迈入城市生活的人而言，是比较奢侈的。这种潜在的发展价值我觉得应该在乡村的价值里得到比较高的承认，这样乡村振兴才有目标感，否则就是空虚的，难以有动力去落到实地，农民也不了解选择方向的意义所在。乡村的文化属性如何被重视，从价值观念上落到实际生活里，抛开自我中心的看法，可能还需要有一些新的认识。

董强（主持人）：感谢赵老师！从文化的属性谈到了农民自主性下自由选择的转变。最后是提问环节，其中一个问题是现在的乡土文化正在发生一些转向变化，您认为其中的决定性因素是什么？未来文化的变化会呈现何种样态？

赵旭东：实际上变化有大有小，可能这个时代本身也是一个大变化的时代，所以乡村自然就是跟着这样的大背景大趋势而变化。更重要的是技术上的改变，即网络技术的发展，使得城乡之间变成连续体，至少在虚拟意义上是连续体。一个地方生产的东西，无论你在多远的地方，在网络上都能看到、买到，这本身就是一个大的变化。对于这个变化实际上我们人类学也讲到过新媒体平台带来的人们交往方式的改变等影响，乡村越来越多的生产生活转到线上，转到直播平台，也会影响交往方式和文化氛围。一个村子里开了网店，它的整个产业链就都变成了网店的模式，大家交往的方式也从串门变成微信群聊或刷视频分享，可能强化了人们生计互动上的频繁程度，也使乡村生活原来的休闲和工作时间安排发生了改变。

此外，农民的选择性越来越强，他们可以外出打工，也可以通过短视频、直播卖货等其他方式来挣钱。家庭模式、居住模式，甚至是家庭亲属关系的模式也在发生一些改变。我想乡村变化的核心就是要自主性地去适应外部的压力和内在的驱力，形成自己新的社会性、文化性的适应机制。文化是灵活发展的、百家争鸣的，费孝通也说这是载体和变体的问题，我们可以承受一些文化，但是我们也可以转化出来一种新文化。现在的乡村，就有各种模式的新创造。比如很多城市居民到乡村去，艺术家、企业家、游客、退休人员等，同时乡村里的部分人又会走出来，产生城乡交互、人员交换。这恰恰就说明乡村有自身的存在价值，在跟城市的互动中能持续存在下去，在这个过程中，文化的属性必然会随之发生一些改变。

董强(主持人)：感谢赵老师！接下来请杜老师回答一个问题，您能不能从集体经济组织，包括产业链分工这些角度谈一谈农民参与的主体性。

杜志雄：我们刚才提到农民内生的主体性与有外部干预的情形的差别，其中外部干预包括政府现在强烈推进的乡村振兴，也包括外部的力量进入到乡村，这些是外部嵌入的、促进其发展的措施。在这种情况下我觉得要尊重农民的自主性，我在一开始也提到现在有很多时候是政府及基层的社区领导人来替农民选择。这里说的农民包括哪些人群呢？我认为乡村干部也是农民中的一部分。从一些地方发展的情况来看，如果是真正能够从农民的利益出发所做的事情，作为农民出身的干部，包括村干部事实上也就能够得到村民的拥护，那在这样的情况下，对加速区域的现代化转型是有好处的。当然我们不能够因为外部力量的嵌入，就直接断定会产生加速农民的外地务工和内生主体性的消亡现象，因为我们完全是以外部人的视角去看的，我们终归不是长久生活在这片土地上的人。所以从这个意义上来说，在现代化转型的过程当中，要解决好源于农民自身的内生自主性与发生机制及外部干预之间的平衡问题。

关于发展和壮大集体经济，这在理论界、政策界是存在一定的认知差异的，涉及怎么发展集体经济，怎么使用好发展集体经济所形成的收益，其核心在于集体经济发展收益的分配和使用。第一，要有分配。第二，要把集体经济所产生的收益用在集体经济组织成员的公共服务水平的提升上。第三，强调程序正义，即选定的分配方式一定是得到集体经济组织成员认可的，由程序来保障的。把以上三个问题抓住，发展集体经济无论从农民主体性来说，还是从农民的参与来说，都是相对比较有保障的。

董强（主持人）：感谢杜老师！最后请王老师发言，请您从农民工的角度谈一谈农民参与的主体性，当下农民主体性与政府的介入或主导是不是完全冲突的，在乡村振兴早期的带动引导阶段，政府的介入是否也是合理的？

王春光：聊天框里面有很多问题。第一个问题，对于自主性、参与性、选择性我们在讲的过程当中没有给予严格的界定，实际上是因为自主性、参与性、选择性都是主体性的内涵之一和表现，并列提及并不意味着它们是不同的概念。

第二个问题，农民指的是哪些群体。刚才志雄教授也谈到村干部也是农民。现在农村改革开放以后，农村的社会分化还是非常明显的，有农民工、农民企业家、农村干部、农业知识分子、农业劳动者等，我觉得在农村生活活动的人都是广义上的农民。如果单从职业概念来看，那就只有从事农业生产劳动的才是农民。如果换一个说辞，可能农村居民更为合适。当然有个问题，那些外出打工、做生意的是不是也算农民？我觉得既然他们的户籍、利益基础还在农村，那就算是农村主体的一部分。现在新出现的像小云教授那样长期在农村的指导专家，我觉得他们也算是农民，是农村长期生活的居民。

现在的农村农民或者农村居民，都是农村参与的主体。农村的主体会越来越具有多样性。有听众讲到主体性是不是在不同群体之间会产生问题，那是肯定的。小云教授最为了解，他现在在河边村做乡村建设、乡村振兴指导，会遇到各种群体，各类群体之间是有矛盾的，也有利益的差异，有不同的想法。怎么体现他们普遍的主体性？首先要靠建设，要搞好乡村治理。原来的村民自治，这种自治是比较简单的，而现在越来越需要现代的治理技术、治理能力、治理专业进村加持，这也是政府向乡村延伸、权力拓宽的一种方式。但是现在的问题是所有事情都由政府主导，有时候就替代了农民做选择。刚才几位老师讲到，不能全部替农民做主，要给不同的群体搭建一个建言献策、群策群力的沟通平台进行治理协商。小云老师每去到一个村，他都会把村民召集起来，就某个问题协商讨论怎么去做，每个人都可以提建议、出主意，所以最终的举措都是协商民主的产物。所以，不仅选举村主任要民主决策，具体实务操作当中也要采取民主献策的治理方式。

有人就会问奥斯特罗姆原则[①]是不是可以适用，对此我认为可以尝试。需要有更多的主体参与进来，促进农民组织运作起来，所以实际上乡村振兴是需要外部力量的。外部力量是什么样结构的外部力量呢？它不应该由政府完全决定，还需要各种专业力量和社会组织力量的加入和均衡，这些力量在乡村里与农民是处于平等地位的，建立平等的参与机制来开展乡村振兴，矛盾也可以在具体的协商中进行化解。

问题本身不是关键，关键的是怎么解决问题。只要建立了合理的协商讨论机制，哪怕过程冲突不断，它也是合适的、有意义的。传统社会也存在邻里之间等各种关系的冲突，但是他们会有自己的一套约定俗成的调解机制，比如长者调和等，这是无法由行政化强的政府完全取代的。政府应该在这个过程中发挥探索的作用，不能包办，也不能不管。现代国家意义上的公共服务还是要继续，探索研究的脚步不能停。

董强(主持人)：感谢王春光老师！今天的对话非常圆满，四位老师针对本次主题从不同的学科角度提出了较为深刻的理解，有助于我们对这个问题的体悟和思考。最后，再次感谢四位老师的参与，我们今天的对话到此结束。

〈结束〉

① 具体指美国政治科学家埃莉诺·奥斯特罗姆(Elinor Ostrom)提出的一系列关于公共资源管理的原则，包括清晰界定边界；占用规则、提供规则、当地条件，三者相一致；集体选择；监督和制裁；分级制裁；冲突解决机制；对组织权的最低限度的认可；嵌套式组织。详细内容参见：Elinor Ostrom. Governing the Commons: The Evolution of Institutions for Collective Action. Cambridge University Press，1990.